智能网联汽车

新技术

第 2 版

崔胜民　编著

北京

内 容 简 介

智能网联汽车是《中国制造2025》规划中提出的新概念，是智能汽车与互联网相结合的产物。本书全面系统地介绍了智能网联汽车关键技术，包括智能网联汽车智能传感器技术、无线通信技术、车载网络技术、环境感知技术、导航定位技术以及先进驾驶辅助系统等，并用实例说明了智能网联汽车的应用场景。

本书内容新颖，条理清晰，通俗易懂，实用性强，可供从事汽车行业和通信行业的工程技术人员及相关专业的本科生、研究生参考，还可供汽车爱好者阅读。

图书在版编目（CIP）数据

智能网联汽车新技术 / 崔胜民编著 . —2版 . —北京：化学工业出版社，2021.1（2024.8重印）

ISBN 978-7-122-38088-3

Ⅰ.①智… Ⅱ.①崔… Ⅲ.①汽车-智能通信网 Ⅳ.①U463.67

中国版本图书馆CIP数据核字（2020）第244613号

责任编辑：陈景薇　　　　　　　　　　　装帧设计：王晓宇
责任校对：赵懿桐

出版发行：化学工业出版社（北京市东城区青年湖南街13号　邮政编码100011）
印　　装：涿州市般润文化传播有限公司
710mm×1000mm　1/16　印张20¾　字数398千字　2024年8月北京第2版第4次印刷

购书咨询：010-64518888　　　　　　　　售后服务：010-64518899
网　　址：http://www.cip.com.cn
凡购买本书，如有缺损质量问题，本社销售中心负责调换。

定　　价：79.00元　　　　　　　　　　　　　　　　　版权所有　违者必究

前言

随着全球汽车保有量的快速增长,能源短缺、环境污染、交通拥堵、事故频发等现象日益突出,成为汽车产业可持续健康发展的限制因素。智能网联汽车被公认为是这些问题的有效解决方案,代表着汽车行业未来的发展方向。

本书全面系统地介绍了智能网联汽车新技术。全书共分七章:第一章介绍了智能网联汽车定义、技术分级、体系构成、应用场景、关键技术、发展目标和发展重点;第二章介绍了智能网联汽车智能传感器技术,包括超声波雷达、毫米波雷达、激光雷达、视觉传感器、传感器融合技术以及它们的仿真技术;第三章介绍了智能网联汽车无线通信技术,包括无线通信系统组成与分类、蓝牙技术、ZigBee 技术、Wi-Fi 技术、UWB 技术、60GHz 技术、IrDA 技术、RFID 技术、NFC 技术、VLC 技术、专用短程通信技术、LTE-V 通信技术、移动通信技术、微波通信技术和卫星通信技术;第四章介绍了智能网联汽车网络技术,包括车载网络技术、车载自组织网络技术和车载移动互联网技术;第五章介绍了智能网联汽车环境感知技术,包括道路识别技术、车辆识别技术、行人识别技术、交通标志识别技术和交通信号灯识别技术以及它们的仿真技术;第六章介绍了智能网联汽车导航定位技术,包括全球定位系统、北斗卫星导航定位系统、惯性导航和航位推算技术、蜂窝无线定位系统、高精度地图和导航中的路径规划技术;第七章介绍了智能网联汽车先进驾驶辅助系统,包括先进驾驶辅助系统定义和类型、汽车自适应巡航控制系统、车道偏离报警系统、车道保持辅助系统、汽车并线辅助系统、汽车自动紧急制动系统、汽车自适应前照明系统、汽车夜视辅助系统、汽车平视显示系统、自动泊车辅助系统、驾驶员疲劳预警系统以及仿真实例。

第 2 版相对于第 1 版,更新并增加了一些内容,比如:第二章改为智能网联汽车智能传感器技术,删掉了传统汽车上传感器的内容,增加了毫米波雷达、激光雷达、视觉传感器及传感器融合的仿真技术;第五章增加了环境感知的仿真技术;第七章增加了先进驾驶辅助系统仿真实例。这些增加的内容可以让学生有更多的参与感,也更符合实际产品开发的需要。

由于智能网联汽车是一个新概念,加之笔者学识有限,书中不足之处在所难免,恳盼读者给予指正。

希望本书的出版能对普及智能网联汽车知识、发展智能网联汽车起到积极的引导和促进作用。

编著者

目录

第一章 绪论

第一节 智能网联汽车相关概念 ······ 1
第二节 智能网联汽车技术分级 ······ 5
第三节 智能网联汽车体系构成 ······ 8
第四节 智能网联汽车的应用 ······ 10
第五节 智能网联汽车关键技术 ······ 14
第六节 智能网联汽车发展目标和重点 ······ 16

第二章 智能网联汽车智能传感器技术

第一节 超声波雷达 ······ 19
第二节 毫米波雷达及其仿真技术 ······ 27
第三节 激光雷达及其仿真技术 ······ 47
第四节 视觉传感器及其仿真技术 ······ 70
第五节 传感器融合及其仿真技术 ······ 85

第三章 智能网联汽车无线通信技术

第一节 无线通信系统的组成与分类 ······ 90
第二节 蓝牙技术 ······ 93
第三节 ZigBee 技术 ······ 97
第四节 Wi-Fi 技术 ······ 100
第五节 UWB 技术 ······ 104
第六节 60GHz 技术 ······ 106
第七节 IrDA 技术 ······ 109
第八节 RFID 技术 ······ 111
第九节 NFC 技术 ······ 116
第十节 VLC 技术 ······ 118
第十一节 专用短程通信技术 ······ 120
第十二节 LTE-V 通信技术 ······ 124
第十三节 移动通信技术 ······ 125
第十四节 微波通信技术 ······ 130
第十五节 卫星通信技术 ······ 132

第四章 智能网联汽车网络技术

- 第一节 智能网联汽车网络类型 …… 136
- 第二节 车载网络技术 …… 139
- 第三节 车载自组织网络技术 …… 159
- 第四节 车载移动互联网技术 …… 166

第五章 智能网联汽车环境感知技术

- 第一节 智能网联汽车环境感知系统 …… 171
- 第二节 道路识别技术及仿真 …… 178
- 第三节 车辆识别技术及仿真 …… 191
- 第四节 行人识别技术及仿真 …… 198
- 第五节 交通标志识别技术及仿真 …… 205
- 第六节 交通信号灯识别技术及仿真 …… 215

第六章 智能网联汽车导航定位技术

- 第一节 全球导航卫星系统 …… 224
- 第二节 惯性导航与航位推算技术 …… 236
- 第三节 蜂窝无线定位技术 …… 239
- 第四节 高精度地图 …… 241
- 第五节 导航中的路径规划技术 …… 243

第七章 智能网联汽车先进驾驶辅助系统

- 第一节 先进驾驶辅助系统定义和类型 …… 250
- 第二节 汽车自适应巡航控制系统 …… 253
- 第三节 车道偏离报警系统 …… 259
- 第四节 车道保持辅助系统 …… 264
- 第五节 汽车并线辅助系统 …… 266
- 第六节 汽车自动紧急制动系统 …… 268
- 第七节 汽车自适应前照明系统 …… 276
- 第八节 汽车夜视辅助系统 …… 284
- 第九节 汽车平视显示系统 …… 289

目录

第十节　自动泊车辅助系统 …………………………………………………… 293

第十一节　驾驶员疲劳预警系统 ……………………………………………… 298

第十二节　先进驾驶辅助系统仿真实例 ……………………………………… 303

参考文献　324

第一章
绪 论

随着全球汽车保有量的快速增长，能源短缺、环境污染、交通拥堵、事故频发等现象日益突出，成为汽车产业可持续健康发展的限制因素。智能网联汽车被公认为是这些问题的有效解决方案，代表着汽车行业未来的发展方向。

智能网联汽车是新一轮科技革命背景下的新兴产业，可显著改善交通安全，实现节能减排，减缓交通拥堵，提高交通效率，并拉动汽车、电子、通信、服务、社会管理等协同发展，对促进汽车产业转型升级具有重大战略意义。

第一节　智能网联汽车相关概念

与智能网联汽车相关的概念有智能汽车、无人驾驶汽车、车联网和智能交通系统等。

一、智能汽车

智能汽车是搭载先进传感系统、决策系统、执行系统，运用信息通信、互联网、大数据、云计算、人工智能等新技术，具有部分或完全自动驾驶功能，由单纯交通运输工具逐步向智能移动空间转变的新一代汽车。

智能汽车是智能交通系统的重要组成部分，智能汽车的初级阶段是具有先进驾驶辅助系统（Advanced Driver Assistance Systems，ADAS）的汽车，未来的智能汽车已不单纯是一个交通运输工具，而是智能移动终端，其发展方向可以分为自动化和网联化两个方向。智能汽车的自动化程度越高，越接近于自动驾驶汽车；智能汽车的网联化程度越高，越接近于网联汽车；智能汽车的自动化、网联化程度越高，越接近于智能网联汽车。智能汽车的终极发展目标是无人驾驶汽车。

二、无人驾驶汽车

无人驾驶汽车是通过车载环境感知系统感知道路环境、自动规划和识别行车路线并控制车辆到达预定目标的智能汽车。它是利用环境感知系统来感知车辆周围环境，并根据感知所获得的道路状况、车辆位置和障碍物信息等，控制车辆的行驶方向和速度，从而使车辆能够安全、可靠地在道路上行驶。无人驾驶汽车是传感器、计算机、人工智能、无线通信、导航定位、模式识别、机器视觉、智能控制等多种先进技术融合的综合体。

与一般的智能汽车相比，无人驾驶汽车需要具有更先进的环境感知系统、中央决策系统以及底层控制系统。无人驾驶汽车能够实现完全自动的控制，全程检测交通环境，能够实现所有的驾驶目标。驾驶员只需提供目的地或者输入导航信息，在任何时候均不需要对车辆进行操控。

无人驾驶汽车是汽车智能化、网络化的终极发展目标。

三、车联网

车联网是指利用物联网、无线通信、卫星定位、云计算、语音识别等技术，建立的一张全面覆盖车辆、交通基础设施、交通参与者、交通管理者、交通服务商等的快速通信网络，可实现智能信号控制、实时交通引导、交通秩序管理、交通信息服务等一系列交通管理与服务应用，最终达到交通安全、行车高效、驾驶舒适、节能环保等目标。

车联网技术主要面向道路交通，为交通管理者提供决策支持，为车辆与车辆、车辆与道路提供协同控制，为交通参与者提供信息服务。车联网是智能交通系统与互联网技术发展的融合产物，是智能交通系统的重要组成部分，更多表现在汽车基于现实中的场景应用，主要包括安全类、驾驶类、娱乐类和服务类的应用。

四、智能交通系统

智能交通系统（Intelligent Traffic System，ITS）是未来交通系统的发展方向，它是将先进的信息技术、计算机处理技术、数据通信技术、传感器技术、电子控制技术、运筹学、人工智能等有效地集成运用于整个地面交通管理系统而建立的一种在大范围内、全方位发挥作用的，实时、准确、高效的综合交通运输管理系统。

智能交通系统范围包含道路上的车辆和各种交通设施，强调系统平台通过智能化方式对交通环境下的车辆及交通设施进行智能化管理和控制，同时也提高了交通效率。

智能交通系统是随着车联网技术的发展而不断发展的，车联网的终极目标就是智能交通系统。

五、智能网联汽车

智能网联汽车（Intelligent Connected Vehicle，ICV）是一种跨技术、跨产业领域的新兴汽车体系，不同角度、不同背景对它的理解是有差异的，各国对智能网联汽车的定义不同，叫法也不尽相同，但终极目标是一样的，即可上路安全行驶的无人驾驶汽车。

从狭义上讲，智能网联汽车是搭载先进的车载传感器、控制器、执行器等装置，并融合现代通信与网络技术，实现V2X智能信息交换共享，具备复杂的环境感知、智能决策、协同控制和执行等功能，可实现安全、舒适、节能、高效行驶，并最终可替代人来操作的新一代汽车。

从广义上讲，智能网联汽车是以车辆为主体和主要节点，融合现代通信和网络技术，使车辆与外部节点实现信息共享和协同控制，以达到车辆安全、有序、高效、节能行驶的新一代多车辆系统，如图1-1所示。

图1-1 智能网联汽车

智能网联汽车、智能汽车、无人驾驶汽车、车联网、智能交通系统有密切相关性，但没有明显分界线，它们的关系可用图1-2表示。

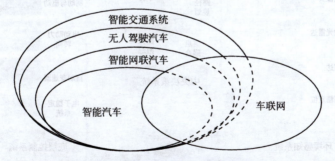

图1-2 智能网联汽车相关概念关系

智能网联汽车是智能交通系统中的智能汽车与车联网交集的产品。智能网联汽车是车联网的重要组成部分，智能网联汽车的技术进步和产业发展有利于支撑车联网的发展。车联网系统是智能网联汽车、智能汽车的最重要载体，只有充分利用互联技术才能保障智能网联汽车真正拥有充分的智能和互联。智能网联汽车更侧重于解决安全、节能、环保等制约产业发展的核心问题。

智能网联汽车与车联网应该并行推进，协同发展。智能网联汽车依托车联网，不仅要通过技术创新连接互联网，还能使 V2X 之间实现多种方式的信息交互与共享，提高智能网联汽车的行驶安全性。

智能网联汽车本身具备自主的环境感知能力，也是智能交通系统的核心组成部分，是车联网体系的一个结点，通过车载信息终端实现与车、路、行人、业务平台等之间的无线通信和信息交换。智能网联汽车的聚焦点是在车上，发展重点是提高汽车安全性，其终极目标是无人驾驶汽车；而车联网的聚焦点是建立一个比较大的交通体系，发展重点是给汽车提供信息服务，其终极目标是智能交通系统；无人驾驶汽车是汽车智能化与车联网的完美结合。

六、智能网联汽车的技术路线

智能网联汽车技术路线主要分为基于传感器的车载式技术路线和基于通信互联的网联式技术路线，如图 1-3 所示。

车载式技术路线难以实现 V2V、V2I 之间的通信，大规模应用成本较高，并且缺少城市环境的全方位扫描；网联式方案则受限于无法实现车辆与行人（V2P）之间的通信，需要较大的基础设施投资。因此两种方案均不能完全满足未来全工况无人驾驶的需要。对于智能网联汽车，车载式和网联式将走向技术融合，通过优势互补，提供安全性更好、自动化程度更高、使用成本更低的解决方案。实现这种技术融合需要更先进的定位技术、更高分辨率的地图自动生成技术、可靠而直观的人机交互界面以及相关标准、法规等。

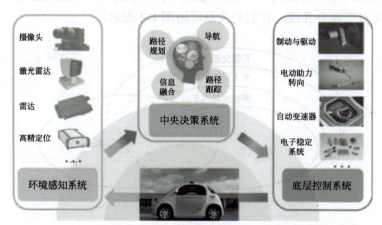

(a) 车载式

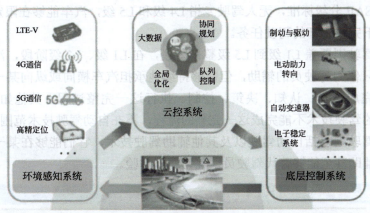

(b) 网联式

图 1-3 车载式技术路线和网联式技术路线

第二节 智能网联汽车技术分级

一、美国关于智能网联汽车的技术分级

国际自动机工程师学会（SAE）对汽车驾驶自动化的分级见表1-1。

表 1-1 SAE对汽车驾驶自动化的分级

分级		L0	L1	L2	L3	L4	L5
称呼		无驾驶自动化	驾驶支持	部分自动化	有条件自动化	高度自动化	完全自动化
定义		由驾驶员全权驾驶汽车，在行驶过程中可以得到警告	通过驾驶环境对转向盘和加减速中的一项操作提供支持，其余由驾驶员操作	通过驾驶环境对转向盘和加减速中的多项操作提供支持，其余由驾驶员操作	由无人驾驶系统完成所有的驾驶操作，根据系统要求，驾驶员提供适当的应答	由无人驾驶系统完成所有的驾驶操作，根据系统要求，驾驶员不一定提供所有的应答；限定道路和环境条件	由无人驾驶系统完成所有的驾驶操作，可能的情况下，驾驶员接管；不限定道路和环境条件
主体	驾驶操作	驾驶员	驾驶员/系统		系统		
	周边监控	驾驶员			系统		
	支援	驾驶员				系统	
	系统作用域	无	部分				全域

对应 SAE 分级标准，无人驾驶专指 L4 级和 L5 级，汽车能够在限定环境乃至全部环境下完成全部的驾驶任务。

自动驾驶则覆盖 L1 级到 L5 级整个阶段，在 L1 级、L2 级阶段，汽车的自动驾驶系统只作为驾驶员的辅助，但能够持续地承担汽车横向或纵向某一方面的自主控制，完成感知、认知、决策、控制、执行这一完整过程，其他如预警提示、短暂干预的驾驶技术不能完成这一完整的流程，不在自动驾驶技术范围之内。

智能驾驶则包括自动驾驶以及其他辅助驾驶技术，它们能够在某一环节为驾驶员提供辅助甚至能够替代驾驶员，优化驾车体验。

二、德国关于智能网联汽车的技术分级

德国联邦公路研究院把智能网联汽车发展划分为 3 个阶段，即部分自动驾驶、高度自动驾驶以及最终的完全自动驾驶。

（1）部分自动驾驶阶段　在部分自动驾驶阶段，驾驶员需要持续监控车辆驾驶辅助系统的提示，车辆无法做出自主动作。

（2）高度自动驾驶阶段　在高度自动驾驶阶段，驾驶员不再需要对驾驶辅助系统持续监控，驾驶辅助系统可以在某些状态下暂时代替驾驶员做出一定的动作，并且能由驾驶员随时接管对车辆的操控。

（3）完全自动驾驶阶段　在完全自动驾驶阶段，真正实现无人驾驶的状态。

三、中国关于智能网联汽车的技术分级

我国把智能网联汽车智能化划分 5 个等级，1 级为驾驶辅助（DA），2 级为部分自动驾驶（PA），3 级为有条件自动驾驶（CA），4 级为高度自动驾驶（HA），5 级为完全自动驾驶（FA），见表 1-2。

表 1-2　我国对智能网联汽车驾驶自动化的分级

智能化等级	等级名称		等级定义	控制	监视	失效应对	典型工况
1	驾驶辅助（DA）	人监控驾驶环境	系统根据环境信息对行驶方向和加减速中的一项操作提供支援，其他驾驶操作都由驾驶员完成	驾驶员与系统	驾驶员	驾驶员	车道内正常行驶，高速公路无车道干涉路段，停车工况
2	部分自动驾驶（PA）		系统根据环境信息对行驶方向和加减速中的多项操作提供支援，其他驾驶操作都由驾驶员完成	驾驶员与系统	驾驶员	驾驶员	高速公路及市区无车道干涉路段、换道、环岛绕行、拥堵时跟车等工况
3	有条件自动驾驶（CA）	自动驾驶系统监控驾驶环境	由自动驾驶系统完成所有驾驶操作，根据系统请求，驾驶员需要提供适当的干预	系统	系统	驾驶员	高速公路正常行驶工况，市区无车道干涉路段

续表

智能化等级	等级名称	等级定义	控制	监视	失效应对	典型工况
4	高度自动驾驶（HA）	自动驾驶系统监控驾驶环境	由自动驾驶系统完成所有驾驶操作，特定环境下系统会向驾驶员提出响应请求，驾驶员可以对系统请求不进行响应	系统	系统	系统	高速公路全部工况及市区有车道干涉路段
5	完全自动驾驶（FA）		自动驾驶系统可以完成驾驶员能够完成的所有道路环境下的操作，不需要驾驶员介入	系统	系统	系统	所有行驶工况

1级驾驶辅助包括自适应巡航控制、车道偏离预警、车道保持、盲区监测、自动制动、辅助泊车等。

2级部分自动驾驶包括车道内自动驾驶、换道辅助、全自动泊车等。

3级有条件自动驾驶包括高速公路自动驾驶、城郊公路自动驾驶、协同式队列行驶、交叉口通行辅助等。

4级高度自动驾驶有堵车辅助系统、高速公路自动驾驶系统和泊车引导系统等。目前，高度自动驾驶的技术尚未应用在量产车型上，在未来几年时间，部分技术的量产车型将会实现。

5级完全自动驾驶的实现将意味着自动驾驶汽车真正驶入了人们的生活，也将使驾驶员从根本上得到解放。驾驶员可以在车上从事其他活动，如上网、办公、娱乐和休息等。目前，完全自动驾驶汽车还要受到政策、法律等相关条件的制约，真正量产还任重而道远。

我国的1～5级和美国的L1～L5级基本是对应的，但也有一些差异，主要体现在第2级。我国的第2级部分自动驾驶的控制是驾驶员与系统；SAE的L2级部分自动化的驾驶操作是系统，也就是说，SAE的L2级比中国的2级要求高。

在网联化层面，按照网联通信内容的不同，将智能网联汽车划分为3个等级，1级是网联辅助信息交互，2级是网联协同感知，3级是网联协同决策与控制，见表1-3。

表1-3 我国对智能网联汽车网联化的分级

网联化等级	等级名称	等级定义	控制	典型信息	传输需求
1	网联辅助信息交互	基于车-路、车-后台通信，实现导航等辅助信息的获取以及车辆行驶数据与驾驶员操作等数据的上传	驾驶员	图、交通流量、交通标志、油耗里程、驾驶习惯等	传输实时性、可靠性要求较低
2	网联协同感知	基于车-车、车-路、车-人、车-后台通信，实时获取车辆周边交通环境信息，与车载传感器的感知信息融合，作为自车决策与控制系统的输入	驾驶员与系统	周边车辆、行人、非机动车位置、信号灯相位、道路预警等信息	传输实时性、可靠性要求较高

续表

网联化等级	等级名称	等级定义	控制	典型信息	传输需求
3	网联协同决策与控制	基于车-车、车-路、车-人、车-后台通信,实时并可靠获取车辆周边交通环境信息及车辆决策信息,车-车、车-路等各交通参与者之间信息进行交互融合,形成车-车、车-路等各交通参与者之间的协同决策与控制	驾驶员与系统	车-车、车-路之间的协同控制信息	传输实时性、可靠性要求最高

无论怎样分级,从驾驶员对车辆控制权角度来看,可以分为驾驶员拥有车辆全部控制权、驾驶员拥有部分车辆控制权、驾驶员不拥有车辆控制权三种形式,其中驾驶员拥有部分车辆控制权时,根据车辆ADAS的配备和技术成熟程度,决定驾驶员拥有车辆控制权的多少。ADAS装备越多,技术越成熟,驾驶员拥有车辆控制权越少,车辆自动驾驶程度越高。

第三节　智能网联汽车体系构成

一、智能网联汽车的层次结构

智能网联汽车是以汽车为主体,利用环境感知技术实现多车辆有序安全行驶,通过无线通信网络等手段为用户提供多样化信息服务。智能网联汽车由环境感知层、智能决策层以及控制和执行层组成,如图1-4所示。

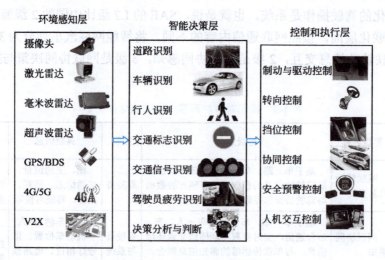

图1-4　智能网联汽车结构层次

(1) 环境感知层　环境感知层的主要功能是通过车载环境感知技术、卫星定位技术、4G/5G 及 V2X 无线通信技术等，实现对车辆自身属性和车辆外在属性（如道路、车辆和行人等）静态、动态信息的提取和收集，并向智能决策层输送信息。

(2) 智能决策层　智能决策层的主要功能是接收环境感知层的信息并进行融合，对道路、车辆、行人、交通标志和交通信号等进行识别，决策分析和判断车辆驾驶模式和将要执行的操作，并向控制和执行层输送指令。

(3) 控制和执行层　控制和执行层的主要功能是按照智能决策层的指令，对车辆进行操作和协同控制，并为联网汽车提供道路交通信息、安全信息、娱乐信息、救援信息以及商务办公、网上消费等，保障汽车安全行驶和舒适驾驶。

从功能角度上讲，智能网联汽车与一般汽车相比，主要增加了环境感知与定位系统、无线通信系统、车载自组织网络系统和先进驾驶辅助系统等。

(1) 环境感知与定位系统　环境感知与定位系统主要功能是通过各种传感技术和定位技术感知车辆本身状况和车辆周围状况。传感器主要包括车轮转速传感器、加速度传感器、微机械陀螺仪、转向盘转角传感器、超声波传感器、激光雷达、毫米波雷达、视觉传感器等，通过这些传感器，感知车辆行驶速度、行驶方向、运动姿态、道路交通情况等；定位技术主要使用 GPS，中国北斗卫星导航系统发展也很快，是中国大力推广的位置定位系统。

(2) 无线通信系统　无线通信系统主要功能是各种数据和信息的传输，分为短距离无线通信技术和远距离无线通信技术。短距离无线通信技术为车辆安全系统提供实时响应的保障并为基于位置信息服务提供有效支持。用于智能网联汽车上的短距离无线通信技术还没有统一标准，处于起步阶段，但短距离无线通信技术在其他领域应用比较广泛，如蓝牙技术、ZigBee 技术、Wi-Fi 技术、UWB 技术、60GHz 技术、IrDA 技术、RFID 技术、NFC 技术、专用短程通信技术等。远距离无线通信技术用于提供即时的互联网接入，主要有移动通信技术、微波通信技术、卫星通信技术等，在智能网联汽车上的应用主要是 4G/5G 技术。智能网联汽车无线通信技术标准有望世界统一。

(3) 车载自组织网络系统　车载自组织网络依靠短距离无线通信技术实现 V2X 之间的通信，它是在一定通信范围内可以实现 V2V、V2I、V2P 之间相互交换各自的信息，并自动连接建立起一个移动的网络。典型应用包括车辆行驶安全预警、辅助驾驶、分布式交通信息发布以及基于通信的纵向车辆行驶控制等。

(4) 先进驾驶辅助系统　先进驾驶辅助系统主要功能是提前感知车辆及其周围情况，发现危险及时预警，保障车辆安全行驶，是防止交通事故的新一代前沿技术。先进驾驶辅助系统是智能网联汽车的重要组成部分，是无人驾驶汽车的关键技术。世界各大汽车公司纷纷开发各种驾驶辅助系统，名称不尽相同，但目标是一样的。

二、智能网联汽车的技术架构

智能网联汽车的技术架构为"三横两纵"式技术架构，如图 1-5 所示。"三横"是指智能网联汽车主要涉及的车辆/设施、信息交互与基础支撑三大领域技术，"两纵"是指支撑智能网联汽车发展的车载平台以及基础设施条件。

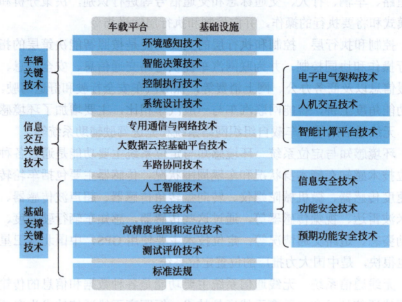

图 1-5　智能网联汽车的技术架构

第四节　智能网联汽车的应用

智能网联汽车在安全行驶、节能环保、商务办公、信息娱乐等方面有着广泛的应用前景。

一、在安全行驶方面的应用

安全行驶是智能网联汽车最主要的功能，它是通过环境感知技术、无线通信技术和网络技术等对诸如交叉路口协助驾驶、车辆行车预警、道路危险预警、碰撞预警、交通信息提示等技术的综合采用来减少道路交通事故，保障安全行驶。

（1）交叉路口协助驾驶　交叉路口协助驾驶是智能网联汽车最典型的应用之一，它包括交通信号信息发布，通过 V2I 通信，向接近交叉路口的车辆发布信息相位和配时信息，判断自车在剩余绿灯时间内是否能安全通过交叉路口，提醒驾驶员不要危险驾驶，并协助驾驶员做出正确判断，控制车速，防止交叉路口发生碰撞事故；盲点区域图像提供，通过V2I通信，向交叉路口准备停车或准备转弯的车辆提供盲点区域的图像，防止直角碰撞事故和由转弯车辆视距不足引起的事故；过往行人信息传递，通过V2I通信，向接近交叉路口的车辆发布人行道及其周围的行人、非机动车信息，防止事故发生；交叉路口车辆启停信息服务，在交叉路口，通过V2I通信，前车把启动信息及时传递给后车，减少后车起步等待时间，从而提升交叉路口通行能力。

交叉路口最容易发生交通事故，智能网联汽车交叉路口的典型应用如图1-6所示。

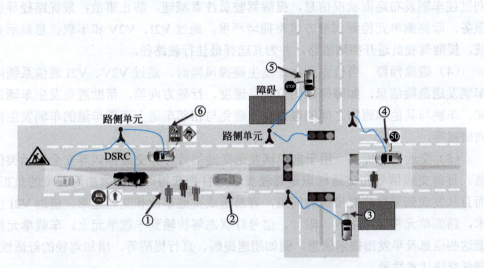

图1-6 智能网联汽车交叉路口的典型应用

图1-6中，①表示基于视觉传感器的行人识别及防撞，利用安装在汽车上的视觉传感器，对车辆前方的行人进行识别，并把识别结果显示在车载信息显示系统中，提醒驾驶员，防止碰撞；②表示基于雷达的车辆识别及防撞，利用安装在汽车上的雷达，对车辆进行识别，如果两车距离小于安全距离，发出预警，达到危险阈值，自动刹车，防止碰撞；③表示基于车路协同的行人识别及防撞，由于障碍物的存在，右转弯车辆看不到右边车道上的行人，这是非常危险的工况，此时路侧单元探测到行人，并将行人信息转发给右转弯车辆，提前预警，防止碰撞；④表示基于交通信号灯的交叉路口通行辅助，交通信号灯信息通过路侧单元转发给拟通过交叉路口的车辆，判断是否通过交叉路口；⑤表示车路协同的交叉路口主动防撞，车辆通过交叉路口时，把相关信息发送给周围车辆，如果车辆之间受到障碍物的影响，需要借助路侧单元进行转发，并接收附近其他车辆的信息反馈，从而使不同方向的车辆均可以感知到周围车辆信息，再根据行驶状况判断是否需要避让或采取其他措施；⑥表示基于路面状态的车速自适应控制，车辆通过视觉传感器、短距离无线通信技术或DSRC等获取道路交通情况，自动控制汽车行驶

速度，保障安全行驶。

（2）车辆行车预警　车辆主动或被动接收周围车辆行车消息，如将要进行或正在进行减速、加速、制动、停车、变道、超车、转向等行为的相应消息和正常状态下行车消息等，避免或减缓交通事故，并可辅助车辆驾驶。

（3）道路危险预警　在道路危险路段，车辆协同系统可以提供车辆安全辅助驾驶信息服务，即路侧单元检测前方道路是否发生交通堵塞、突发事件或存在路面障碍物，并通过 V2I 通信系统向驾驶员提供实时道路信息；路面信息发布，即向过往车辆发布路面状况信息，提醒驾驶员注意减速，防止事故；最优路径导航服务，即路侧单元检测到前方道路拥堵严重，通过 V2I、V2V 和车载信息显示系统，提醒驾驶员避开拥堵道路，并为其选择最佳行驶路径。

（4）碰撞预警　当检测到存在发生碰撞风险时，通过 V2V、V2I 通信系统向车辆发送危险信息，如障碍物的位置、速度、行驶方向等，帮助避免发生车辆之间、车辆与其他障碍物之间的碰撞，并避免与相邻车道上变更车道的车辆发生横向碰撞等。

（5）交通信息提示　用于向车辆发送交通信号灯和交通标识等安全提示类信息。目前交通信号和交通标识是驾驶员通过目视获得，不仅增加驾驶员的负担，而且从发现到采取应对措施时间短，容易造成交通事故和交通违章。借助 V2I 技术，路侧单元将道路限速、限行、信号灯状态等传输到车载单元上。车载单元根据这些信息及早发出提示信息，例如超速提醒、直行提醒等，增加驾驶的舒适性，降低交通违章数量。

安装车道保持辅助（LKA）系统的智能网联汽车，当车辆偏离行驶道路时，通过道路识别，LKA 系统将启动介入，将车辆导回原车道，以免发生事故，如图 1-7 所示。

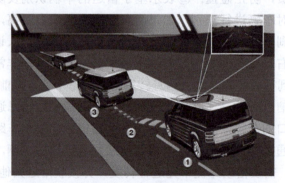

图 1-7　智能网联汽车车道保持辅助系统的应用
①—未偏离车道；②—偏离车道；③—LKA 启动将车辆导回原车道

智能网联汽车的先进驾驶辅助系统主要功能是提高其安全性，详见第七章。

二、在节能环保方面的应用

智能网联汽车是通过雷达、机器视觉等,提前预知交通控制信号、前向交通流、限速标识、道路坡度等,从而可提前通过车辆控制器实施经济型驾驶策略,最终实现车辆的节能与环保行驶。

如图 1-8 所示,智能网联汽车在连续交叉路口通行系统中,通过获取交通信号灯信息、位置信息、车流汇入信息等,车载单元计算出优化的车速,控制电子油门和制动系统,从而可实现在控制车速、保证安全前提下的高效通行和降低油耗。这样,整个系统可在保障车辆通行效率的前提下,提高车辆燃料经济性,减少尾气排放。

图 1-8　智能网联汽车优化通过连续交叉路口

三、在商务办公方面的应用

智能网联汽车可以让人们在行进的汽车内随时随地购物和支付,应用场景包括网上商场、快餐店、加油站及停车场等。

另外,智能网联汽车可以利用无线通信技术和网络技术开展文件传输、视频对话、会议交流等,它必将成为移动的办公室,如图 1-9 所示。

图 1-9　汽车移动办公室

四、在信息娱乐服务方面的应用

智能网联汽车可以提供各种信息、娱乐、预约、应急服务等,其中信息包括车辆信息、路况信息、交通信息、导航信息、定位信息、气象信息、旅游信息、商场信息、活动信息等;娱乐包括下载音乐、电影和游戏等,供乘坐人员娱乐;预约包括活动预约、设施预约、餐厅预约、住宿预约、机票预约、保养预约等;应急服务包括道路救援、救护、消防、保险等。随着各种车载专用 APP 的开发,通过智能手机和车载单元连接,实现信息互联。图 1-10 所示是通过智能手机查看车辆信息。

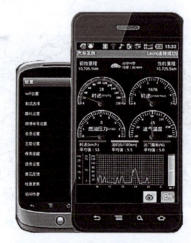

图 1-10 通过智能手机查看车辆信息

总之,智能网联汽车是无人驾驶汽车发展进程中的产品,它的应用主要在安全行驶和信息服务等方面,随着智能网联汽车向无人驾驶汽车的接近,其应用范围会逐渐扩大,将颠覆人们目前的生活方式。

第五节 智能网联汽车关键技术

智能网联汽车是一个复杂的跨界交叉系统,技术领域覆盖广,专业跨度大,技术架构复杂。其关键技术涉及汽车、半导体芯片、人工智能和信息通信等领域,主要包括环境感知技术、自主决策技术、控制执行技术、交互通信技术、智能座舱技术、计算芯片技术、云计算平台、网络信息安全、虚拟测试技术等。

(1) 环境感知技术 环境感知是智能驾驶的基础,它是通过安装在智能网联汽车及其周边的传感器和网络,对道路、车辆、行人、交通标志、交通信号灯等进行探测和识别；如何低成本、高效率、准确地识别出这些感知对象，还有很多技术问题需要解决。

（2）自主决策技术　自主决策是智能驾驶的核心，随着汽车驾驶自动化水平的提高，对车辆自主决策能力提出了新的要求。汽车不仅需要在某个具体工况进行决策规划，如超车、巡航和跟车等单一工况，还需要有在线学习能力以适应更加复杂的道路交通环境和不可预期工况。我国道路工况存在道路环境构型多样、人车高度混杂、驾驶员行为随机性高、行车博弈关系强等特点，导致面向复杂城市道路的高级别决策技术开发尤为困难。面向城市道路场景的多样性、交通参与者的混杂性、驾驶行为的随机性和博弈性，考虑资源限制（如车载计算资源、网络通信延时等），高可靠高适应的"自动驾驶类脑智能决策系统"将是智能驾驶决策的重点发展方向。

（3）控制执行技术　控制执行是智能驾驶的关键，智能驾驶汽车决策规划出行驶路径，由底盘执行机构实现汽车状态控制和轨迹跟踪，这一过程中，控制执行技术起着至关重要的作用。目前，传统汽车底盘的控制结构仍为分布式电子架构，不同子系统都有各自的运算控制器，较难实现所有功能的协同控制，所以必须要实现线控底盘。精准、可靠的实时单车、车-人、车-车、车-路协同控制，是车辆智能化实现的重要前提和关键技术。智能网联车路云一体化融合控制系统是未来智能驾驶控制的重点发展方向。

（4）交互通信技术　交互通信技术主要包括人机交互、车载通信模块、V2X通信等多种技术。其中人机交互包驾驶员监控、语音交互、语义理解、手势控制和虚拟现实等，主要依靠深度学习和大数据等技术实现；车载通信模块具有通信网关和防火墙机制，支持报警、服务类功能、远程车辆操控类功能、车辆信息反馈类功能和基于位置的服务类等信息控制功能；V2X通信技术强调车辆在行驶环境中与其他交通参与者实时互联通信，获得其交通参数，对传输速度、延时性和丢包率等均有较高的要求。

（5）智能座舱技术　智能座舱是以车联网为依托，集合丰富的车载传感器、控制器、网络传感器、云端数据、算力资源，基于人工智能技术和先进的人机交互技术，提供友好的人机交互界面，提升车辆行驶安全、通信感知能力、用户体验的汽车座舱软硬件集成系统。主要由人机交互系统、环境控制系统、影音娱乐系统、信息通信系统、导航定位系统等组成。从汽车座舱升级路径情况来看，座舱产品正处于智能时代初级阶段。现阶段大部分座舱产品仍是分布式离散控制，即操作系统互相独立，核心技术体现为模块化、集成化设计。未来，随着高级别自动驾驶逐步应用，芯片和算法等性能增加，座舱产品将进一步升级，一芯多屏、多屏互融、立体式虚拟呈现等技术普及，核心技术体现为进一步集成智能驾驶的能力。

（6）计算芯片技术　芯片是智能网联汽车的核心运算单元，主要包括中央处理器、图形处理器、现场可编程门阵列及专用定制芯片等。

（7）云计算平台　云计算平台通过以太网络与车辆、路侧设备进行远程通信，实现远程监控、车辆追踪、调度管理和路径规划等功能，同时还能够利用云计算和大数据处理，为自动驾驶控制策略、智能交通控制管理的研究提供数据依据。

（8）网络信息安全　智能网联汽车需满足车联网通信的保密性、完整性、可鉴别性等要求。通过引入密码安全芯片、设计"端-管-云"安全主动防御机制、密码安全协议和设置可信计算区域等手段，对云计算平台和车载终端进行软件代码和物理硬件安全升级。

（9）虚拟测试技术　运用计算机建模构建出虚拟的街道、城乡和高速公路等作为测试环境，并在虚拟环境中加入测试用例，这种虚拟测试方法可以大大提高自动驾驶技术的研发测试效率、缩短研发测试周期，并能实现场地测试无法提供的海量测试场景用例。

第六节　智能网联汽车发展目标和重点

智能化、互联化已经成为未来汽车技术的发展趋势，只有智能驾驶与互联驾驶相结合，才能更有效地实现汽车安全、舒适、节能、高效行驶。

1. 发展目标

2025年，确立中国方案智能网联汽车发展战略；部分自动驾驶（PA）、有条件自动驾驶（CA）级智能网联汽车占汽车年销量的50%以上，高度自动驾驶（HA）级智能网联汽车开始进入市场，C-V2X终端新车装配率达50%；网联协同感知在高速公路、城市道路节点和封闭园区成熟应用；在限定场景和封闭区域实现高度自动驾驶（HA）级智能网联汽车的商业化运行。

2030年，中国方案智能网联汽车成为国际汽车发展体系的重要组成部分；PA、CA级智能网联汽车占汽车年销量的70%，HA级智能网联汽车占汽车年销量的20%以上，C-V2X终端新车装配基本普及；具备车路云一体化协同决策与控制功能的车辆进入市场，HA级智能网联汽车在高速公路广泛应用，在部分城市道路规模化应用。

2035年，中国方案智能网联汽车产业体系更加完善，与智能交通、智慧城市产业生态深度融合，打造共享和谐、绿色环保、互联高效、智能安全的智能社会，支撑我国实现汽车强国，步入汽车社会，各类网联式高度自动驾驶车辆广泛运行于中国广大地区。

2. 发展重点

（1）基于网联的车载智能信息服务系统　在现有远程信息服务系统基础上，为驾驶和出行提供交通、资讯、车辆运行状态及智能控制等信息服务，突出信息化和人机交互升级。逐步普及远程通信功能，部分实现 V2X 短程通信功能，信息可用于智能化控制。

（2）驾驶辅助级智能汽车　制定中国版智能驾驶辅助标准，基于车载传感实现智能驾驶辅助，可提醒驾驶员、干预车辆，突出安全性、舒适性和便利性，驾驶员对车辆应保持持续控制。

（3）部分或高度自动驾驶级智能汽车　制定中国版乘用车城市智能驾驶标准和高速公路智能驾驶标准；乘用车逐步实现部分自动或高度自动驾驶，突出舒适性、便利性、高效机动性和安全性，实现网联信息的安全管理；制定中国版商用车城郊智能驾驶标准和高速公路智能驾驶标准，商用车逐步实现部分自动或高度自动驾驶，以网联智能管理和编队控制技术突破为主，提高运输车辆的运行效率、经济性、安全性和便利性。

（4）完全自主驾驶级智能汽车　制定中国版完全自主驾驶标准，基于多源信息融合、多网融合，利用人工智能、深度挖掘及自动控制技术，配合智能环境和辅助设施实现自主驾驶，可改变出行模式、消除拥堵、提高道路利用率。

（5）车载光学系统　光学摄像头、夜视系统等具备图像处理和视觉增强功能，性能与国际品牌相当并具有成本优势。

（6）车载雷达系统　开发高性价比的车载雷达系统，包括车载激光雷达系统和毫米波雷达系统。

（7）高精定位系统　基于北斗系统开发，实现自主突破，车载定位精度可达到亚米级精度，实现对 GPS 的逐步替代与升级。

（8）车载互联终端　自主开发车载信息娱乐系统、远程通信模块和近距离通信模块。

（9）集成控制系统　开发域控制器，实现对各子系统的精确控制及协调，并形成技术、成本优势。

（10）多源信息融合技术　突破环境感知与多传感器信息融合，V2X 通信模块集成，车载与互联信息融合技术。

（11）车辆协同控制技术　突破整车集成与协同控制技术。

（12）数据安全及平台软件　突破信息安全、系统健康智能监测技术，并搭建中国版车载嵌入式操作系统平台软件。

（13）人机交互与共驾技术　突破人机交互、人机共驾与失效补偿技术。

（14）基础设施与技术法规　形成中国版先进智能驾驶辅助、V2X 及多网融合的技术标准体系和测试评价方法，完善基于 V2X 通信标准体系的道路基础设施。

3. 智能网联汽车的发展趋势

智能网联汽车技术将向着人工智能化、尺寸小型化、成本低廉化、动力电动化、信息互联化和高可靠性方向发展。

（1）环境感知技术　77GHz 或 79GHz 毫米波雷达将取代 24GHz 毫米波雷达，天线尺寸更小，角分辨率更高，芯片材料将向着互补金属氧化物材料发展；激光雷达将向着固态激光雷达、更高的探测距离和分辨率、更小的尺寸和更低的成本发展；视觉传感器将沿着深度学习的技术路线，向模块化、可扩展、全天候方向发展。

（2）决策规划技术　人工智能技术将由目前所处的机器学习、深度学习阶段向着自主学习方向发展；人工智能算法芯片将会对软硬件进行深度整合，使其拥有超强的计算能力、更小的体积、更低的功耗，算法处理速率将会大幅提升。

（3）车辆控制技术　整车电子电气架构将向着跨域集中式电子架构和车辆集中式电子架构发展，分散的控制单元将减少，取而代之的是应用先进算法的集中控制单元；车辆控制算法也由传统控制方法向基于模型预测控制、最优控制、神经网络控制和深度学习等智能控制方法转变。

（4）自主式智能与网联式智能技术加速融合　网联式系统能从时间和空间维度突破自主式系统对于车辆周边环境的感知能力。在时间维度，通过 V2X 通信，系统能够提前获知周边车辆的操作信息、红绿灯等交通控制系统信息，以及气象条件、拥堵预测等更长期的未来状态信息。在空间维度，通过 V2X 通信，系统能够感知交叉路口盲区、弯道盲区、车辆遮挡盲区等位置的环境信息，从而帮助自动驾驶系统更全面地掌握周边交通态势。网联式智能技术与自主式智能技术相辅相成，互为补充，正在加速融合发展。

第二章
智能网联汽车智能传感器技术

智能网联汽车通过智能传感器对环境进行感知,特别是先进驾驶辅助系统,以传感器采集的信息作为系统的输入,传感器的质量和性能直接影响先进驾驶辅助系统的功效。

第一节 超声波雷达

频率高于人类听觉上限频率(约 20000Hz)的声波,称为超声波。超声波雷达是利用超声波的特性研制而成的传感器,是在超声频率范围内将交变的电信号转换成声信号或者将外界声场中的声信号转换为电信号的能量转换器件。

一、超声波雷达的特点

超声波雷达具有以下优点。

① 超声波的传播速度仅为光波的百万分之一,并且指向性强,能量消耗缓慢,因此可以直接测量较近目标的距离,一般测量距离小于 10m。

② 超声波对色彩、光照度不敏感,可适用于识别透明、半透明及漫反射差的物体。

③ 超声波对外界光线和电磁场不敏感,可用于黑暗、有灰尘或烟雾、电磁干扰强、有毒等恶劣环境中。

④ 超声波雷达结构简单,体积小,成本低,信息处理简单可靠,易于小型化与集成化,并且可以进行实时控制。

超声波雷达具有以下不足。

① 超声波雷达适用于低速，在速度很高的情况下测量距离具有一定的局限性。这是因为超声波的传输速度容易受天气情况的影响，在不同的天气情况下，超声波的传输速度不同，而且传播速度较慢，当汽车高速行驶时，使用超声波测距无法跟上汽车的车距实时变化，误差较大。

② 超声波有一定的扩散角，只能测量距离，不可以测量方位，所以只能在低速（如泊车）时使用，而且必须在汽车的前、后保险杠不同方位上安装多个超声波雷达。

③ 对于低矮、圆锥、过细的障碍物或者沟坎，超声波雷达不容易探测到。

④ 超声波的发射信号和余振的信号都会对回波信号造成覆盖或者干扰，因此在低于某一距离后就会丧失探测功能，这就是普通超声波雷达的探测有盲区的原因之一，若在盲区内，则系统无法探测障碍物。因此，比较好的解决办法是在安装超声波雷达的同时安装摄像头。

二、超声波雷达的结构

超声波雷达的典型结构如图 2-1 所示，它采用双晶振子（压电晶片），即把双压电陶瓷片以相反极化方向粘在一起，在长度方向上，一片伸长另一片就缩短。在双晶振子的两面涂覆薄膜电极，上面用引线通过金属板（振动板）接到一个电极端，下面用引线直接接到另一个电极端。双晶振子为正方形，正方形的左右两边由圆弧形凸起部分支撑着。这两处的支点就成为振子振动的节点。金属振动板的中心有圆锥形振子，发送超声波时，圆锥形振子有较强的方向性，因而能高效地发送超声波；接收超声波时，超声波的振动集中于振子的中心，所以能产生高效率的高频电压。超声波雷达采用金属或塑料外壳，其顶部有屏蔽栅。

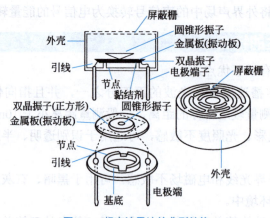

图 2-1 超声波雷达的典型结构

通过超声换能结构，配以适当的收发电路，就可以使超声能量定向传输，并按预期接收反射波，实现超声测距、遥控、防盗等检测功能，如图 2-2 所示。

第二章 智能网联汽车智能传感器技术　21

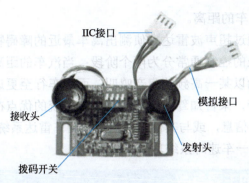

图 2-2　超声波雷达

超声波雷达有一个发射头和一个接收头，安装在同一面上。在有效的检测距离内，发射头发射特定频率的超声波，遇到检测面反射部分超声波；接收头接收返回的超声波，由芯片记录声波的往返时间，并计算出距离值。超声波测距传感器可以通过模拟接口和IIC接口两种方式将数据传输给控制单元。

三、超声波雷达测距原理

超声波雷达测距原理是超声波发射头发出的超声波脉冲，经介质（空气）传到障碍物表面，反射后通过介质（空气）传到接收头，测出超声脉冲从发射到接收所需的时间，根据介质中的声速，求得从探头到障碍物表面之间的距离。如图 2-3 所示，设探头到障碍物表面的距离为 L，超声在空气中的传播速度为 v（约为 340m/s），从发射到接收所需的传播时间为 t，当发射头和接收头之间的距离远小于探头到障碍物之间的距离时，则有 $L=vt/2$。由此可见，被测距离与传播时间之间具有确定的函数关系，只要能测出传播时间，即可求出被测距离。

超声波雷达在汽车上的典型应用之一就是倒车雷达，倒车雷达系统的工作原理如图 2-4 所示。倒车雷达系统的工作原理就是在车的后保险杠或前后保险杠设置超声波雷达器，用以侦测前后方的障碍物，帮助驾驶员"看到"前后方的障碍

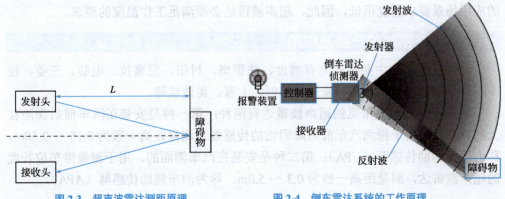

图 2-3　超声波雷达测距原理　　　　图 2-4　倒车雷达系统的工作原理

物，或停车时与其他车的距离。

倒车雷达系统通过超声波雷达来侦测出离车最近的障碍物距离，并发出警报来警告驾驶员。警报的控制通常分为两个阶段：当汽车的距离达到某一开始侦测的距离时，警报开始以某一高频的声音鸣叫；而当车行至更近的某一距离时，则警报改以连续的声音，来告知驾驶员。倒车雷达系统的优点在于驾驶员可以用听觉获得有关障碍物的信息，或与其他车的距离。倒车雷达系统主要用于协助停车，所以当达到或超过某一车速时系统功能将会关闭。

四、超声波雷达的主要参数

超声波雷达主要有以下特性参数。

（1）测量距离　超声波雷达的测量距离取决于其使用的波长和频率；波长越长，频率越小，测量距离越大。测量汽车前后障碍物的短距超声波雷达测量距离一般为 0.15～2.50m；安装在汽车侧面、用于测量侧方障碍物距离的长距超声波雷达测量距离一般为 0.3～5.0m。

（2）测量精度　测量精度是指传感器测量值与真实值的偏差。超声波雷达测量精度主要受被测物体体积、表面形状、表面材料等影响。被测物体体积过小、表面形状凹凸不平、物体材料吸收声波等情况都会降低超声传感器测量精度。测量精度越高，感知信息越可靠。

（3）探测角度　由于超声波雷达发射出去的超声波具有一定的指向性，波束的截面类似椭圆形，所以探测的范围有一定限度，探测角度分为水平视场角和垂直视场角。

（4）工作频率　工作频率直接影响超声波的扩散和吸收损失、障碍物反射损失、背景噪声，并直接决定传感器的尺寸。一般选择 40kHz 左右，这样传感器方向性尖锐，且避开了噪声，提高了信噪比；虽然传播损失相对低频有所增加，但不会给发射和接收带来困难。

（5）工作温度　由于超声波雷达应用广泛，有的应用场景要求温度很高，有的应用场景要求温度很低，因此，超声波雷达必须满足工作温度的要求。

五、超声波雷达的产品及应用

超声波雷达的主要生产商有博世、法雷奥、村田、尼塞拉、电装、三菱、松下、同致电子、航盛电子、豪恩、辉创、上富、奥迪威等。

智能网联汽车上常见的超声波雷达有两种：第一种是安装在汽车前后保险杠上的，也就是用于探测汽车前后障碍物的传感器，测量距离一般为 0.15～2.50m，称为驻车辅助传感器（UPA）；第二种是安装在汽车侧面的，用于测量停车位长度的超声波雷达，测量距离一般为 0.3～5.0m，称为泊车辅助传感器（APA）。

博世公司第 6 代超声波雷达如图 2-5 所示。

图 2-5　博世公司的超声波雷达
1—轴向的超声波雷达；2—径向的超声波雷达

博世公司的超声波雷达主要技术参数见表 2-1。

表 2-1　博世公司的超声波雷达主要技术参数

项目	参数	项目	参数
最小测量距离	0.15m	尺寸	44mm×26mm
最大测量距离	5.5m	质量	14g
目标分辨率	3～15cm	工作温度	−40～+85℃
水平视场角	±70°	电流消耗	7mA
垂直视场角	±35°	防护安全等级	IP64k

超声波雷达主要用于泊车系统。泊车系统可以分为自动泊车、远程遥控泊车、自学习泊车和自动代客泊车。

1. 自动泊车

自动泊车是最常见的泊车辅助系统。泊车辅助系统在汽车低速巡航时，使用超声波雷达感知周围环境，帮助驾驶员找到大小合适的空车位，并在驾驶员发送泊车指令后，将汽车泊入车位。

自动泊车系统使用的传感器包括 8 个安装于汽车前、后的 UPA 超声波雷达和 4 个安装于汽车两侧的 APA 超声波雷达，雷达的感知范围如图 2-6 所示。

APA 超声波雷达的探测范围远而窄，常见 APA 最远测量距离为 5m；UPA 超声波雷达的探测范围近而宽，常见 UPA 测量距离为 3m。不同的探测范围决定了它们不同的分工。APA 超声波雷达的作用是在汽车低速巡航时，完成空车位的寻找和校验工作。如图 2-7 所示，随着汽车低速行驶过空车位，安装在前侧方的 APA 超声波雷达的测量距离有一个先变小，再变大，再变小的过程。一旦汽车控制器探测到这个过程,可以根据车速等信息得到车位的宽度以及是否是空车位的信息。后侧方的 APA 在汽车低速巡航时也会探测到类似的信息,可根据这些信息对空车位进行校验,避免误检。

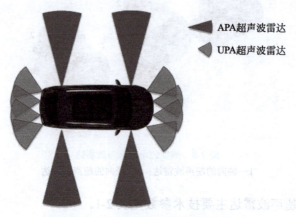

图 2-6　自动泊车系统环境感知范围

图 2-7　APA 超声波雷达检测车位原理图

使用 APA 超声波雷达检测到空车位后,汽车控制器会根据自车的尺寸和车位的大小,规划出一条合理的泊车轨迹,控制方向盘、变速箱和油门踏板进行自动泊车。在泊车过程中,安装在汽车前后的 8 个 UPA 会实时感知环境信息,实时修正泊车轨迹,避免碰撞。

APA 自动泊车辅助系统需要驾驶员在车内实时监控,以保证泊车顺利完成,属于 SAE L2 级别的自动驾驶技术。

自动泊车的技术盘点如图 2-8 所示。

2. 远程遥控泊车

远程遥控泊车辅助系统是在自动泊车技术的基础之上发展而来的,车载传感器的配置方案与自动泊车类似。它解决了停车后难以打开自车车门的尴尬场景,比如在两边都停了车的车位,或在比较狭窄的停车房。远程遥控泊车辅助系统常见于特斯拉、宝马 7 系、奥迪 A8 等高端车型中。

在汽车低速巡航并找到空车位后，驾驶员将汽车挂入停车挡，就可以离开汽车了。在车外，使用手机发送泊车指令，控制汽车完成泊车操作。遥控泊车涉及汽车与手机的通信，目前汽车与手机最广泛且稳定的通信方式是蓝牙，虽然没有4G传输的距离远，但4G信号并不能保证所有地方都能做到稳定通信。

远程遥控泊车辅助系统相比于自动泊车加入了与驾驶员通信的车载蓝牙模块，不再需要驾驶员坐在车内监控汽车的泊车过程，仅需要在车外观察即可。远程遥控泊车的技术盘点如图2-9所示。

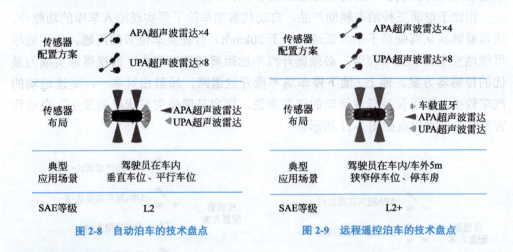

图2-8　自动泊车的技术盘点　　　图2-9　远程遥控泊车的技术盘点

3. 自学习泊车

自学习泊车能够学习驾驶员的泊入和泊出操作，并在以后自主完成这个过程。自学习泊车辅助系统的核心技术是即时定位与地图构建（Simultaneous Localization And Mapping，SLAM）。

驾驶员在准备停车前，可以在车位不远处，开启"路线学习"功能，随后慢慢将汽车泊入固定车位，系统就会自学习该段行驶和泊车路线。泊车路线一旦学习成功，汽车便可达到"过目不忘"。完成路线的学习后，在录制时的相同起点下车，用手机蓝牙连接汽车，启动自学习泊车辅助系统，汽车就能够模仿先前录制的泊车路线，完成自动泊车。

驾驶员除了让汽车学习泊入车库的过程外，还能够学习汽车泊出，并行驶到办公楼的过程。"聪明"的汽车能够自动驾驶到我们面前，即使在大雨天也不用害怕冒雨取车。

自学习泊车辅助系统相比于自动泊车和远程遥控泊车加入了360°环视相机，而且泊车的控制距离从5m内扩大到了50m内，有了明显提升。自学习泊车的技术盘点如图2-10所示。

4. 自动代客泊车

最理想的泊车辅助场景应该是，驾驶员把车开到办公楼下后，直接去办事，把找停车位和停车的工作交给汽车，汽车停好后，发条信息给驾驶员，告知自己停在哪。在驾驶员下班时，给汽车发条信息，汽车即可远程启动，泊出车位，并行驶到驾驶员设定的接驳点。

自动代客泊车是为了解决日常工作、生活中停车难的痛点，其主要的应用地点通常是办公楼或者大型商场的地上或地下停车场。

相比于前面三种泊车辅助产品，自动代客泊车除了要实现泊入车库的功能外，还需要解决从驾驶员下车点低速（小于 20km/h）行驶至车位旁的问题。为了能尽可能地安全行驶到车位旁，必须提升汽车远距离感知的能力，前视摄像头成为最优的传感器方案。地上／地下停车场不像开放道路，场景相对单一，高速运动的汽车较少，对于保持低速运动的汽车来说，更容易避免突发状况的发生。自动代客泊车的技术盘点如图 2-11 所示。

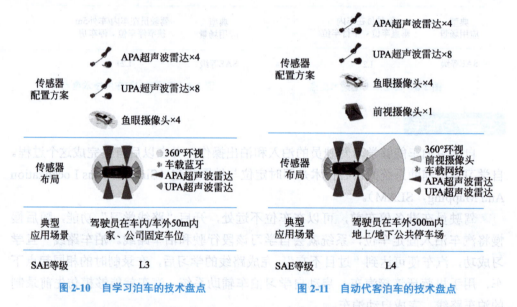

图 2-10　自学习泊车的技术盘点　　图 2-11　自动代客泊车的技术盘点

除了超声波雷达和视觉传感器外，实现自动代客泊车还需要引入停车场的高精度地图，再配合 SLAM 或视觉匹配定位的方法，才能够让汽车知道它现在在哪，应该去哪里寻找停车位。除了自行寻找停车位外，具备自动代客泊车功能的汽车还可以配合智能停车场更好地完成自动代客泊车的功能。智能停车场需要在停车场内安装一些必要的基础设施，比如摄像头、地锁等。这些传感器不仅能够获取停车位是否被占用，还能够知道停车场的道路上是否有车等信息。将这些信息建模后发送给汽车，汽车就能够规划出一条更为合理的路径，行驶到空车位处。

第二节 毫米波雷达及其仿真技术

毫米波雷达是工作在毫米波频段（30～300GHz）的雷达，它通过发射与接收高频电磁波来探测目标，后端信号处理模块利用回波信号计算出目标的距离、速度和角度等信息。毫米波雷达是智能网联汽车核心传感器之一，主要用于自适应巡航控制系统（ACC）、自动制动辅助系统（AEB）、前向碰撞预警系统（FCW）、盲区监测系统（BSD）、变道辅助系统（LCA）等。

一、毫米波雷达的特点

毫米波雷达具有以下优点。

① 优异的探测性能。毫米波波长较短，并且汽车在行驶中的前方目标一般都是金属构成，这会形成很强的电磁反射，其探测不受颜色与温度的影响。

② 快速的响应速度。毫米波的传播速度与光速一样，并且其调制简单，配合高速信号处理系统，可以快速地测量出目标的角度、距离、速度等信息。

③ 对环境适应性强。毫米波具有很强的穿透能力，在雨、雪、大雾等恶劣天气依然可以正常工作，由于其天线属于微波天线，相比于光波天线，它在大雨及轻微上霜的情况下依然可以正常工作。

④ 抗干扰能力强。毫米波雷达一般工作在高频段，而周围的噪声和干扰处于中低频区，基本上不会影响毫米波雷达的正常运行，因此，毫米波雷达具有抗低频干扰特性。

毫米波雷达具有以下不足。

① 覆盖区域呈扇形，有盲点区域。
② 无法识别交通标志。
③ 无法识别交通信号灯。

二、毫米波雷达的测量原理

车载毫米波雷达根据测量原理的不同，一般分为脉冲方式和调频连续波方式两种。

脉冲方式测量原理简单，但由于受技术、元器件等方面的影响，实际应用中很难实现。采用脉冲方式的毫米波雷达需在很短的时间（一般都是微秒的数量级）内发射大功率的信号脉冲，通过脉冲信号控制雷达发射装置发射出高频信号，因此在硬件结构上比较复杂，成本高。除此之外，在高速路上行驶的车辆，其回波信号难免会受到周围树木、建筑物的影响，使回波信号衰减，从而降低接收系统的灵敏度。同时，如果收发采用同一个天线时，在对回波信号进行放大处理之前，应将其与发射信号进行严格的隔离，否则会因为发射信号的窜入，导致回波信号放大器饱和或者损坏。为了避免发射信号窜入接收信号中，需进行隔离技术处理，通常情况下，采用环形器或者使用不同的天线收发以避免发射信号的窜入，但这样就导致硬件结构的复杂性增加，产品成本高。故在车用领域，脉冲测量方式运用较少。

目前，大多数车载毫米波雷达都采用调频连续波方式，其测量原理如图2-12所示。

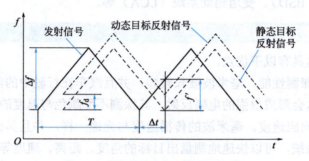

图2-12 调频连续毫米波雷达测量原理

采用调频连续波方式的毫米波雷达结构简单，体积小，可以同时得到目标的相对距离和相对速度。它的基本原理是当发射的连续调频信号遇到前方目标时，会产生与发射信号有一定延时的回波，再通过雷达的混频器进行混频处理，混频后的结果与目标的相对距离和相对速度有关。毫米波雷达测距和测速的计算公式为

$$s = \frac{c\Delta t}{2} = \frac{cTf'}{4\Delta f} \tag{2-1}$$

$$u = \frac{cf_d}{2f_0} \tag{2-2}$$

式中，s 为相对距离；c 为光速；T 为信号发射周期；f' 为发射信号与反射信号的频率差；Δf 为调频带宽；f_d 为多普勒频率；f_0 为发射信号的中心频率；u 为相对速度。

通过毫米波雷达的发射天线发射出毫米波信号后，遇到被监测目标反射回来，通过毫米波雷达并列的接收天线，通过收到同一监测目标反射信号的相位差，就可以计算出被监测目标的方位角。方位角测量原理如图2-13所示。毫米波雷达发射天线TX向目标发射毫米波，两个接收天线RX1和RX2接收目标反射信号。毫米波雷达接收天线RX1和接收天线RX2之间的几何距离为d，两个毫米波雷达天线所收到反射回波的相位差为b，然后通过三角函数计算得到方位角α_{AZ}的值，就可以知道被监测目标的方位角。

$$\alpha_{AZ} = \arcsin\left(\frac{\lambda b}{2\pi d}\right) \tag{2-3}$$

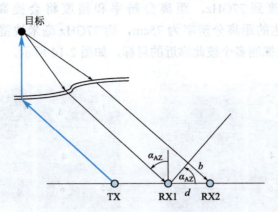

图 2-13　利用毫米波雷达测量目标方位角

由于毫米波雷达具有监测目标的位置、速度和方位角的优势，再结合毫米波雷达较强的抗干扰能力，可以全天候全天时稳定工作，因此，毫米波雷达是智能网联汽车核心传感器之一。

三、毫米波雷达的类型

毫米波雷达可以按照工作原理、探测距离和频段进行分类。

1. 按工作原理分类

毫米波雷达按工作原理的不同可以分为脉冲式毫米波雷达与调频式连续毫米波雷达两类。脉冲式毫米波雷达通过发射脉冲信号与接收脉冲信号之间的时间差来计算目标距离；调频式连续毫米波雷达是利用多普勒效应测量得出不同距离的目标的速度。脉冲式毫米波雷达测量原理简单，但由于受技术、元器件等方面的影响，实际应用中很难实现。目前，大多数车载毫米波雷达都采用调频式连续毫米波雷达。

2. 按探测距离分类

毫米波雷达按探测距离可分为短程（SRR）、中程（MRR）和远程（LRR）毫米波雷达。短程毫米波雷达一般探测距离小于 60m；中程毫米波雷达一般探测距离为 100m 左右；远程毫米波雷达探测距离一般大于 200m。

有的企业只分为短程和远程，具体探测距离以产品说明书为准。

3. 按频段分类

毫米波雷达按采用的毫米波频段不同，划分有 24GHz、60GHz、77GHz 和

79GHz 毫米波雷达。主流可用频段为 24GHz 和 77GHz，其中 24GHz 适合近距离探测，77GHz 适合远距离探测。

从 24GHz 过渡到 77GHz，距离分辨率和精度将会提高约 20 倍。例如，24GHz 毫米波雷达的距离分辨率为 75cm，而 77GHz 毫米波雷达则提高到 4cm，这使其可以更好地探测多个彼此靠近的目标，如图 2-14 所示。

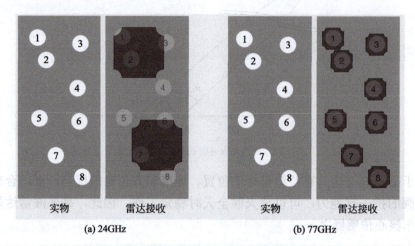

图 2-14 24GHz 和 77GHz 毫米波雷达的分辨率

四、毫米波雷达的技术参数

毫米波雷达的技术参数主要有最大探测距离、距离分辨率、距离测量精度、最大探测速度、速度分辨率、速度测量精度、视场角、角度分辨率和角度测量精度等。

（1）最大探测距离 指毫米波雷达所能检测目标的最大距离，不同的毫米波雷达，最大探测距离是不同的。

（2）距离分辨率 表示距离方向分辨两个目标的能力。

（3）距离测量精度 表示单目标的距离测量精度，取决于信噪比。

（4）最大探测速度 指毫米波雷达能够探测目标的最大速度。

（5）速度分辨率 表示速度维区分两个同一位置的目标的能力。

（6）速度测量精度 表示单目标的速度测量精度，取决于信噪比。

（7）视场角 分为水平视场角和垂直视场角，是指毫米波雷达能够探测的角度范围。

（8）角度分辨率 表示在角度维区分相同距离、相同速度目标的能力。雷达的角度分辨率一般较低，在实际情况下，由于距离、速度分辨率较高，目标一般可以在距离维和速度维被区分开。

（9）角度测量精度 表示单目标的角度测量精度。

五、毫米波雷达的产品

在全球毫米波雷达市场上，占主导地位的是德国、美国、日本等国家的产品，如大陆、博世、奥托立夫、德尔福、电装、富士通天、森思泰克等公司。国内一些初创公司也纷纷推出毫米波雷达产品，但还属于低端市场。

1. 德国大陆公司毫米波雷达系列产品

（1）77GHz 毫米波雷达 ARS408-21SC3　77GHz 毫米波雷达 ARS408-21SC3 如图 2-15 所示，它采用可靠的固态技术，灵敏度高，测量距离远，测距测角测速精确，分辨率高，易于集成，性价比高，性能稳定，可以适用于不同的应用场景目标的存在检测以及距离、速度、方位角的测量，主要用于汽车前向碰撞预警、自动紧急制动、自适应巡航等先进驾驶辅助系统和自动驾驶等场景。

图 2-15　77GHz 毫米波雷达 ARS408-21SC3

77GHz 毫米波雷达 ARS408-21SC3 标准探测区域示意图如图 2-16 所示。

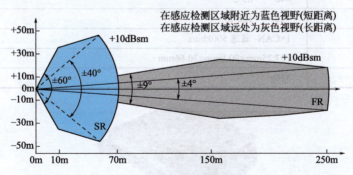

图 2-16　77GHz 毫米波雷达 ARS408-21SC3 标准探测区域示意图

ARS408-21 毫米波雷达系列产品主要参数见表 2-2。

（2）77GHz 毫米波雷达 ARS404　77GHz 毫米波雷达 ARS404 如图 2-17 所示，它是德国大陆公司 77GHz 的 40X 系列毫米波雷达传感器系列入门产品，性价比更优，可以适用于不同应用场景目标的存在检测以及距离、速度、方位角的测量。

CAN 数据通信协议和安装固定孔兼容 ARS408-21，但比 ARS408-21 更轻薄，适用于汽车前向碰撞预警、自动紧急制动、自适应巡航等先进驾驶辅助系统和自动驾驶等场景。

表 2-2　ARS408-21 毫米波雷达系列产品主要参数

项　目	参　数
探测距离范围	远程模式：0.20～250m 短程模式：±45°范围内为 0.20～70m/100m；±60°范围内为 0.20～20m
距离分辨率	远程模式：1.79m 短程模式：0.39m
距离测量精度	远程模式：±0.40m 短程模式：±0.10m
水平角分辨率	远程模式：1.6° 短程模式：3.2°@0°；4.5°@±45°；12.3°@±60°
水平角测量精度	远程模式：±0.1° 短程模式：±0.3°@0°；±1°@±45°；±5°@±60°
探测速度范围	−400～+200km/h（−表示远离目标；+表示接近目标）
速度分辨率	远程模式：0.37km/h 短程模式：0.43km/h
速度测量精度	±0.1km/h
雷达发射频率	76～77GHz
发射功率	平均：14.1dBm@77GHz 峰值：小于 35.1dBm
电源	8～32V DC
功耗	典型值为 6.6W/550mA；峰值为 12W/1.0A
工作温度	−40～+85℃
存储温度	−50～+105℃
接口	1×CAN- 高速 500kbit/s
尺寸	137.25mm×90.8mm×30.66mm
质量	320g

图 2-17　77GHz 毫米波雷达 ARS404

77GHz 毫米波雷达 ARS404 标准探测区域示意图如图 2-18 所示。

第二章 智能网联汽车智能传感器技术

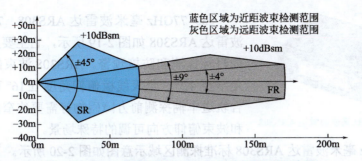

图 2-18　77GHz 毫米波雷达 ARS404 标准探测区域示意图

ARS404 毫米波雷达系列产品主要参数见表 2-3。

表 2-3　ARS404 毫米波雷达系列产品主要参数

项 目	参 数
探测距离范围	远程模式：0.20～170m@0～±4°；0.20～120m@±9° 短程模式：0.20～70m@0～±9°；0.20～40m@±45°
距离分辨率	远程模式：0.75m 短程模式：0.10m
距离测量精度	远程模式：±0.20m 短程模式：±0.10m
水平视场角	远程模式：-9°～+9° 短程模式：-45°～+45°
垂直视场角	18°@6dB
水平角分辨率	远程模式：4.6°@0° 短程模式：9.2°@0°；13°@±45°
水平角测量精度	远程模式：0.1°@±6°；0.2°@9° 短程模式：0.6°@0°；2°@±45°
探测速度范围	-400～+200km/h（-表示远离目标；+表示接近目标）
速度分辨率	0.28km/h
速度测量精度	±0.1km/h
雷达发射频率	76～77GHz
发射功率	平均：小于 12dBm@77GHz 峰值：小于 35.5dBm
电源	8～32V DC
功耗	典型值为 4.5W/375mA；峰值为 12W/1.0A
工作温度	-40～+85℃
存储温度	-50～+105℃
接口	1×CAN-高速 500kbit/s
尺寸	138mm×91mm×31mm
质量	320g

（3）77GHz 毫米波雷达 ARS308 77GHz 毫米波雷达 ARS308 如图 2-19 所示，它主要用于各场景的目标探测和防撞预警。ARS308 波束的垂直视场角窄至 4.3°，且天线板俯仰角度 ±16° 可调，很适合轨道车辆探测前方障碍物等需要狭窄垂直视场角和波束俯仰方向可调的特殊场景。

图 2-19　77GHz 毫米波雷达 ARS308

77GHz 毫米波雷达 ARS308 标准探测区域示意图如图 2-20 所示。

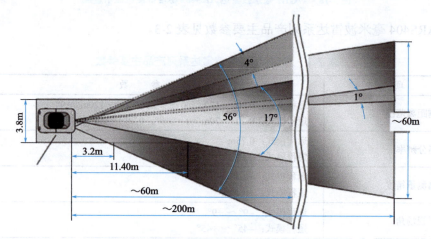

图 2-20　77GHz 毫米波雷达 ARS308 标准探测区域示意图

ARS308 毫米波雷达系列产品主要参数见表 2-4。

表 2-4　ARS308 毫米波雷达系列产品主要参数

项　目	参　数
探测距离范围	远程模式：0.25～200m 短程模式：0.20～60m
距离分辨率	2m
距离测量精度	0.25m
水平视场角	远区为 −8.5°～+8.5°；近区为 −28°～+28°
垂直视场角	4.3°@6dB
水平角分辨率	远区为 1°；近区为 4°
水平角测量精度	远区为 0.1°；近区为 1°～2°
探测速度范围	−88～+265km/h（− 表示远离目标；+ 表示接近目标）
速度分辨率	远区为 2.76km/h；近区为 5.52km/h
速度测量精度	远区为 0.5km/h；近区为 1.0km/h
雷达发射频率	76～77GHz
发射功率	<12mW

续表

项　目	参　数
电源	8～27V DC；8～34V DC
功耗	7W
工作温度	−40～+85℃
存储温度	−50～+105℃
接口	1×CAN- 高速 500kbit/s
尺寸	120mm×90mm×46mm
质量	<500g

（4）24GHz 毫米波雷达 SRR208　24GHz 毫米波雷达 SRR208 如图 2-21 所示，它是大陆电子的一款 20X 系列 24GHz 短程宽角毫米波雷达，主要用于汽车盲区探测、并线辅助等场景近距离、低速度、大角度范围内的相对运动目标的非接触探测和防撞预警，其水平视场角在超过中等距离时高达 ±75°。

24GHz 毫米波雷达 SRR208 标准探测区域示意图如图 2-22 所示。

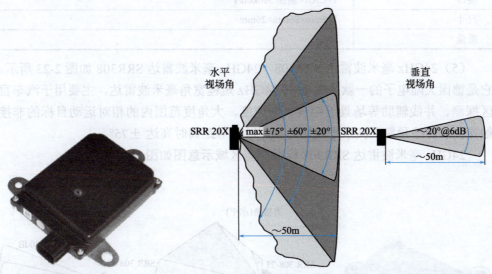

图 2-21　24GHz 毫米波雷达 SRR208　　图 2-22　24GHz 毫米波雷达 SRR208 标准探测区域示意图

SRR208 毫米波雷达系列产品主要参数见表 2-5。

表 2-5　SRR208 毫米波雷达系列产品主要参数

项　目	参　数
探测距离范围	1～50m
距离分辨率	1m
距离测量精度	0.20m

续表

项 目	参 数
水平视场角	−20°～+20°；−75°～+75°
垂直视场角	−6°～6°
水平角分辨率	14°～18°
水平角测量精度	−2°～+2°@±20°；−4°～+4°@±60°；−5°～+5°@±75°
探测速度范围	−146～+146km/h（−表示远离目标；+表示接近目标）
速度分辨率	1.1km/h
速度测量精度	0.2km/h
雷达发射频率	24.05～24.25GHz
发射功率	18mW
电源	9～16V DC；9～27V DC
功耗	4.5W
工作温度	−40～+85℃
存储温度	−40～+105℃
接口	1×CAN-高速 500kbit/s
尺寸	115mm×86mm×26mm
质量	295g

（5）24GHz 毫米波雷达 SRR308　24GHz 毫米波雷达 SRR308 如图 2-23 所示，它是德国大陆电子的一款 30X 系列 24GHz 短程宽角毫米波雷达，主要用于汽车盲区探测、并线辅助等场景近距离、低速度、大角度范围内的相对运动目标的非接触探测和防撞预警，其水平视场角在超过中等距离时高达 ±75°。

24GHz 毫米波雷达 SRR308 标准探测区域示意图如图 2-24 所示。

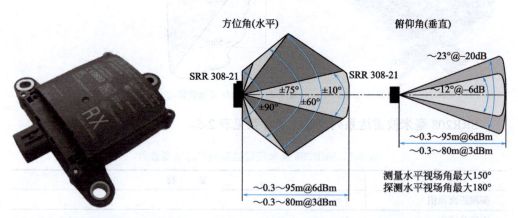

图 2-23　24GHz 毫米波雷达 SRR308　　图 2-24　24GHz 毫米波雷达 SRR308 标准探测区域示意图

SRR308 毫米波雷达系列产品主要参数见表 2-6。

表 2-6　SRR308 毫米波雷达系列产品主要参数

项　目	参　数
探测距离范围	0.3～95m@6dBm；0.3～80m@3dBm
距离分辨率	1m
距离测量精度	±0.2m 距离 >2m；±0.5m 距离 <2 m
水平视场角	−75°～+75°
垂直视场角	12°@−6dB；16°@−10dB；23°@−20dB
水平角分辨率	14°
水平角测量精度	2°～+2°@±30°；−4°～+4°@±60°；−5°～+5°@±75°
探测速度范围	−300～+300km/h（− 表示远离目标；+ 表示接近目标）
速度分辨率	1.2km/h
速度测量精度	±0.2km/h
雷达发射频率	24.05～24.25GHz
发射功率	18.5mW
电源	9～16V DC；9～32V DC
功耗	3.9W
工作温度	−40～+85℃
存储温度	−40～+95℃
接口	1×CAN- 高速 500kbit/s
尺寸	127.2mm×129.6mm×26.5mm
质量	172g

2. 森思泰克公司的毫米波雷达系列产品

森思泰克公司的毫米波雷达系列产品有 24GHz 毫米波雷达和 77GHz 毫米波雷达。

（1）24GHz 毫米波雷达　24GHz 毫米波雷达如图 2-25 所示，属于中短程毫米波雷达，其中 STA24-1 毫米波雷达可用于车辆侧后方的盲区监测与变道辅助预警，STA24-4 毫米波雷达可用于车辆侧后方的盲区监测预警，提高驾驶安全性。

(a) STA24-1　　　(b) STA24-4

图 2-25　24GHz 毫米波雷达

24GHz 毫米波雷达主要参数见表 2-7。

表 2-7 24GHz 毫米波雷达主要参数

项目		参数	
型号		STA24-1	STA24-4
工作频段		24～24.25GHz	24～24.25GHz
发射功率		≤10mW	≤10mW
扫描带宽		150MHz	150MHz
数据周期		50ms	50ms
探测距离范围		1～70m	1～15m
探测速度范围		−55.5～+55.5m/s	−33.3～+33.3m/s
水平视场角		−60°～+60°	−60°～+60°
垂直视场角		−8°～+8°	−20°～+20°
距离测量精度		±0.5m	±0.5m
速度测量精度		±0.13m/s	±0.11m/s
角度测量精度		±1°	±2°
多目标分区	距离分辨率	1m	1m
	速度分辨率	0.27m/s	0.22m/s
	角度分辨率	25°	25°
工作电压		8～16V	8～16V
工作电流		≤300mA	≤150mA
功耗		≤3.6W	≤1.8W
工作温度		−40～+85℃	−40～+85℃
外形尺寸		105mm×80mm×30mm	80mm×58mm×20mm
质量		250g	150g

在车辆行驶过程中，STA24-1 毫米波雷达不仅可以对车辆左右侧的近程盲区进行探测，同时还可以对两侧后方 70m 内试图超越本车的车辆进行探测。当有危险车辆出现时，STA24-1 雷达会在后视镜对驾驶员进行声光提示，从而避免因并线而发生的事故。

STA24-4 毫米波雷达可以对车辆左右侧的近程盲区进行探测。当有危险车辆出现时，STA24-4 毫米波雷达会在后视镜对驾驶员进行声光提示，从而避免因并线发生事故。

（2）77GHz 毫米波雷达 77GHz 毫米波雷达如图 2-26 所示，它们可以准确测量范围内目标车辆的距离、速度及角度等信息，同时具有三维度的分辨能力。

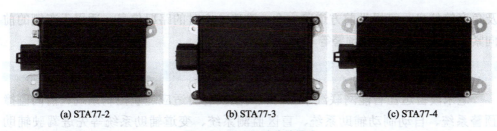

图 2-26　77GHz 毫米波雷达

77GHz 毫米波雷达主要参数见表 2-8。

表 2-8　77GHz 毫米波雷达主要参数

项目		参数		
型号		STA77-2	STA77-3	STA77-4
工作频段		76～77GHz	76～77GHz	76～77GHz
发射功率		≤10mW	≤10mW	≤10mW
扫描带宽		130MHz	120MHz；130MHz	160MHz
数据周期		80ms	80ms	50ms
探测距离范围		1～160m	1～180m	1～200m
速度测量范围		-54～+54m/s	-80～+80m/s	-50～+500m/s
水平视场角		-10°～+10°	-7°～+7°；-30°～+30°	-15°～+15°
垂直视场角		-3.3°～+3.3°	-3.8°～+3.8°	-3.6°～+3.66°
距离测量精度		±0.6m	±0.8m；±0.3m	±0.4m
速度测量精度		±0.4m/s	±0.2m/s	±0.1m/s
角度测量精度		±0.5°	±1°	±0.3°
多目标分区	距离分辨率	1.6m；0.6m	1m	1.2m
	速度分辨率	0.4m/s	0.2m/s	0.8m/s
	角度分辨率	3°	3°	6°
工作电压		8～32V	9～36V	9～24V
工作电流		≤600mA	≤250mA@12V ≤150mA@24V	≤450mA
功耗		≤7.2W	≤4W	≤5.5W
工作温度		-40～+85℃	-40～+85℃	-40～+85℃
外形尺寸		133mm×80mm×28.5mm	125mm×80mm×28mm	120mm×84.5mm×26mm
质量		300g	180g	250g

STA77-2 和 STA77-4 前向毫米波雷达利用数字波束形成技术，在提高前方波束照射范围的同时，能够判别前方多个目标车辆，可提供准确、实时的路况信息，保障前方道路安全，适用于车辆的前向碰撞预警等功能。

STA77-3 前向毫米波雷达可准确测量前方 180m 范围内目标车辆的距离、速度及角度等信息,可提供前方道路安全、准确、实时的路况信息,适用于车辆的前向紧急制动或前向碰撞预警等功能。

六、毫米波雷达的应用

毫米波雷达在智能网联汽车上的应用主要有自适应巡航控制系统、前向碰撞预警系统、自动制动辅助系统、盲区监测系统、变道辅助系统等先进驾驶辅助系统。

(1) 自适应巡航控制系统　自适应巡航控制系统是一种可以依据设定的车速或距离跟随前方车辆行驶,或根据前车速度主动控制本车行驶速度,最终将车辆与前车保持在安全距离的辅助驾驶功能,该功能最大的优点是可以有效地解放驾驶员的双脚,提高驾驶的舒适性,如图 2-27 所示。

图 2-27　基于毫米波雷达的自适应巡航控制系统

(2) 前向碰撞预警系统　前向碰撞预警系统是通过毫米波雷达和前置摄像头不断监测前方的车辆,判断本车与前车之间的距离、方位及相对速度,探测到前方潜在的碰撞危险,当驾驶员没有采取制动措施时,仪表会显示报警信息并伴随声音报警,警告驾驶员务必采取应对措施,如图 2-28 所示。当判断到事故即将发生时,系统会让制动自动介入工作,从而避免事故发生或降低事故可能造成的风险。

图 2-28　基于毫米波雷达的前向碰撞预警系统

（3）自动制动辅助系统　自动制动辅助系统是利用毫米波雷达测出与前车或障碍物的距离，然后利用数据分析模块将测出的距离与警报距离、安全距离进行比较，小于警报距离时就进行警报提示，而小于安全距离时，即使在驾驶员没有来得及踩制动踏板的情况下，该系统也会启动，使汽车自动制动，从而确保驾驶安全，如图 2-29 所示。

图 2-29　基于毫米波雷达的自动制动辅助系统

据研究表明，90% 的交通事故是由于驾驶员的注意力不集中而引起的，自动制动辅助技术能减少 38% 的追尾碰撞。且无论是在城市道路（限速 60km/h）还是郊区道路行驶的情况下，效果都显著。

（4）盲区监测系统　盲区监测系统根据毫米波雷达判断移动物体所处的相对位置及与本车的相对速度，当处于本车的盲区范围内，及时提醒驾驶员注意变道出现的风险，如图 2-30 所示。

图 2-30　基于毫米波雷达的盲区监测系统

（5）变道辅助系统　变道辅助系统是通过毫米波雷达、摄像头等传感器，对车辆相邻两侧车道及后方进行探测，获取车辆侧方及后方物体的运动信息，并结合当前车辆的状态进行判断，最终以声、光等方式提醒驾驶员，让驾驶员掌握最佳变道时机，防止变道引发的交通事故，同时对后向碰撞也有比较好的预防作用。

变道辅助系统包括盲区监测、变道预警和后向碰撞预警3个功能，可以有效地防止变道、转弯、后方追尾等交通事故的发生，极大提升了汽车变道操作的安全性能，如图2-31所示。

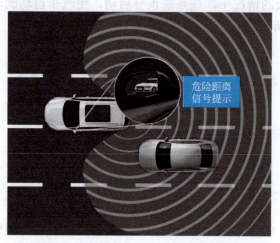

图2-31 基于毫米波雷达的变道辅助系统

智能网联汽车先进驾驶辅助系统应用的毫米波雷达见表2-9。

表2-9 智能网联汽车先进驾驶辅助系统应用的毫米波雷达

毫米波雷达类型		短程雷达（SRR）	中程雷达（MRR）	远程雷达（LRR）
工作频段		24GHz	77GHz	77GHz
探测距离		小于60m	100m左右	大于200m
功能	自适应巡航控制系统		前方	前方
	前向碰撞预警系统		前方	前方
	自动制动辅助系统		前方	前方
	盲区监测系统	侧方	侧方	
	自动泊车辅助系统	前方、后方	侧方	
	变道辅助系统	后方	后方	
	后向碰撞预警系统	后方	后方	
	行人检测系统	前方	前方	
	驻车开门辅助系统	侧方		

为了满足不同距离范围的探测需要，一辆汽车上会安装多个短程、中程和远程毫米波雷达。其中24GHz毫米波雷达主要实现短程（SRR）探测，77GHz毫米波雷达主要实现中程（MRR）和远程（LRR）的探测。不同的毫米波雷达在车辆前方、侧方和后方发挥不同的作用。

由于毫米波雷达技术在不断发展，技术参数也在不断变化，本节列出的毫米波雷达参数仅供参考，最终以企业提供的产品技术参数为准。

七、毫米波雷达仿真技术及实例

MATLAB 提供了毫米波雷达（以下简称雷达）检测器函数和模块，供仿真使用。

1. 雷达检测器函数

雷达检测器函数是 radarDetectionGenerator，其调用格式为

```
sensor=radarDetectionGenerator
sensor=radarDetectionGenerator(Name,Value)
```

其中，Name 和 Value 为设置雷达属性；sensor 为雷达检测器。

例如：radarDetectionGenerator('DetectionCoordinates', 'Sensor Cartesian', 'MaxRange', 150)，表示利用笛卡儿坐标创建雷达检测器，最大检测距离为 150m。

雷达检测器应用的调用格式为

```
dets=sensor(actors,time)
[dets,numValidDets]=sensor(actors,time)
[dets,numValidDets,isValidTime]=sensor(actors,time)
```

其中，actors 为交通参与者的姿态；time 为当前仿真时间；dets 为雷达检测结果；numValidDets 为有效检测次数；isValidTime 为有效检测时间。

2. 雷达检测器模块

雷达检测器模块如图 2-32 所示，它根据安装在主车辆上的雷达创建目标检测。

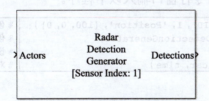

图 2-32　雷达检测器模块

雷达检测器模块的输入是其他交通参与者的姿态（Actors）；输出是雷达的检测信号（Detections）。

点击雷达检测器模块，进入雷达检测器模块设置界面，可以对其各种参数进行设置，如图 2-33 所示。雷达检测器模块设置包括参数（Parameters）、测量（Measurements）和检测对象（Actor Profiles）的设置。

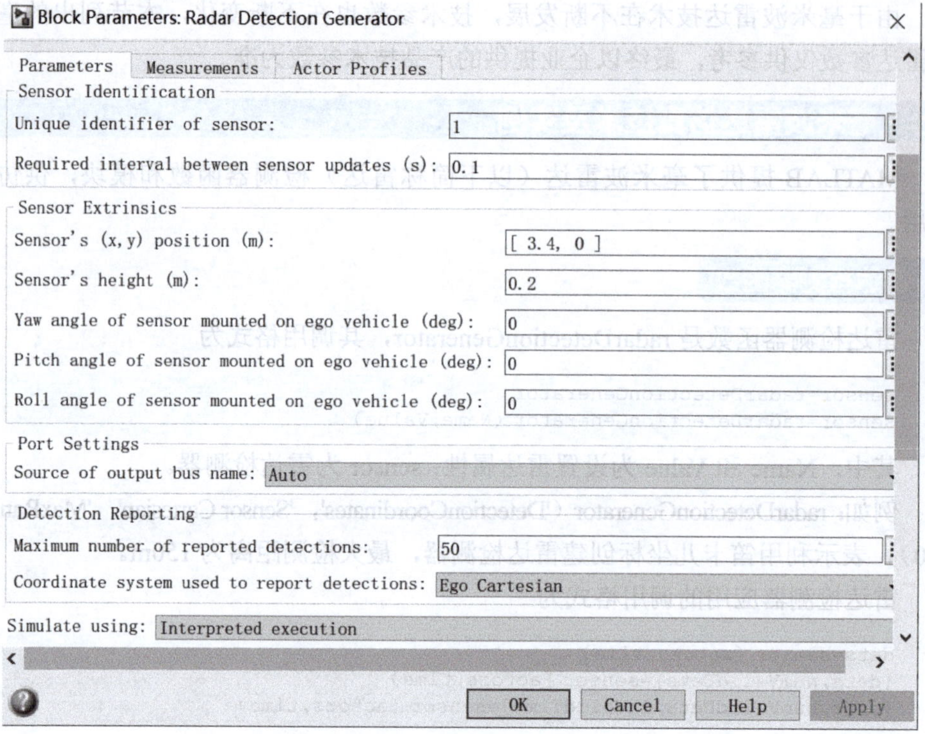

图 2-33 雷达检测器模块设置界面

毫米波雷达仿真实例

【例 2-1】利用雷达检测器函数检测雷达前方 100m 的车辆。

解：在 MATLAB 命令行窗口输入以下程序。

```
1  car=struct('ActorID',1,'Position',[100,0,0]);   % 创建车辆
2  radarSensor=radarDetectionGenerator;              % 创建雷达检测器
3  time=2;                                           % 设置仿真时间
4  dets=radarSensor(car,time)                        % 对车辆进行检测
```

输出结果为

```
dets =
  1×1 cell 数组
    {1×1 objectDetection}
```

测量结果储存在 MATLAB 的工作区，可以查看。车辆测量值如图 2-34 所示，雷达距前方车辆的距离为 99.2587m，误差约为 0.74%，满足测量精度要求。

【例 2-2】使用安装在主车辆上的雷达检测前方多目标车辆。假设有三个目标车辆：车辆 1 位于中间车道，主车辆正前方 110m，以与主车相同速度行驶；车辆 2 在左车道上，以比主车辆快 12km/h 的速度行驶；车辆 3 在右车道上，行驶速度比主车辆慢 6km/h。

第二章 智能网联汽车智能传感器技术

图 2-34 车辆测量值

解：在 MATLAB 命令行窗口输入以下程序。

1	`pos1=[110,0,0];`	% 设置车辆 1 初始位置
2	`pos2=[120,10,0];`	% 设置车辆 2 初始位置
3	`pos3=[100,-10,0];`	% 设置车辆 3 初始位置
4	`v1=[0,0,0];`	% 设置车辆 1 相对速度
5	`v2=[12/3.6,0,0];`	% 设置车辆 2 相对速度
6	`v3=[-6/3.6,0,0];`	% 设置车辆 3 相对速度
7	`car1=struct('ActorID',1,'Position',pos1,'Velocity',v1);`	% 创建车辆 1
8	`car2=struct('ActorID',2,'Position',pos2,'Velocity',v2);`	% 创建车辆 2
9	`car3=struct('ActorID',3,'Position',pos3,'Velocity',v3);`	% 创建车辆 3
10	`dt=0.1;`	% 设置采样时间
11	`radar=radarDetectionGenerator` `('RangeResolution',8,'AzimuthResolution',8,...'FieldOfView'` `,[35,15],'UpdateInterval',dt,'HasRangeRate',false);`	% 创建雷达检测
12	`tracker=multiObjectTracker;`	% 创建多目标检测
13	`simTime=0;`	% 设置仿真开始时间
14	`nsteps=10;`	% 设置仿真步数
15	`for k=1:nsteps`	% 循环开始
16	`  dets=radar([car1,car2,car3],simTime);`	% 对车辆进行检测
17	`  [confirmedTracks,tentativeTracks,allTracks]=...` `   updateTracks(tracker,dets,simTime);`	% 更新多目标检测
18	`  simTime=simTime+dt;`	% 计算仿真时间
19	`  car1.Position=car1.Position+dt*car1.Velocity;`	% 计算车辆 1 位置
20	`  car2.Position=car2.Position+dt*car2.Velocity;`	% 计算车辆 2 位置
21	`  car3.Position=car3.Position+dt*car3.Velocity;`	% 计算车辆 3 位置
22	`end`	% 仿真结束
23	`BEplot=birdsEyePlot('XLim',[0,200],'YLim',[-50,50]);`	% 建立鸟瞰图
24	`caPlotter=coverageAreaPlotter(BEplot,'DisplayName','雷达覆盖区域');`	% 创建鸟瞰图覆盖区域
25	`plotCoverageArea(caPlotter,radar.SensorLocation,...` `   radar.MaxRange,radar.Yaw,radar.FieldOfView(1))`	% 显示覆盖区域
26	`detPlotter=detectionPlotter(BEplot,'DisplayName','雷达检测');`	% 创建检测绘图仪
27	`detPos=cellfun(@(d)d.Measurement(1:2),dets,'UniformOutput',false);`	% 对测量数据进行处理
28	`detPos=cell2mat(detPos)';`	% 建立矩阵数组
29	`plotDetection(detPlotter,detPos)`	% 显示目标检测

输出结果如图 2-35 所示。

车辆检测结果储存在 MATLAB 工作区的 dets 文件中，可以查看。

可以任意设置目标车辆，检测任意时刻的车辆位置和速度。

【例 2-3】利用雷达检测器模块对驾驶场景中的车辆进行检测。

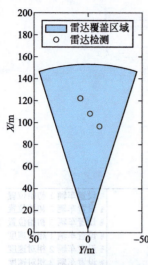

解：在 MATLAB 的场景库中导入名称为"Roundabout.mat"的驾驶场景，如图 2-36 所示。该驾驶场景表示主车自南向北行驶，在进入环形交叉路口时穿过行人的道路；另一辆车自东向西行驶；当两辆车都行驶通过环形交叉路口时，主车会穿过另一辆车的路径。把原视觉传感器改为毫米波雷达。

在应用程序工具栏上，选择 Export > Export Simulink Model，生成驾驶场景和毫米波雷达的 Simulink 模型，如图 2-37 所示。

点击"Bird's-Eye Scope"，打开鸟瞰图，单击"Find Signals"，点击"Run"，车辆开始运动并进行检测，如图 2-38 所示。检测结果储存在 MATLAB 的工作区。

图 2-35　多车辆的雷达检测

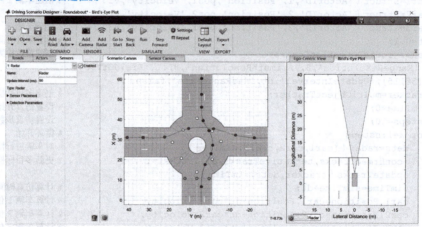

图 2-36　含有毫米波雷达的驾驶场景

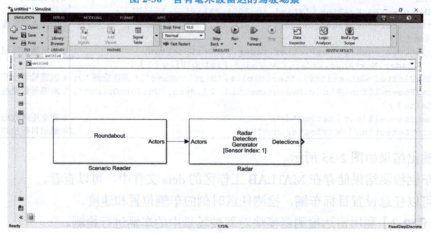

图 2-37　生成驾驶场景和毫米波雷达的 Simulink 模型

第二章 智能网联汽车智能传感器技术

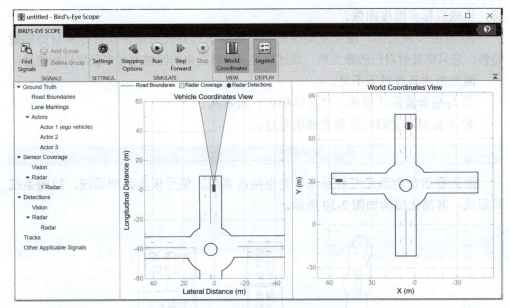

图 2-38　毫米波雷达的仿真检测

驾驶场景中的车辆和毫米波雷达的检测，可以根据需要进行设置。

第三节　激光雷达及其仿真技术

激光雷达是激光探测及测距系统的简称，是一种以激光器作为发射光源，采用光电探测技术手段的主动遥感设备。激光雷达是工作在光波频段的雷达，它利用光波频段的电磁波先向目标发射探测信号，然后将其接收到的回波信号与发射信号相比较，从而获得目标的位置（距离、方位和高度）、运动状态（速度、姿态）等信息，实现对目标的探测、跟踪和识别。

一、激光雷达的特点

激光雷达是无人驾驶汽车必备的传感器之一，车载激光雷达具有以下优点。

① 探测范围广。探测距离可达 300m 以上。

② 分辨率高。激光雷达可以获得极高的距离、速度和角度分辨率。通常激光雷达的距离分辨率可达 0.1m；速度分辨率能达到 10m/s 以内；角分辨率不低于 0.1mard，也就是说可以分辨 3km 距离内相距 0.3m 的两个目标，并可同时跟踪多个目标。

③ 信息量丰富。可直接获取探测目标的距离、角度、反射强度、速度等信

息,生成目标多维度图像。

④ 可全天候工作。激光主动探测,不依赖于外界光照条件或目标本身的辐射特性,它只需发射自己的激光束,通过探测发射激光束的回波信号来获取目标信息。

激光雷达具有以下不足。

① 与毫米波雷达相比,产品体积大,成本高。

② 不易识别交通标志和交通信号灯。

二、激光雷达的组成

激光雷达是由激光发射系统、光电接收系统、信号采集处理系统、控制系统等组成,其简化结构如图2-39所示。

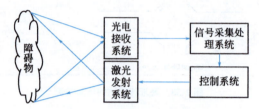

图2-39 激光雷达系统的简化结构

激光雷达发射系统主要负责向障碍物发出激光信号;光电接收系统主要负责接收经障碍物反射回来的激光信息;信号采集处理系统主要负责将接收回来的信号进行处理,使它能够符合下一级系统的要求,它是激光雷达系统最关键的环节,将直接影响激光雷达系统的测量精度;控制系统主要作用是提供信号并且对接收回来的信号进行数据处理。

三、激光雷达的测距原理

激光雷达测距的基本原理是通过测算激光发射信号与激光回波信号的往返时间,从而计算出目标的距离。首先,激光雷达发出激光束,激光束碰到障碍物后被反射回来,被激光接收系统进行接收和处理,从而得知激光从发射至被反射回来并接收之间的时间,即激光的飞行时间,根据飞行时间,可以计算出障碍物的距离。

根据所发射激光信号的不同形式,激光测距方式可分为脉冲激光测距和连续波相位激光测距两大类。目前,主要用到的测距方法有脉冲测距法、干涉测距法和相位测距法等。

1. 脉冲测距法

用脉冲法测量距离时,激光器首先发出一个光脉冲,同时设定的计数器开始计数,当接收系统接收到经过障碍物反射回来的光脉冲时停止计数。计数器所记录的时间就是光脉冲从发射到接收所用的时间。光速是一个固定值，所以只要得到从发射到接收所用的时间就可以算出所要测量的距离，如图 2-40 所示。

设 c 为光在空气中传播的速度，$c=3×10^8$ m/s，光脉冲从发射到接收的时间为 t，则待测距离为 $L=ct/2$。

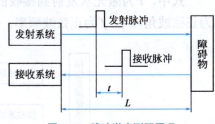

图 2-40　脉冲激光测距原理

脉冲式激光测距所测得距离比较远，发射功率较高，一般从几瓦到几十瓦不等，最大射程可达几十千米。脉冲激光测距的关键之一是对激光飞行时间的精确测量。激光脉冲测量的精度和分辨率与发射信号带宽或处理后的脉冲宽度有关，脉冲越窄，性能越好。

2. 干涉测距法

干涉测距法的基本原理是利用光波的干涉特性实现距离的测量。根据干涉原理，产生干涉现象的条件是两列有相同频率、相同振动方向的光相互叠加，并且这两列光的相位差固定。

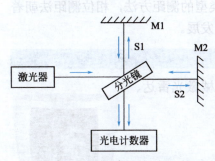

图 2-41　干涉法激光测距原理

干涉测距法原理如图 2-41 所示，激光器发射出一束激光，通过分光镜分为两束相干光波 S1 和 S2，两束光波各自经过反射镜 M1 和 M2 反射回来，在分光镜处又汇合到一起。由于两束光波的路程差不同，通过干涉后形成的明暗条纹也不同，所以传感器将干涉条纹转换为电信号之后，就可以实现测距功能。

干涉法测距技术虽然已经很成熟，并且测量精度也很好，但是它一般是用在测量距离的变化中，不能直接用它测量距离，所以干涉测距一般应用于干涉仪、测振仪、陀螺仪中。

3. 相位测距法

相位测距法的原理是利用发射波和返回波之间所形成的相位差来测量距离的。首先，经过调制的频率通过发射系统发出一个正弦波的光束，然后，通过接收系统接收经障碍物反射回来的激光。只要求出这两束光波之间的相位差，便可通过此相位差计算出待测距离。相位法激光测距原理如图 2-42 所示。

激光从发射到接收的时间为

$$t = \frac{\Delta\varphi}{\omega} = \frac{\Delta\varphi}{2\pi f} \tag{2-4}$$

式中，t 为激光从发射到接收的时间；$\Delta\varphi$ 为发射波和返回波之间的相位差；ω 为正弦波角频率；f 为正弦波频率。

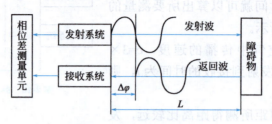

图 2-42　相位法激光测距原理

待测距离为

$$L = \frac{1}{2}ct = \frac{c\Delta\varphi}{4\pi f} \tag{2-5}$$

相位测距法由于其精度高、体积小、结构简单、昼夜可用的优点，被公认为是最有发展潜力的距离测量技术。相比于其他类型的测距方法，相位测距法朝着小型化、高稳定性、方便与其他仪器集成的方向发展。

四、激光雷达的类型

激光雷达按有无机械旋转部件，可分为机械激光雷达、固态激光雷达和混合固态激光雷达。

1. 机械激光雷达

机械激光雷达带有控制激光发射角度的旋转部件，体积较大，价格昂贵，测量精度相对较高，一般置于汽车顶部。

图 2-43 所示为激光雷达厂商威力登（Velodyne）的 HDL-64E 机械激光雷达，它采用 64 线束激光规格，性能出众，能够描绘出周围空间的 3D 形态，精度极高，甚至能够探测出百米内人类的细微动作。

图 2-43　机械激光雷达

2. 固态激光雷达

固态激光雷达则依靠电子部件来控制激光发射角度，无须机械旋转部件，故尺寸较小，可安装于车体内。

图 2-44 所示为国内某公司生产的固态激光雷达，最大探测距离为 150m，水平视场角为 –60°～60°，垂直视场角为 –12.5°～12.5°，视场角分辨率为 0.2°，尺寸为 120mm×110mm×50mm，质量为 0.8kg，可用于障碍物检测、障碍物识别分类、动态目标跟踪和可行驶区域检测。

为了降低激光雷达的成本，也为了提高可靠性，满足车规的要求，激光雷达的发展方向是从机械激光雷达转向固态激光雷达。

3. 混合固态激光雷达

混合固态激光雷达没有大体积旋转结构，采用固定激光光源，通过内部玻璃片旋转的方式改变激光光束方向，实现多角度检测，并且采用嵌入式安装。

图 2-45 所示为国内某公司生产的 40 线混合固态激光雷达。

图 2-44　固态激光雷达

图 2-45　混合固态激光雷达

根据线束数量的多少，激光雷达又可分为单线束激光雷达与多线束激光雷达。

单线束激光雷达扫描一次只产生一条扫描线，其所获得的数据为 2D 数据，因此无法区别有关目标物体的 3D 信息。不过，由于单线束激光雷达具有测量速度快、数据处理量少等特点，多被应用于安全防护、地形测绘等领域。单线束激光雷达成本低，只能测量距离。

多线束激光雷达扫描一次可产生多条扫描线，目前市场上多线束激光雷达产品包括 4 线束、8 线束、16 线束、32 线束、64 线束等，其细分可分为 2.5D 激光雷达及 3D 激光雷达。2.5D 激光雷达与 3D 激光雷达最大的区别在于激光雷达垂直视野的范围，前者垂直视野范围一般不超过 10°，而后者可达到 30° 甚至 40° 以上，这也就导致两者在汽车上的安装位置要求有所不同。

图 2-46 所示为美国威力登（Velodyne）公司开发的 64 线束、32 线束和 16 线束的激光雷达。

五、激光雷达的技术指标

激光雷达的技术指标主要有最大探测距离、距离分辨率、测距精度、测量帧频、数据采样率、视场角、角度分辨率、波长等。

（1）最大探测距离　最大探测距离通常需要标注基于某一个反射率下的测得值，例如白色反射体大概为 70% 反射率，黑色物体为 7% ~ 20% 反射率。

(a) HDL-64E　　(b) HDL-32E　　(c) VLP-16

图 2-46　多线束激光雷达

（2）距离分辨率　距离分辨率是指两个目标物体可区分的最小距离。

（3）测距精度　测距精度是指对同一目标进行重复测量得到的距离值之间的误差范围。

（4）测量帧频　测量帧频与摄像头的帧频概念相同，激光雷达成像刷新帧频会影响激光雷达的响应速度，刷新率越高，响应速度越快。

（5）数据采样率　数据采样率是指每秒输出的数据点数，等于帧率乘以单幅图像的点云数目，通常数据采样率会影响成像的分辨率，特别是在远距离时，点云越密集，目标呈现就越精细。

（6）视场角　视场角又分为垂直视场角和水平视场角，是激光雷达的成像范围。

（7）角度分辨率　角度分辨率是指扫描的角度分辨率，等于视场角除以该方向所采集的点云数目，因此本参数与数据采样率直接相关。

（8）波长　激光雷达所采用的激光波长，波长会影响雷达的环境适应性和对人眼的安全性。

六、激光雷达的产品

美国威力登（Velodyne）的机械式激光雷达起步较早，技术领先，已推出最新 128 线原型产品 VLS-128，同时与谷歌、通用汽车、福特、百度等全球自动驾驶领军企业建立了合作关系，占据了车载激光雷达大部分的市场份额。

国内的速腾聚创、镭神智能等初创公司也推出了激光雷达产品。

1. 威力登激光雷达系列产品

（1）VLP-16 激光雷达　VLP-16 激光雷达外形如图 2-47 所示，它是威力登激光雷达系列中最小的产品。

图 2-47　VLP-16 激光雷达

VLP-16 激光雷达外形尺寸如图 2-48 所示。

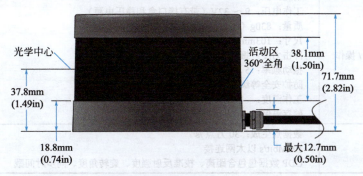

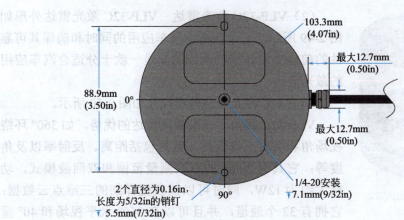

图 2-48　VLP-16 激光雷达外形尺寸

VLP-16 激光雷达能够实时收发数据、360°全覆盖、3D 距离测量以及校准反射测量；它拥有 16 个通道，并且可以在 360°水平视场和 30°垂直视场（从 +15°到 –15°）中每秒产生多达 300000 个三维点云坐标；它没有可见的旋转部件，可以高度灵活地适应要求严苛的环境。

VLP-16 激光雷达产品规格见表 2-10。

表 2-10　VLP-16 激光雷达产品规格

	规　　格
传感器	通道数：16 最大探测距离：100m 精度：±3cm 垂直视场角：+15°～−15°（30°） 垂直角分辨率：2° 水平视场角：360° 水平角分辨率：0.1°～0.4° 更新频率：5～20Hz
激光	1 级：人眼安全 波长：903nm
机械/电气/操作	功耗：8W 工作电压：9～32V（带有接口盒和稳压电源） 质量：830g（不含电缆和接口盒） 尺寸：103mm（直径）×72mm（高） 冲击力度：振幅为 500m/s^2，时长为 11ms 振动频率：5～2000Hz，测试时最大加速度为 3g 防护安全等级：IP67 工作温度：−10～+40℃ 储存温度：−40～+105℃
输出	数据点生成：30 万点 /s 100Mbit/s 以太网连接 UDP 数据包包含距离、校准反射强度、旋转角度、同步时间戳

图 2-49　VLP-32C 激光雷达

（2）VLP-32C 激光雷达　VLP-32C 激光雷达外形如图 2-49 所示，它是在考虑汽车应用的同时和确保其可靠性的前提下设计生产出来的，是一款十分适合汽车应用的激光雷达。

VLP-32C 激光雷达外形尺寸如图 2-50 所示。

VLP-32C 保留了三维激光雷达的优势，如 360° 环绕视场角和实时三维数据，数据包括距离、反射率以及角度等；它具有 200m 的有效测量范围和双回波模式，功耗大约为 12W，同时可以捕获更详细的三维点云数据；它拥有 32 个通道，并且可以在 360° 水平视场和 40° 垂直视场（从 +15° 到 −25°）中每秒产生多达 120 万个三维点云坐标；在水平角度附近拥有更密集的脉冲信号，以便在更远的距离内得到更高的分辨率，这样它就能更准确、更详细地识别物体；它没有可见的旋转部件，允许在 −10～+40℃ 环境温度范围和恶劣天气条件下运行。

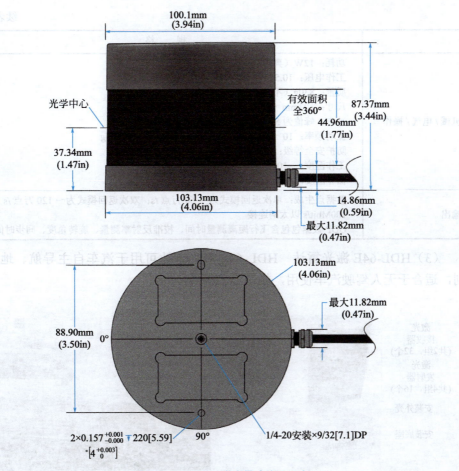

图 2-50 VLP-32C 激光雷达外形尺寸

VLP-32C 激光雷达产品规格见表 2-11。

表 2-11 VLP-32C 激光雷达产品规格

	规　格
传感器	通道数：32 最大探测距离：200m 精度：±5cm@<50m；±10cm@50～200m 垂直视场角：+15°～−25°（40°） 垂直角分辨率：最小 0.33° 水平视场角：360° 水平角分辨率：0.1°～0.4° 更新频率：5～20Hz
激光	1 级：人眼安全 波长：903nm 光束发散角：水平 0.18°；垂直 0.09°

续表

规　格	
机械/电气/操作	功耗：12W（典型） 工作电压：10.5～18V（带有接口盒和调节电源） 质量：830g（不含电缆和接口盒） 尺寸：103mm（直径）×87mm（高） 冲击：峰值为51g，6ms，半正弦波 振动频率：10～1000Hz，测试时最大加速度为2.76g 防护安全等级：IP67 工作温度：−10～+40℃ 储存温度：−40～+85℃
输出	数据点生成：单次返回模式为～60万点/s；双次返回模式为～120万点/s 100Mbit/s 以太网连接 UDP数据包包含飞行距离测量时间、校准反射率测量、旋转角度、同步时间戳

（3）HDL-64E 激光雷达　HDL-64E 激光雷达可用于汽车自主导航、地图绘制，适合于无人驾驶汽车使用，如图 2-51 所示。

图 2-51　HDL-64E 激光雷达

HDL-64E 激光雷达外形尺寸如图 2-52 所示。

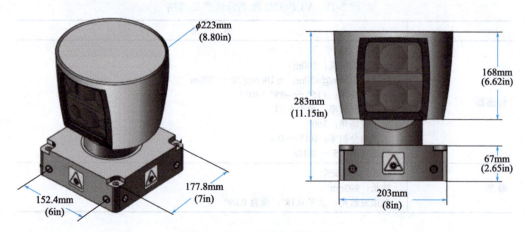

图 2-52　HDL-64E 激光雷达外形尺寸

HDL-64E 激光雷达拥有 360° 的水平视场，26.8° 垂直视场，5～15Hz 可选帧速率以及每秒 220 万个点的输出等特点，可提高客户所需的距离坐标数据以及环境信息。此款产品着重聚焦于高速数据传输率，高稳定性，高精度和 100Mbit/s 的以太网连接；它使用 64 个固定激光来测量周围环境，每个都机械安装在一个垂直角度，随着整体旋转，从而大大提高了产品的可靠性、视场和点云密度。

HDL-64E 激光雷达产品规格见表 2-12。

表 2-12 HDL-64E 激光雷达产品规格

	规 格
传感器	通道数：64 路面：50m 探测距离（大约 0.10 的反射率） 汽车和植物：120m 探测距离（大约 0.80 的反射率） 精度：小于 2cm 垂直视场角：+2°～-24.8°（26.8°） 垂直角分辨率：0.4° 水平视场角：360° 水平角分辨率：0.08°～0.35° 视角更新率：5～15Hz
激光	1 级：人眼安全 波长：905nm 脉冲宽度：20ns
机械/电气/操作	功耗：60W 工作电压：12～32V 旋转速率：300～1200r/min 质量：15.1kg 尺寸：203mm（直径）×283mm（高） 防护安全等级：IP67 工作温度：-10～+65℃ 储存温度：-40～+85℃
输出	数据点生成：220 万点/s 100Mbit/s 以太网连接

通过 HDL-64E 激光雷达获取的实际点云图像，可以清楚看到十字路口的汽车和附近的其他汽车以及道路状况，如图 2-53 所示。

图 2-53 HDL-64E 激光雷达获取的点云图像

2. 速腾聚创激光雷达系列产品

（1）RS-LiDAR-16 激光雷达　RS-LiDAR-16 激光雷达外形如图 2-54 所示，它是速腾聚创（robosense）公司规模量产的 16 线激光雷达，内置 16 组激光元器件，同时发射与接收高频率激光束，通过 360° 旋转，进行实时 3D 成像，提供精确的三维空间点云数据及物体反射率，让机器获得可靠的环境信息，为定位、导航、避障等提供有力的保障。

图 2-54　RS-LiDAR-16 激光雷达

RS-LiDAR-16 激光雷达规格见表 2-13。

表 2-13　RS-LiDAR-16 激光雷达规格

		规　格
传感器	线束	16
	波长	905nm
	激光等级	1 级
	探测距离	0.2～150m（目标反射率 20%）
	距离精度	±2cm
	垂直视场角	+15°～-15°
	垂直角分辨率	2.0°
	水平视场角	360°
	水平角分辨率	0.1°；0.2°；0.4°（5Hz；10Hz；20Hz）
	帧率	5Hz；10Hz；20Hz
	转速	300r/min；600r/min；1200r/min（5Hz；10Hz；20Hz）
输出	出点数	32 万点 /s（单回波）；64 万点 /s（双回波）
	数据接口	100Mbit/s 以太网
	UDP 数据包内容	三维空间坐标、反射率、同步的时间标签
机器	输入电压	9～32V DC
	产品功率	9W（典型值）
	工作温度	-30～+60℃
	储存温度	-40～+85℃
	防护安全级别	IP67
	尺寸	80.7mm（高）×109mm（直径）
	质量	870g（不包含数据线）

（2）RS-LiDAR-32 激光雷达　RS-LiDAR-32 激光雷达外形如图 2-55 所示，它是速腾聚创量产的 32 线混合固态激光雷达产品，专为满足高速自动驾驶需求而设计的小型激光雷达，产品采用了中间密两边疏的激光头布局设计。

第二章　智能网联汽车智能传感器技术

图 2-55　RS-LiDAR-32 激光雷达外形

RS-LiDAR-32 激光雷达规格见表 2-14。

表 2-14　RS-LiDAR-32 激光雷达规格

		规　格
传感器	线束	32
	波长	905nm
	激光等级	1 级
	探测距离	0.4～200m（目标反射率 20%）
	距离精度	±3cm
	垂直视场角	+15°～-25°（40°）
	垂直角分辨率	0.33°
	水平视场角	360°
	水平角分辨率	0.1°；0.2°；0.4°（5Hz；10Hz；20Hz）
	帧率	5Hz；10Hz；20Hz
	转速	300r/min；600r/min；1200r/min（5Hz；10Hz；20Hz）
输出	出点数	60 万点 /s（单回波）；120 万点 /s（双回波）
	数据接口	100Mbit/s 以太网
	UDP 数据包内容	三维空间坐标、反射率、同步的时间标签
机器	输入电压	9～32V DC
	产品功率	13.5W（典型值）
	工作温度	-30～+60℃
	储存温度	-40～+85℃
	防护安全级别	IP67
	尺寸	108.73mm（高）×114mm（直径）
	质量	1130g（不包含数据线）

图 2-56 所示为 RS-LiDAR-32 激光雷达获取的点云图像。

（3）RS-Ruby 激光雷达　RS-Ruby 激光雷达外形如图 2-57 所示，它是一款面向 L4+ 自动驾驶的 128 线激光雷达，与 RS-LiDAR-32 相比，其垂直分辨率提高了 3 倍以上，达到 0.1°，探测距离提高了 2～3 倍，充分满足高速自动驾驶的需求。

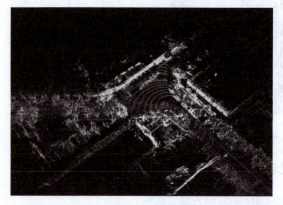

图 2-56　RS-LiDAR-32 激光雷达获取的点云图像

图 2-57　RS-Ruby 激光雷达外形

RS-Ruby 激光雷达规格见表 2-15。

表 2-15　RS-Ruby 激光雷达规格

		规　　格
传感器	线束	128
	波长	905nm
	激光等级	1 级
	探测距离	0.3～200m（目标反射率 10%）
	精度	±3cm
	垂直视场角	+15°～-25°（40°）
	垂直角分辨率	0.1°
	水平视场角	360°
	帧率	10Hz；20Hz
	转速	600r/min；1200r/min（5Hz；10Hz；20Hz）
输出	出点数	230 万点 /s（单回波）
	数据接口	1000Mbit/s 以太网
机器	输入电压	9～32V DC
	工作温度	-40～+60℃
	储存温度	-40～+85℃
	防护安全级别	IP67

（4）RS-Bpearl 激光雷达　RS-Bpearl 激光雷达外形如图 2-58 所示，它是专门为扫除盲区设计的新型近距离激光雷达，能够探测数厘米之内的物体，加上 360°×90° 超广视场角，可有效扫除车身周围盲区。

图 2-58　RS-Bpearl 激光雷达

RS-Bpearl 激光雷达规格见表 2-16。

表 2-16　RS-Bpearl 激光雷达规格

		规　格
传感器	波长	905nm
	激光等级	1 级
	探测距离	30m（目标反射率 10%）
	距离精度	±3cm
	盲区	<0.1m
	垂直视场角	90°
	水平视场角	360°
	帧率	10Hz；20Hz
	转速	600r/min；1200r/min（5Hz；10Hz；20Hz）
输出	出点数	57.6 万点 /s（单回波）115.2 万点 /s（双回波）
	数据接口	100Mbit/s 以太网
机器	输入电压	9 ~ 32V DC
	工作温度	−40 ~ +60℃
	储存温度	−40 ~ +85℃
	防护安全级别	IP67

速腾聚创激光雷达系列产品主要用于自动驾驶环境感知，如图 2-59 所示。

图 2-59　速腾聚创激光雷达用于自动驾驶环境感知

七、激光雷达的应用

少线束激光雷达和多线束激光雷达的用途不一样。

少线束激光雷达主要用于智能网联汽车 ADAS，奥迪 A8L 安装的 4 线束激光雷达如图 2-60 所示，可实现自适应巡航控制系统、车道偏离预警系统、自动紧急制动系统、交通拥堵辅助系统等。

(a) 激光雷达外形　　　　　　　　(b) 激光雷达内部

图 2-60　奥迪 A8L 安装的 4 线束激光雷达

智能网联汽车分为 L1～L5 级，其中 L4 级和 L5 级的智能网联汽车必须使用多线束激光雷达，360° 发射激光，从而达到 360° 扫描，获取车辆周围行驶区域的三维点云，通过比较连续感知的点云、物体的差异检测其运动，由此创建一定范围内的 3D 地图，如图 2-61 所示。

无人驾驶汽车的精准定位和路径跟踪必须依靠激光雷达和高精度地图等，如图 2-62 所示。

图 2-61　激光雷达获取车辆周围的 3D 地图　　图 2-62　利用激光雷达进行精准定位和路径跟踪

由于激光雷达技术在不断发展，技术参数也在不断变化，本节列出的激光雷达参数仅供参考，最终以企业提供的产品技术参数为准。

八、激光雷达仿真技术

激光雷达主要是获取行驶区域的三维点云和点云的处理。MATLAB 提供了三维点云处理方面的函数。

1. 创建三维点云函数

创建三维点云函数为 pointCloud，其调用格式为

```
ptCloud=pointCloud(xyzPoints)
ptCloud=pointCloud(xyzPoints,Name,Value)
```

其中，xyzPoints 为三维坐标点；Name 和 Value 为设置点云属性；ptCloud 为三维点云。

读取点云数据还有以下函数。

① 从激光雷达 Velodyne PCAP 文件读取点云数据，其调用格式为

```
veloReader=velodyneFileReader(fileName,deviceModel)
veloReader=velodyneFileReader(fileName,deviceModel,'CalibrationFile',calibFile)
```

其中，fileName 为文件名；deviceModel 为 Velodyne 设备型号名称；CalibrationFile 为 Velodyne 校准 XML 文件名；veloReader 为文件读取器。

② 从 PLY 或 PCD 文件读取三维点云，其调用格式为

```
ptCloud=pcread(filename)
```

其中，filename 为文件名；ptCloud 为储存的三维点云。

2. 激光雷达三维点云变换函数

激光雷达三维点云变换函数为 pctransform，其调用格式为

```
ptCloudOut=pctransform(ptCloudIn,tform)
ptCloudOut=pctransform(ptCloudIn,D)
```

其中，ptCloudIn 为指定三维点云；tform 为三维仿射几何变换；D 为位移场，即指定点云中每个点的平移量和方向；ptCloudOut 为转换后的三维点云。

3. 激光雷达数据分割函数

激光雷达数据分割函数为 segmentLidarData，其调用格式为

```
labels=segmentLidarData(ptCloud,distThreshold)
labels=segmentLidarData(ptCloud,distThreshold,angleThreshold)
[labels,numClusters]=segmentLidarData(___)
```

其中，ptCloud 为三维点云；distThreshold 为距离阈值；angleThreshold 为角度阈值；labels 为点云聚集标签；numClusters 为聚集数。

4. 查找点云半径内邻居函数

查找点云半径内邻居的函数为 findNeighborsInRadius，其调用格式为

```
[indices,dists]=findNeighborsInRadius(ptCloud,point,radius)
[indices,dists]=findNeighborsInRadius(ptCloud,point,radius,camMatrix)
```

其中，ptCloud 为三维点云；point 为查询点；radius 为搜索半径；camMatrix 为摄像机投影矩阵；indices 为储存点索引；dists 为查询点距离。

5. 激光雷达数据分割地面点函数

从激光雷达数据中分割地面点的函数为 segmentGroundFromLidarData，其调用格式为

```
groundPtsIdx=segmentGroundFromLidarData(ptCloud)
groundPtsIdx=segmentGroundFromLidarData(ptCloud,Name,Value)
```

其中，ptCloud 为已知点云；Name 和 Value 为设置俯仰角差阈值和初始俯仰角阈值；groundPtsIdx 为地面点。

激光雷达仿真实例

【例 2-4】创建三维点云图并改变其颜色。

解：在 MATLAB 命令行窗口输入以下程序。

1	`load('xyzPoints');`	% 读取三维数据点
2	`ptCloud=pointCloud(xyzPoints);`	% 生成三维点云图
3	`pcshow(ptCloud)`	% 显示三维点云图
4	`figure`	% 设置图形窗口
5	`cmatrix=ones(size(ptCloud.Location)).*[1 0 0];`	% 改变颜色
6	`ptCloud=pointCloud(xyzPoints,'Color',cmatrix);`	% 生成三维点云图
7	`pcshow(ptCloud)`	% 显示三维点云图

输出结果如图 2-63 所示。

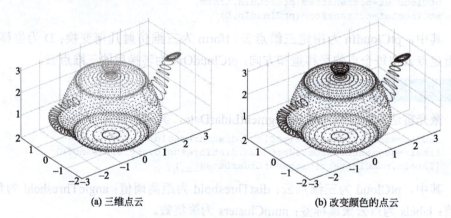

(a) 三维点云　　　　　　　　(b) 改变颜色的点云

图 2-63　创建三维点云图并改变其颜色

【例 2-5】对三维点云进行仿射变换和位移场变换。

解：在 MATLAB 命令行窗口输入以下程序。

| 1 | `ptCloud=pcread('teapot.ply');` | % 读入三维点云数据 |
| 2 | `figure(1)` | % 设置图形窗口 1 |

3	`pcshow(ptCloud)`	% 显示三维点云
4	`xlabel('X');ylabel('Y');zlabel('Z')`	% 坐标轴标注
5	`A=[cos(pi/4),sin(pi/4),0,0;-sin(pi/4),cos(pi/4),0,0;` `... 0,0,1,0;0,0,0,1];`	% 定义变换矩阵
6	`tform=affine3d(A);`	% 三维仿射几何变换
7	`ptCloudOut1=pctransform(ptCloud,tform);`	% 三维点云仿射变换
8	`figure(2)`	% 设置图形窗口 2
9	`pcshow(ptCloudOut1)`	% 显示三维点云仿射变换
10	`xlabel('X');ylabel('Y');zlabel('Z')`	% 坐标轴标注
11	`D=zeros(size(ptCloud.Location));`	% 设置位移场
12	`pthalf=ptCloud.Count/2;`	% 设置三维点云主体
13	`D(1:pthalf,1)=7;`	% 设置三维点云主体位置为 7
14	`indices=findNeighborsInRadius(ptCloud,[0,0,3.1],1.5);`	% 提取感兴趣区域
15	`D(indices,1:2)=4;`	% X 轴和 Y 轴为 4
16	`D(indices,3)=-2;`	% Z 轴为 -2
17	`ptCloudOut=pctransform(ptCloud,D);`	% 位移场变换
18	`figure(3)`	% 设置图形窗口 3
19	`pcshow(ptCloudOut)`	% 显示三维点云位移场变换
20	`xlabel('X');ylabel('Y');zlabel('Z')`	% 坐标轴标注

输出结果如图 2-64 所示。

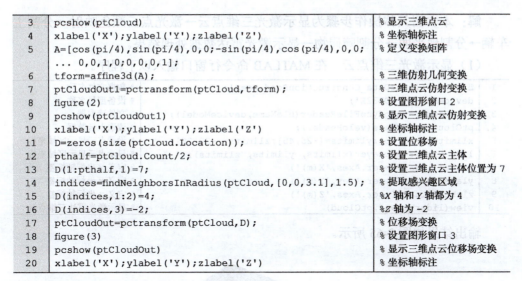

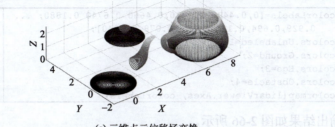

图 2-64 三维点云进行仿射变换和位移场变换

【例 2-6】利用已有激光雷达数据寻找地平面和车辆周围的障碍物,目的是规划汽车的可行驶区域。

解：本实例具体操作步骤为显示激光三维点云→激光点云颜色映射→分割主车辆→分割地平面→分割障碍物→显示激光雷达数据处理结果。

（1）显示激光三维点云　在 MATLAB 命令行窗口输入以下程序。

1	`fileName='lidarData_ConstructionRoad.pcap';`	% 数据文件名称
2	`deviceModel='HDL32E';`	% 设备型号名称
3	`veloReader=velodyneFileReader(fileName,deviceModel);`	% 文件读取器
4	`ptCloud=readFrame(veloReader);`	% 读取点云数据
5	`xlimits=[-25,45];ylimits=[-25,45];zlimits=[-20,20];`	% 设置点云显示区域坐标
6	`lidarViewer=pcplayer(xlimits, ylimits, zlimits);`	% 显示点云显示区域坐标
7	`xlabel(lidarViewer.Axes,'X(m)')`	% 定义 X 坐标轴标签
8	`ylabel(lidarViewer.Axes,'Y(m)')`	% 定义 Y 坐标轴标签
9	`zlabel(lidarViewer.Axes,'Z(m)')`	% 定义 Z 坐标轴标签
10	`view(lidarViewer,ptCloud)`	% 显示激光雷达三维点云

输出结果如图 2-65 所示。

图 2-65　激光三维点云

（2）激光点云颜色映射　为了分割属于地平面、主车辆和附近障碍物的点，需要设置颜色标签，并进行颜色映射。在 MATLAB 命令行窗口再输入以下程序。

1	`colorLabels=[0,0.4470,0.7410;0.4660 0.6740 0.1880; ...` `    0.929,0.694,0.125;0.635,0.078,0.1840];`	% 定义颜色标签
2	`colors.Unlabeled=1;`	% 未标记点索引
3	`colors.Ground=2;`	% 地平面点索引
4	`colors.Ego=3;`	% 主车辆点索引
5	`colors.Obstacle=4;`	% 障碍物点索引
6	`colormap(lidarViewer.Axes, colorLabels)`	% 进行颜色映射

输出结果如图 2-66 所示。

（3）分割主车辆　在 MATLAB 命令行窗口再输入以下程序。

1	`vehicleDims=vehicleDimensions();`	% 默认车辆尺寸
2	`mountLocation=[vehicleDims.Length/2-vehicleDims.` `    RearOverhang,0,vehicleDims.Height];`	% 设置激光雷达安装位置
3	`points=struct();`	% 创建 points 数据结构

4	points.EgoPoints=helperSegmentEgoFromLidarData(... ptCloud,vehicleDims,mountLocation);	% 分割主车辆点函数
5	closePlayer=false;	% 创建 closePlayer 结构
6	helperUpdateView(lidarViewer,ptCloud,points,colors,closePlayer);	% 主车辆点云可视化函数

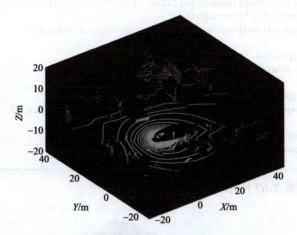

图 2-66 激光点云的颜色映射

helperSegmentEgoFromLidarData 函数程序如下。

1	function egoPoints=helperSegmentEgoFromLidarData(ptCloud,vehicleDims,mountLocation)
2	bufferZone=[0.1,0.1,0.1];
3	egoXMin=-vehicleDims.RearOverhang-bufferZone(1);
4	egoXMax=egoXMin+vehicleDims.Length+bufferZone(1);
5	egoYMin=-vehicleDims.Width/2-bufferZone(2);
6	egoYMax=egoYMin+vehicleDims.Width+bufferZone(2);
7	egoZMin=0-bufferZone(3);
8	egoZMax=egoZMin+vehicleDims.Height+bufferZone(3);
9	egoXLimits=[egoXMin,egoXMax];
10	egoYLimits=[egoYMin,egoYMax];
11	egoZLimits=[egoZMin,egoZMax];
12	egoXLimits=egoXLimits-mountLocation(1);
13	egoYLimits=egoYLimits-mountLocation(2);
14	egoZLimits=egoZLimits-mountLocation(3);
15	egoPoints=ptCloud.Location(:,:,1)>egoXLimits(1) ...
16	& ptCloud.Location(:,:,1)<egoXLimits(2) ...
17	& ptCloud.Location(:,:,2)>egoYLimits(1) ...
18	& ptCloud.Location(:,:,2)<egoYLimits(2) ...
19	& ptCloud.Location(:,:,3)>egoZLimits(1) ...
20	& ptCloud.Location(:,:,3)<egoZLimits(2);
21	end

helperUpdateView 函数程序如下。

1	function isPlayerOpen=helperUpdateView(lidarViewer,ptCloud,points,colors,closePlayer)
2	if closePlayer
3	hide(lidarViewer);

4	`    isPlayerOpen=false;`
5	`    return;`
6	`end`
7	`scanSize=size(ptCloud.Location);`
8	`scanSize=scanSize(1:2);`
9	`colormapValues=ones(scanSize,'like',ptCloud.Location)*colors.Unlabeled;`
10	`if isfield(points,'GroundPoints')`
11	`    colormapValues(points.GroundPoints)=colors.Ground;`
12	`end`
13	`if isfield(points,'EgoPoints')`
14	`    colormapValues(points.EgoPoints)=colors.Ego;`
15	`end`
16	`if isfield(points,'ObstaclePoints')`
17	`    colormapValues(points.ObstaclePoints)=colors.Obstacle;`
18	`end`
19	`view(lidarViewer,ptCloud.Location,colormapValues)`
20	`isPlayerOpen=isOpen(lidarViewer);`
21	`end`

输出结果如图 2-67 所示。

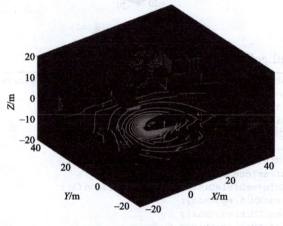

图 2-67 分割主车辆

（4）分割地平面　为了从激光雷达数据中检测障碍物，首先对地平面进行分段，从有组织的激光雷达数据中分割出属于地平面的点。在 MATLAB 命令行窗口再输入以下程序。注意，该程序要放在 helperSegmentEgoFromLidarData 函数程序之前。

1	`elevationDelta=10;`	% 设地面高度
2	`points.GroundPoints=segmentGroundFromLidarData(...` `ptCloud,'ElevationAngleDelta', elevationDelta);`	% 分割地面
3	`helperUpdateView(lidarViewer,ptCloud,points,colors,clos` `ePlayer);`	% 分割地平面的可视化

输出结果如图 2-68 所示。

（5）分割障碍物　在 MATLAB 命令行窗口再输入以下程序。

第二章 智能网联汽车智能传感器技术

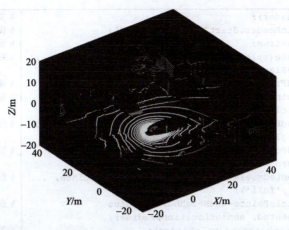

图 2-68 分割地平面

1	nonEgoGroundPoints=～points.EgoPoints &～points.GroundPoints;	%设车辆点和地面点
2	ptCloudSegmented=select(ptCloud,nonEgoGroundPoints, ...'OutputSize','full');	%删除车辆点和地面点
3	sensorLocation=[0,0,0];	%设置传感器坐标原点
4	radius=40;	%设置作用半径
5	points.ObstaclePoints=findNeighborsInRadius(ptCloudSegmented,sensorLocation,radius);	%查找半径内的点
6	helperUpdateView(lidarViewer,ptCloud,points,colors,closePlayer);	%障碍物的可视化

输出结果如图 2-69 所示。

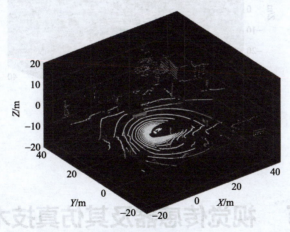

图 2-69 分割障碍物

（6）显示激光雷达数据处理结果　在 MATLAB 命令行窗口再输入以下程序。从激光雷达记录的数据序列中处理 20s。

1	reset(veloReader);	% 文件读取器初始状态
2	stopTime=veloReader.StartTime+seconds(20);	% 设置停止时间
3	isPlayerOpen=true;	% 设置播放为真
4	while hasFrame(veloReader)&&veloReader.CurrentTime<... stopTime&&isPlayerOpen	% 判断数据处理条件
5	ptCloud=readFrame(veloReader);	% 读取视频
6	points.EgoPoints=helperSegmentEgoFromLidarData(... ptCloud,vehicleDims, mountLocation);	% 分割主车辆点
7	points.GroundPoints=segmentGroundFromLidarData(ptCloud, 'ElevationAngleDelta',elevationDelta);	% 分割地平面点
8	nonEgoGroundPoints=~points.EgoPoints&~points. GroundPoints;	% 设主车辆点和地平面点
9	ptCloudSegmented=select(ptCloud,nonEgoGroundPoints, ... 'OutputSize','full');	% 删除主车辆点和地平面点
10	points.ObstaclePoints=findNeighborsInRadius (ptCloudSegmented, sensorLocation,radius);	% 查找半径内的点
11	closePlayer=~hasFrame(veloReader);	% 关闭播放器
12	isPlayerOpen=helperUpdateView(lidarViewer,ptCloud, points, colors,closePlayer);	% 更新显示
13	end	% 结束

点击"Run"按钮，可以看到激光雷达20s点云的变化，如图2-70所示。图中绿色为地面，红色为障碍物，蓝色为未标注物，黄色为装有激光雷达的汽车。

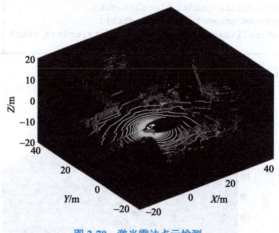

图 2-70　激光雷达点云检测

第四节　视觉传感器及其仿真技术

视觉传感器是指通过对摄像头拍摄到的图像进行图像处理，对目标进行检测，并输出数据和判断结果的传感器。视觉传感器在智能网联汽车或无人驾驶汽车上的应用是以摄像头（机）形式出现，并搭载先进的人工智能算法，便于目标检测和图像处理。

一、视觉传感器的特点

视觉传感器具有以下特点。

① 视觉图像的信息量极为丰富，尤其是彩色图像，不仅有视野内目标的距离信息，而且还有该目标的颜色、纹理、深度和形状等信息。

② 在视野范围内可同时实现车道线检测、车辆检测、行人检测、交通标志检测、交通信号灯检测等，信息获取量大。当多辆智能网联汽车同时工作时，不会出现相互干扰的现象。

③ 视觉 SLAM，通过摄像头可以实现同时定位和建图。

④ 视觉信息获取的是实时的场景图像，提供的信息不依赖于先验知识，有较强的适应环境的能力。

⑤ 视觉传感器与机器学习、深度学习等人工智能相融合，可以获得更佳的检测效果，必将扩大视觉传感器在智能网联汽车和无人驾驶汽车上的应用范围。

视觉传感器的发展趋势是探测距离越来越远，必须与深度学习相结合，识别能力越来越强。在未来几年，视觉传感器的最大探测距离可达到 200～300m，像素在 200 万～800 万之间，性能与远距离毫米波雷达差距大幅缩小，同时具备成本和图像识别等方面的优势。

二、视觉传感器的组成

视觉传感器主要由光源、镜头、图像传感器、模数转换器、图像处理器、图像存储器等组成，如图 2-71 所示，其主要功能是获取视觉传感器要处理的最原始图像。

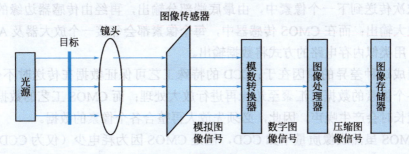

图 2-71 视觉传感器的组成

三、视觉传感器的成像原理

图像传感器的作用是将镜头所成的图像转变为数字或模拟信号输出，是视觉检测的核心部件，主要有 CCD（电荷耦合器件，Charge Coupled Device）图像传感器和 CMOS（互补金属氧化物半导体，Complementary Metal Oxide

Semiconductor）图像传感器两种，如图 2-72 所示。

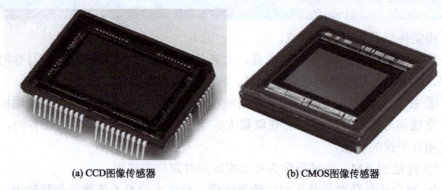

(a) CCD图像传感器　　　(b) CMOS图像传感器

图 2-72　图像传感器

1. CCD 成像原理

CCD 成像原理是当光线与图像从镜头透过投射到 CCD 表面时，CCD 就会产生电流，将感应到的内容转换成数码资料储存起来。CCD 像素数目越多，单一像素尺寸越大，收集到的图像就会越清晰。

2. CMOS 成像原理

CMOS 成像原理是利用硅和锗这两种元素所做成的半导体，使其在 CMOS 上共存着带负电的 N 级和带正电的 P 级半导体，这两个互补效应所产生的电流即可被处理芯片记录和解读成影像。

CCD 与 CMOS 的主要差异：CCD 传感器中每一行中每一个像素的电荷数据都会依次传送到下一个像素中，由最底端部分输出，再经由传感器边缘的放大器进行放大输出；而在 CMOS 传感器中，每个像素都会邻接一个放大器及 A/D 转换电路，用类似内存电路的方式将数据输出。

造成这种差异的原因在于：CCD 的特殊工艺可保证数据在传送时不会失真，因此各个像素的数据可汇聚至边缘再进行放大处理；而 CMOS 工艺的数据在传送距离较长时会产生噪声，因此，必须先放大再整合各个像素的数据。

CMOS 虽然成像质量不如 CCD，但是 CMOS 因为耗电少（仅为 CCD 芯片的 1/10 左右）、体积小、重量轻、集成度高、价格低，迅速得到各大厂商的青睐。目前除了专业摄像机，大部分带有摄像头设备使用的都是 CMOS。

四、视觉传感器的类型

根据镜头和布置方式的不同，视觉传感器主要有四种：单目摄像头、双目摄像头、三目摄像头和环视摄像头。

1. 单目摄像头

单目摄像头如图 2-73 所示，一般安装在前挡风玻璃上部，用于探测车辆前方环境，识别道路、车辆、行人等。先通过图像匹配进行目标识别（各种车型、行人、物体等），再通过目标在图像中的大小去估算目标距离。

单目摄像头的算法思路是先识别后测距，首先通过图像匹配进行识别，然后根据图像大小和高度进一步估算本车到障碍物的移动时间。在识别和估算阶段，都需要和建立的样本库进行比较。想要识别各种车，就要建立车型数据库。

图 2-73　单目摄像头

单目摄像头的优点是成本低廉，能够识别具体障碍物的种类，算法成熟度高，识别准确。

单目摄像头的缺点是它的视野完全取决于镜头，焦距短的镜头视野广，但缺失远处的信息；单目测距的精度较低；无法识别没有明显轮廓的障碍物；工作准确率与外部光线条件有关，并且受限于数据库，缺乏自学习功能。

视觉传感器的成像图是透视图，即越远的物体成像越小。近处的物体，需要用几百甚至上千个像素点描述；而处于远处的同一物体，可能只需要几个像素点即可描述出来。这种特性会导致越远的地方，一个像素点代表的距离越大，因此对单目摄像头来说，物体越远，测距的精度越低。

2. 双目摄像头

图 2-74 所示是博世公司生产的双目摄像头，两个摄像头之间距离为 12cm，像素数为 1080×960，水平视场角为 45°，垂直视场角为 25°，最大探测距离为 50m，不仅可以用于自动制动系统，也可以用于车道偏离预警系统和交通标志识别系统等。

图 2-74　双目摄像头

双目摄像头的算法思路是先测距后识别。首先利用视差直接测量目标与本车的距离，然后在识别阶段，双目仍然要利用单目一样的特征提取和深度学习等算法，进一步识别目标是什么。

双目摄像头是通过对两幅图像视差的计算，直接对前方目标（图像所能拍摄到的范围）进行距离测量，而无须判断前方出现的是什么类型的目标。依靠两个平行布置的摄像头产生的视差，找到同一个目标所有的点，依赖精确的三角测距，就能够算出摄像头与前方目标的距离，实现更高的识别精度和更远的探测范围。

将双目测距原理应用在图像上每一个像素点时，即可得到图像的深度信息，如图 2-75 所示。深度信息的加入，不仅能便于障碍物的分类，更能提高高精度地图定位匹配的精度。

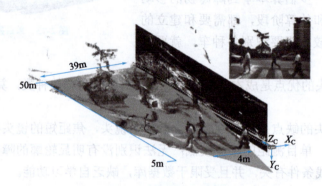

图 2-75 双目摄像头成像

双目摄像头需要两个摄像头有较高的同步率和采样率，因此技术难点在于双目标定及双目定位。相比单目摄像头，双目摄像头没有识别率的限制，无须先识别，可直接进行测量；直接利用视差计算距离精度更高；无须维护样本数据库。

3. 三目摄像头

三目摄像头如图 2-76 所示，它实质上是三个不同焦距单目摄像头的组合。三目摄像头感知范围更大，但需要同时标定三个摄像头，工作量大。

图 2-76 三目摄像头

特斯拉电动汽车配备了 8 个摄像头，车辆后面 1 个倒车摄像头，车辆前面 1 个三目摄像头，车辆两侧每边有 2 个摄像头，分别是侧前视和侧后视。图 2-77 所示为特斯拉电动汽车安装在挡风玻璃下方的三目摄像头，增加深度学习功能，可识别障碍物位置、可行空间、车辆形状、行人、交通标志、交通信号灯等，车辆周围的感知能力提升了 6 倍。

图 2-77 特斯拉电动汽车使用的三目摄像头

三目摄像头的感知范围由远及近，分别为前视窄视野摄像头，最远感知 250m；前视主视野摄像头，最远感知 150m；前视宽视野摄像头，最远感知 60m。

由于三目摄像头每个相机的视野不同，因此近处的测距交给宽视野摄像头，中距离的测距交给主视野摄像头，更远的测距交给窄视野摄像头。这样一来每个摄像头都能发挥其最大优势。

三目摄像头的缺点是需要同时标定三个摄像头，因而工作量更大一些。其次，软件部分需要关联三个摄像头的数据，对算法要求也很高。

4. 环视摄像头

环视摄像头一般至少包括 4 个鱼眼摄像头，而且安装位置是朝向地面的，能够实现 360° 环境感知。

环视摄像头的感知范围并不大，主要用于车身 5～10m 内的障碍物检测、自主泊车时的车位线识别等。鱼眼摄像头为了获取足够大的视野，代价是图像的畸变严重。

摄像头有红外摄像头和普通摄像头，红外摄像头既适合白天工作，也适合黑夜工作；普通摄像头只适合白天工作，不适合黑夜工作。目前车辆使用的主要是红外摄像头。

五、视觉传感器的技术参数

视觉传感器的技术参数有图像传感器的技术参数、相机的内部参数和相机的外部参数。

1. 图像传感器的技术参数

图像传感器的技术参数主要有像素、帧率、靶面尺寸、感光度和信噪比等。

（1）像素　像素是图像传感器的感光最小单位，即构成影像的最小单位。一帧影像画面是由许多密集的亮暗、色彩不同的点所组成，这些小点称为像素。像素的多少是由CCD/CMOS上的光敏元件数目所决定的，一个光敏元件就对应一个像素。因此像素越大，意味着光敏元件越多，相应的成本就越大。像素用两个数字来表示，如720×480，720表示在图像长度方向上所含的像素点数，480表示在图像宽度方向上所含的像素点数，二者的乘积就是该相机的像素数。

（2）帧率　帧率代表单位时间所记录或播放的图片的数量，连续播放一系列图片就会产生动画效果，根据人的视觉系统，当图片的播放速度大于15幅/s的时候，人眼就基本看不出来图片的跳跃；在达到24～30幅/s时就已经基本觉察不到闪烁现象。每秒的帧数或说帧率表示图形传感器在处理图像时每秒能够更新的次数。高的帧率可以得到更流畅、更逼真的视觉体验。

（3）靶面尺寸　靶面尺寸也就是图像传感器感光部分的大小。一般用英寸（1in=0.0254m）来表示，通常这个数据指的是这个图像传感器的对角线长度，如常见的有1/3in，靶面越大，意味着通光量越好，而靶面越小则比较容易获得更大的景深。比如，1/2in可以有比较大的通光量，而1/4in可以比较容易获得较大的景深。

（4）感光度　感光度代表通过CCD或CMOS以及相关的电子线路感应入射光线的强弱。感光度越高，感光面对光的敏感度就越强，快门速度就越高，这在拍摄运动车辆、夜间监控的时候尤其显得重要。

（5）信噪比　信噪比指的是信号电压对于噪声电压的比值，单位为dB。一般摄像机给出的信噪比值均是自动增益控制（AGC）关闭时的值。因为当自动增益控制接通时，会对小信号进行提升，使得噪声电平也相应提高。信噪比的典型值为45～55dB，若为50dB，则图像有少量噪声，但图像质量良好；若为60dB，则图像质量优良，不出现噪声。信噪比越大说明对噪声的控制越好。

2. 相机的内部参数

相机的内部参数是与相机自身特性相关的参数，主要有焦距、光学中心、图像尺寸和畸变系数等。

（1）焦距　焦距是指镜头的光学中心到图像传感器的距离，如图2-78所示。焦距有可变焦距和不可变焦距，一般单位为mm。

（2）光学中心　相机的镜头是由多个镜片构成的复杂光学系统，光学系统的功能等价于一个薄透镜，实际上薄透镜是不存在的。光学中心是这一等价透镜的中心，如图2-79所示。不同结构的镜头其光学中心位置也不一样，大部分在镜头内的某一位置，但也有在镜头前方或镜头后方的。

（3）图像尺寸　图像尺寸是指构成图像的长度和宽度，可以用像素为单位，也可以用cm为单位。

第二章　智能网联汽车智能传感器技术　77

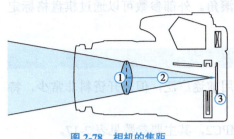

图 2-78　相机的焦距

①—光学中心；②—焦距；③—图像传感器

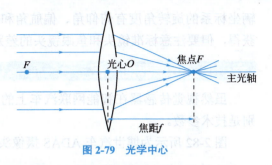

图 2-79　光学中心

（4）畸变系数　畸变系数分为径向畸变系数和切向畸变系数。径向畸变发生在相机坐标系转换为物理坐标系的过程中；切向畸变产生的原因是透镜不完全平行于图像。

径向畸变就是沿着透镜半径方向分布的畸变，产生原因是光线在透镜中心的地方更容易弯曲，这种畸变在普通廉价的镜头中表现得更加明显。径向畸变主要包括枕形畸变和桶形畸变两种，如图 2-80 所示。

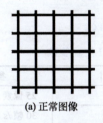
(a) 正常图像

(b) 枕形畸变

(c) 桶形畸变

图 2-80　径向畸变

切向畸变产生的图像如图 2-81 所示。

图 2-81　切向畸变

3. 相机的外部参数

相机的外部参数是指相机的安装位置，即相机离地高度以及相机相对于车辆坐标系的旋转角度。离地高度是指从地面到相机焦点的垂直高度；相机相对于车辆坐标系的旋转角度有俯仰角、偏航角和横滚角。外部参数可以通过棋盘格标定获得，但要注意标准镜头和鱼眼镜头的差别。

六、视觉传感器的产品

虽然视觉传感器在智能网联汽车上的应用前途广泛，但公开资料非常少，特别是技术参数。

图 2-82 所示为博世汽车 ADAS 摄像头 MPC2，其主要参数见表 2-17。

图 2-82　博世汽车 ADAS 摄像头 MPC2

表 2-17　博世汽车 ADAS 摄像头 MPC2 主要参数

项目	参数	项目	参数
图像分辨率	1280×960 像素	分辨率	25 像素/（°）
最大探测距离	>120m	帧率	30 帧/s
水平视场角	50°	波长	400～750nm
垂直视场角	28°	工作温度	-40～+85℃

七、视觉传感器的应用

视觉传感器在智能网联汽车上的主要安装位置如图 2-83 所示。

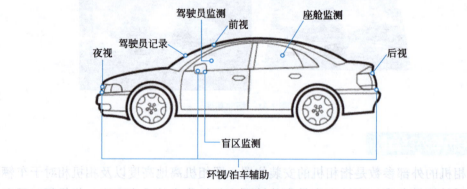

图 2-83　视觉传感器的安装位置

视觉传感器主要应用于车道偏离预警、车道保持辅助、前向碰撞预警、行人碰撞预警、交通标志识别等。

（1）车道偏离预警系统　车道偏离预警系统比较道路标线与车辆在车道中的位置。当车速达到设定车速时，一旦系统探测到驾驶员存在无意识偏离行车道的危险，系统便会发出视觉信号、听觉信号和或触觉信号，如转向盘的振动，如图2-84所示。这些警告提示驾驶员，车辆正在偏离车道，使驾驶员有足够的时间纠正方向，从而避开危险。当驾驶员打转向灯有意变换车道或转向时，该功能不会发出警告。

图 2-84　基于视觉传感器的车道偏离预警系统

（2）车道保持辅助系统　车道保持辅助系统探测到车辆以不低于设定车速（如60km/h）行驶时过于靠近车道标线，系统会轻微但可感知地反向转动转向盘，以使车辆保持在正确的道路中，如图 2-85 所示。驾驶员可以单独设定转向干预点和干预强度，选择在早期进行轻微干预或者在稍后进行较强干预。系统可通过电子助力转向直接进行干预，也可通过对车辆一侧施加制动而间接进行干预。驾驶员可随时接管该功能，随时保持对车辆的控制。当驾驶员打转向灯有意变换车道或转向时，该功能不会进行干预。

图 2-85　基于视觉传感器的车道保持辅助系统

（3）前向碰撞预警系统　如果前向碰撞预警系统探测到与前方行驶车辆即将发生追尾，便会以视觉、听觉和或触觉信号警告驾驶员，如图 2-86 所示。该功能不进行独立干预,而是提醒驾驶员进行制动。

图 2-86　基于视觉传感器的前向碰撞预警系统

(4)行人碰撞预警系统　行人碰撞预警系统不断分析车辆前方区域,来探测是否会与行车道上或正朝行车道行进的行人即将发生碰撞,如图 2-87 所示。当车速不超过设定车速(如 40km/h)时,一旦系统识别这种危险情况,系统便会与雷达传感器一并向驾驶员发出警告,同时还会触发紧急制动。

(5)交通标志识别系统　图 2-88 所示为交通标志识别系统,利用视觉传感器检测限速道路交通标志(限速),显示标志内容,提醒驾驶员注意。

图 2-87　基于视觉传感器的行人碰撞预警系统

图 2-88　基于视觉传感器的交通标志识别系统

随着人工智能的机器学习、深度学习等在图像处理算法中的应用,视觉传感器的功能会越来越强度,在智能网联汽车上的应用将更加深入。

八、视觉传感器仿真技术

1. 视觉传感器函数

(1)视觉检测器函数　visionDetetionGenerator 是在驾驶场景中创建视觉检测

器的函数，其调用格式为

```
sensor=visionDetectionGenerator
sensor=visionDetectionGenerator(cameraConfig)
sensor=visionDetectionGenerator(Name,Value)
```

其中，cameraConfig 为单目摄像头；Name 和 Value 为设置视觉检测器属性；sensor 为视觉检测结果。

例如：visionDetectionGenerator('DetectionCoordinates','Sensor Cartesian', 'MaxRange', 100)，表示利用笛卡儿坐标创建视觉检测器，最大检测距离为 100m。

视觉检测器应用的调用格式为

```
dets=sensor(actors,time)
lanedets=sensor(laneboundaries,time)
lanedets=sensor(actors,laneboundaries,time)
[___,numValidDets]=sensor(___)
[dets,numValidDets,isValidTime,lanedets,numValidLaneDets,isValidLaneTime]=
sensor(actors,laneboundaries,time)
```

其中，actors 为交通参与者的姿态；time 为当前仿真时间；laneboundaries 为车道边界；dets 为视觉传感器对交通参与者的检测结果；lanedets 为视觉传感器对车道边界的检测结果；numValidDets 为交通参与者有效检测次数；isValidTime 为交通参与者检测时间；lanedets 为车道边界检测结果；numValidLaneDets 为车道边界检测次数；isValidLaneTime 为车道边界检测时间。

（2）配置单目摄像机的函数　monoCamera 为配置单目摄像机的函数，其调用格式为

```
sensor=monoCamera(intrinsics,height)
sensor=monoCamera(intrinsics,height,Name,Value)
```

其中，intrinsics 为摄像机内部参数；height 为路面至摄像机的垂直距离；Name 和 Value 为设置摄像机属性；sensor 为配置的单目摄像机。

（3）单目摄像机外部参数　estimateMonoCameraParameters 利用棋盘格估计单目摄像机外部参数的函数，其调用格式为

```
[pitch,yaw,roll,height]=estimateMonoCameraParameters(intrinsics,imagePoi
nts,worldPoints,patternOriginHeight)
[pitch,yaw,roll,height]=estimateMonoCameraParameters(___,Name,Value)
```

其中，intrinsics 为单目摄像机的内部参数；imagePoints 为棋盘格原点的图像坐标；worldPoints 为棋盘格原点的世界坐标；Name 和 Value 为设置棋盘格的方向和图案位置；patternOriginHeight 为棋盘格原点距地面的高度；pitch 为摄像机的俯仰角；yaw 为摄像机的偏航角；roll 为摄像机的横滚角；height 为摄像机至地面高度。

2. 视觉传感器模块

视觉检测器模块如图 2-89 所示，它通过视觉传感器检测目标和车道线。

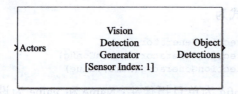

图 2-89　视觉检测器模块

视觉检测器模块的输入是交通参与者的姿态（Actors）；输出是视觉传感器对目标的检测（Object Detections）。

点击视觉检测器模块，进入视觉检测器模块设置界面，可以对其各种参数进行设置，如图 2-90 所示。视觉检测器模块设置包括参数（Parameters）、测量（Measurements）、检测对象（Actor Profiles）和相机内部参数（Camera Intrinsics）的设置。

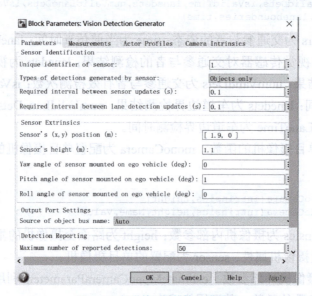

图 2-90　视觉检测器模块设置界面

视觉传感器仿真实例

【例 2-7】 利用单目摄像机检测前方车辆，其中车辆 1 位置为 [40,0,0]，车辆 2 位置为 [30,8,0]，车辆 3 位置为 [35,−8,0]。

解： 在 MATLAB 命令行窗口输入以下程序。

```
1    focalLength=[800,800];                                        % 焦距
2    principalPoint=[320,240];                                     % 光学中心
3    imageSize=[480,640];                                          % 图像尺寸
4    intrinsics=cameraIntrinsics(focalLength,principalPoint,imag   % 内部参数
     eSize);
```

5	`height=1.5;`	% 安装高度
6	`pitch=1;`	% 俯仰角
7	`monoCamConfig=monoCamera(intrinsics,height,'Pitch',pitch);`	% 配置摄像机
8	`visionSensor=visionDetectionGenerator(monoCamConfig);`	% 视觉检测器
9	`scenario=drivingScenario;`	% 创建驾驶场景
10	`egoVehicle=vehicle(scenario);`	% 添加主车
11	`targetCar1=vehicle(scenario,'Position',[40,0,0]);`	% 添加车辆1
12	`targetCar2=vehicle(scenario,'Position',[30,8,0]);`	% 添加车辆2
13	`targetCar3=vehicle(scenario,'Position',[35,-8,0]);`	% 添加车辆3
14	`bep=birdsEyePlot('XLim',[0,50],'YLim',[-20,20]);`	% 创建鸟瞰图
15	`olPlotter=outlinePlotter(bep);`	% 轮廓绘图仪
16	`[position,yaw,length,width,originOffset,color]=targetOutlines(egoVehicle);`	% 目标轮廓
17	`plotOutline(olPlotter,position,yaw9,length,width);`	% 显示轮廓
18	`caPlotter=coverageAreaPlotter(bep,'DisplayName', ... 'Coverage area','FaceColor','blue');`	% 覆盖绘图仪
19	`plotCoverageArea(caPlotter,visionSensor.SensorLocation, ... visionSensor.MaxRange,visionSensor.Yaw,visionSensor.FieldOfView(1))`	% 显示覆盖区域
20	`poses=targetPoses(egoVehicle);`	% 目标车辆姿态
21	`[dets,numValidDets]=visionSensor(poses,scenario.SimulationTime);`	% 视觉传感器检测
22	`for i=1:numValidDets`	% 有效检测数循环
23	`    XY=dets{i}.Measurement(1:3);`	% 测量值
24	`    detXY=sprintf('位置%d:X=%.2f m,Y=%.2f m',i,XY);`	% 设置位置
25	`    disp(detXY)`	% 显示检测位置
26	`end`	% 循环结束

输出结果如图2-91所示。

检测结果为

车辆1位置：X=37.11m,Y=0.11m
车辆2位置：X=29.18m,Y=7.54m
车辆3位置：X=34.52m,Y=-7.53m

【例2-8】利用视觉检测器模块对驾驶场景中的车辆进行检测。

解：在MATLAB的场景库中导入"EgoVehicleGoesStraight_VehicleFromLeftTurnsLeft.mat"的驾驶场景，如图2-92所示。该驾驶场景表示主车自南向北行驶，直行穿过十字路口；另一辆车从十字路口的左侧车道驶来，在十字路口左转弯，且行驶在主车前面。

在应用程序工具栏上，选择Export>Export Simulink Model，生成驾驶场景和视觉传感器的Simulink模型，如图2-93所示。

点击"Bird's-Eye Scope"，打开鸟瞰图，

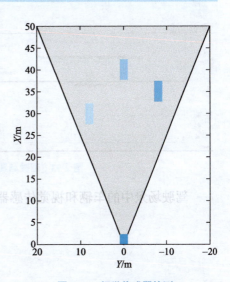

图2-91 视觉传感器检测

单击"Find Signals",点击"Run",车辆开始运动并进行检测,如图 2-94 所示。检测结果储存在 MATLAB 的工作区。

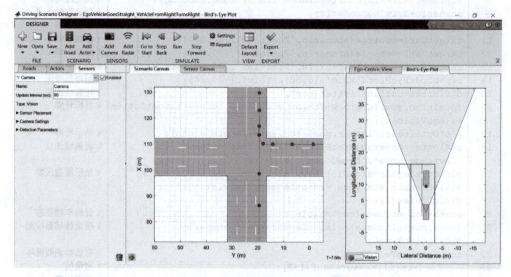

图 2-92　含有视觉传感器的驾驶场景

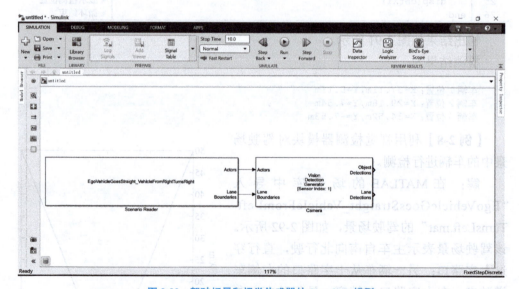

图 2-93　驾驶场景和视觉传感器的 Simulink 模型

驾驶场景中的车辆和视觉传感器的检测,可以根据需要进行设置。

第二章 智能网联汽车智能传感器技术

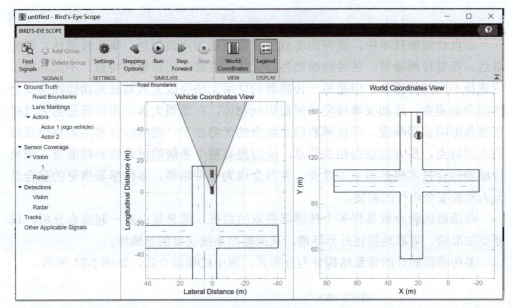

图 2-94 视觉传感器的检测

第五节 传感器融合及其仿真技术

一、传感器融合的定义

传感器的融合就是利用计算机技术将来自多传感器或多源的信息和数据，在一定的准则下加以自动分析和综合，以完成所需要的决策和估计而进行的信息处理过程。传感器融合要硬件同步、时间同步、空间同步和软件同步。

硬件同步是指使用同一种硬件同时发布触发采集命令，实现各传感器采集、测量的时间同步。做到同一时刻采集相同的信息。

时间同步是指通过统一的主机给各个传感器提供基准时间，各传感器根据已经校准后的各自时间为各自独立采集的数据加上时间戳信息，可以做到所有传感器时间戳同步，但由于各个传感器各自采集周期相互独立，无法保证同一时刻采集相同的信息。

空间同步是指将不同传感器坐标系的测量值转换到同一个坐标系中，其中激光传感器在高速移动的情况下需要考虑当前速度下的帧内位移校准。

软件同步是指时间同步和空间同步。

二、传感器融合的原理

在自动驾驶技术中，现有的车载传感器包括超声波雷达、毫米波雷达、激光雷达、视觉传感器等，各种传感器各有优劣，根据各传感器的特点，不同环境下应选择不同的传感器，但是单一传感器的使用无法完成无人驾驶的功能性与安全性的全面覆盖，比如仅靠视觉传感器识别物体，在遭遇大雾、雨雪等恶劣天气时很容易影响识别精度。多传感器信息融合的优势在于，能够综合利用多种信息源的不同特点，多方位获得相关信息，从而提高整个系统的可靠性和精准度。未来传感器融合技术将显得更加重要，并且会成为一种趋势。多传感器信息的融合是无人驾驶安全出行的前提。

传感器的融合就是将多个传感器获取的数据、信息集中在一起综合分析，以便更加准确、可靠地描述外界环境，从而提高系统决策的正确性。

多传感器融合的体系结构分为分布式、集中式和混合式，如图2-95所示。

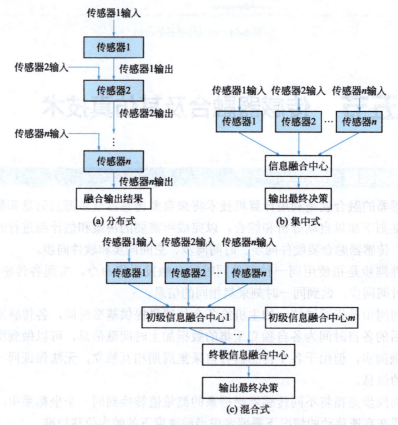

图2-95 多传感器融合的体系结构

（1）分布式 先对各个独立传感器所获得的原始数据进行局部处理，然后再将结果送入信息融合中心进行智能优化组合来获得最终的结果。分布式对通信带宽的需求低,计算速度快,可靠性和延续性好,但跟踪的精度却远没有集中式高。

(2)集中式　集中式将各传感器获得的原始数据直接送至信息融合中心进行融合处理,可以实现实时融合。优点是数据处理的精度高,算法灵活;缺点是对处理器的要求高,可靠性较低,数据量大,故难以实现。

(3)混合式　混合式多传感器信息融合框架中,部分传感器采用集中式融合方式,剩余的传感器采用分布式融合方式。混合式融合框架具有较强的适应能力,兼顾了集中式和分布式融合的优点,稳定性强。混合式融合方式的结构比前两种融合方式的结构复杂,这样就加大了通信和计算上的代价。

各种不同的传感器,对应不同的工况环境和感知目标。例如,毫米波雷达主要识别前向中远距离障碍物(0.5~150m),如路面车辆、行人、路障等;超声波雷达主要识别车身近距离障碍物(0.2~5m),如泊车过程中的路沿、静止的前后车辆、过往的行人等信息。两者协同作用,互补不足,通过测量障碍物角度、距离、速度等数据融合,刻画车身周边环境和可达空间范围。

三、传感器融合的方案

对于多传感器融合,有很多种组合和选择。

(1)激光雷达与视觉传感器融合　激光雷达和视觉传感器融合是一个经典方案。在无人驾驶应用中,视觉传感器价格便宜,但是受环境光影像较大,可靠性相对较低;激光雷达探测距离远,对物体运动判断精准,可靠性高,但价格高。视觉传感器可进行车道线检测、障碍物检测和交通标志的识别;激光雷达可进行路沿检测、动态和静态物体识别、定位和地图创建。对于动态的物体,视觉传感器能判断出前后两帧中物体或行人是否为同一物体或行人,而激光雷达则得到信息后测算前后两帧间隔内的运动速度和运动位移。

视觉传感器和激光雷达分别对物体识别后,再进行标定。对于安全性要求100%的无人驾驶汽车,激光雷达和视觉传感器融合将是未来互补的方案。

(2)激光雷达和毫米波雷达融合　激光雷达和毫米波雷达融合是新的流行方案。毫米波雷达已经成为ADAS的核心传感器,它具有体积小、质量轻和空间分辨率高的特点,而且穿透雾、烟、灰尘的能力强,弥补了激光雷达的不足。

但毫米波雷达受制于波长,探测距离有限,也无法感知行人,并且对周边所有障碍物无法进行精准的建模,而这恰恰是激光雷达的强项。激光雷达和毫米波雷达,不仅可以在性能上实现互补,还可以大大降低使用成本,可以为无人驾驶的开发提供一个新的选择。

(3)视觉传感器和毫米波雷达融合　将视觉传感器和毫米波雷达进行融合,相互配合共同构成智能网联汽车的感知系统,取长补短,实现更稳定可靠的

ADAS 功能。视觉传感器与毫米波雷达融合具有以下优势。

① 可靠性。目标真实，可信度提高。
② 互补性。全天候应用与远距离提前预警。
③ 高精度。大视场角、全距离条件下的高性能定位。
④ 识别能力强。对各种复杂对象都能够识别。

在智能驾驶场景下，视觉传感器与毫米波雷达的数据融合大致有3种策略：图像级、目标级和信号级。图像级融合是以视觉传感器为主体，将毫米波雷达输出的整体信息进行图像特征转化，然后与视觉系统的图像输出进行融合；目标级融合是对视觉传感器和毫米波雷达输出进行综合可信度加权，配合精度标定信息进行自适应的搜索匹配后融合输出；信号级融合是对视觉传感器和毫米波雷达传出的数据源进行融合。信号级别的融合数据损失最小，可靠性最高，但需要大量的运算。

传感器融合仿真技术实例

【例2-9】利用毫米波雷达和视觉传感器融合进行检测。

解：在 MATLAB 的场景库中导入"EgoVehicleGoesStraight_VehicleInFrontTurnsLeft.mat"的驾驶场景，如图2-96所示。该驾驶场景表示主车自南向北行驶，直行穿过十字路口；另一辆在主车前面的车，在十字路口左转弯行驶。

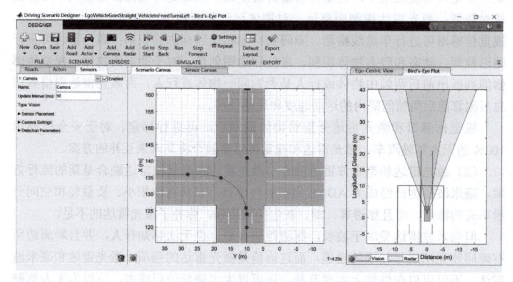

图2-96 视觉传感器和毫米波雷达融合的驾驶场景

通过选择 Export>Export Simulink model 从应用程序中生成仿真模型，如图2-97所示。

第二章 智能网联汽车智能传感器技术

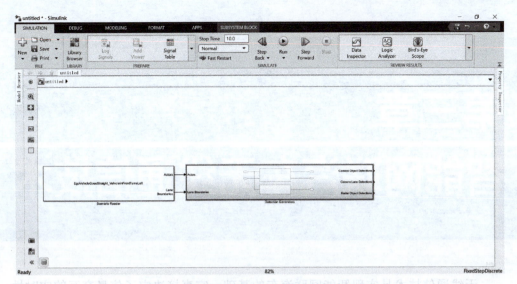

图 2-97 视觉传感器和毫米波雷达融合的仿真模型

从 Simulink 工具栏中单击"Bird's-Eye Scope",打开鸟瞰图,单击"Find Signals",点击"Run",车辆开始运动并进行检测,毫米波雷达和视觉传感器融合检测车辆和车道线,如图 2-98 所示。检测结果储存在 MATLAB 的工作区。

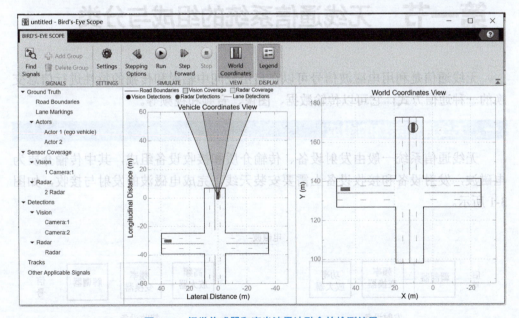

图 2-98 视觉传感器和毫米波雷达融合的检测结果

第三章
智能网联汽车无线通信技术

无线通信技术是实现智能网联汽车的基础,它直接决定了信息交互的实时性和有效性。用于智能网联汽车的无线通信技术有短距离无线通信技术和远距离无线通信技术。

第一节 无线通信系统的组成与分类

无线通信是利用电磁波信号可以在自由空间中辐射和传播的特性进行信息交换的一种通信方式,它可以传输数据、图像、音频和视频等。

一、无线通信系统的组成

无线通信系统一般由发射设备、传输介质和接收设备组成,其中传输介质为电磁波,发射设备和接收设备上需要安装天线,完成电磁波的发射与接收,如图3-1 所示。

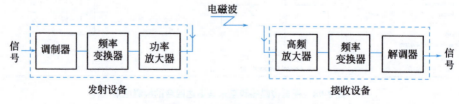

图 3-1 无线通信系统的组成

发射设备是将原始的信号源转换成适合在给定传输介质上传输的信号,其中包括调制、频率变换、功率放大等。调制器将低频信号加到高频载波信号上，频率变换器进一步将信号变换成发射电波所需要的频率（如短波频率、微波频率等），经功率放大器放大后，再通过天线发射出去进行传输。

接收设备是将收到的信号还原成原来的信息送至接收端。接收设备把天线接收下来的射频载波信号，经过信号放大、频率变换，最后经过解调的过程再将原始信息恢复出来，完成无线通信。

二、无线通信系统的分类

无线通信系统可以按传输信号形式、无线终端状态、电磁波波长、传输方式和通信距离等进行分类。

1. 根据传输信号形式分类

根据传输信号的形式不同，无线通信系统可以分为模拟无线通信系统和数字无线通信系统。

（1）模拟无线通信系统　模拟无线通信系统是将采集的信号直接进行传输，传输的是模拟信号。

（2）数字无线通信系统　数字无线通信系统是将采集的信号转变为数字信号后再进行传输，传输的信号只包括数字0、1，数字无线通信系统正在逐步取代模拟无线通信系统。

2. 根据无线终端状态分类

根据无线终端状态的不同，无线通信系统可以分为固定无线通信系统和移动无线通信系统。

（1）固定无线通信系统　固定无线通信系统的终端设备是固定的，如固定电话通信系统。

（2）移动无线通信系统　移动无线通信系统的终端设备是移动的，如移动电话通信系统。

3. 根据电磁波波长分类

根据电磁波的波长不同，无线通信系统可以分为长波无线通信系统、中波无线通信系统、短波无线通信系统、超短波无线通信系统、微波无线通信系统等。

（1）长波无线通信系统　长波无线通信系统是指利用波长大于1000m、频率低于300kHz的电磁波进行的无线电通信，也称低频通信，它可细分为在长波（波长为1～10km，频率为30～300kHz）、甚长波（波长为10～100km、频率为3～30kHz）、特长波（波长为100～1000km、频率为300～3000Hz）、超长波（波长为1000～10000km、频率为30～300Hz）和极长波（波长为

10000～100000km、频率为3～30Hz）波段的通信。

（2）中波无线通信系统　中波无线通信系统是指利用波长为100～1000m、频率为300～3000kHz的电磁波进行的无线电通信。

（3）短波无线通信系统　短波无线通信系统是指利用波长为10～100m、频率为3～30MHz的电磁波进行的无线电通信。

（4）超短波无线通信系统　超短波无线通信系统是指利用波长为1～10m、频率为30～300MHz的电磁波进行的无线电通信。

（5）微波无线通信系统　微波无线通信系统是指利用波长小于1m、频率高于300MHz的电磁波进行的无线电通信，它可细分为分米波（波长为100～1000mm、频率为300～3000MHz）、厘米波（波长为10～100mm、频率为3～30GHz）、毫米波（波长为1～10mm、频率为30～300GHz）和丝米波（波长为0.1～1mm、频率为300～3000GHz）波段的通信。

4. 根据传输方式分类

根据信道路径和传输方式的不同，无线通信系统可以分为红外通信系统、可见光通信系统、微波中继通信系统和卫星通信系统等。

（1）红外通信系统　红外通信系统是一种利用红外线传输信息的通信方式。

（2）可见光通信系统　可见光通信系统是指利用可见光波段的光作为信息载体，在空气中直接传输光信号的通信方式。

（3）微波中继通信系统　微波中继通信系统是利用微波的视距传输特性，采用中继站接力的方法达成的无线电通信方式。

（4）卫星通信系统　卫星通信系统实际上也是一种微波通信系统，它以卫星作为中继站转发微波信号，在多个地面站之间通信。

5. 根据通信距离分类

根据通信距离，无线通信系统可以分为短距离无线通信系统和远距离无线通信系统。

（1）短距离无线通信系统　短距离无线通信和远距离无线通信在传输距离上至今并没有严格的定义，一般来说，只要通信收发两端是以无线电方式传输信息，并且传输距离被限定在较短的范围内（一般是几厘米至几百米），就可以称为短距离无线通信，它具有低成本、低功耗和对等通信三个重要特征。短距离无线通信技术主要有蓝牙技术、ZigBee（紫蜂）技术、Wi-Fi技术、UWB（超宽带）技术、60GHz技术、IrDA（红外）技术、RFID（射频识别）技术、NFC（近场通信）技术、VLC（可见光）技术、DSRC（专用短程通信）技术和LTE-V技术等。

（2）远距离无线通信系统　当无线通信传输距离超过短距离无线通信的传输

距离时，称为远距离无线通信。远距离无线通信技术主要有移动通信技术、微波通信技术和卫星通信技术等。

第二节　蓝牙技术

蓝牙（Bluetooth）技术是由爱立信、诺基亚、东芝、IBM 和英特尔 5 家公司于 1998 年联合宣布共同开发的一种短距离无线通信技术。

一、蓝牙技术定义

蓝牙是一种支持设备之间进行短距离无线通信的技术，它能在包括移动电话、掌上电脑、无线耳机、笔记本电脑、智能汽车、相关外设等众多设备之间进行无线信息交互。利用蓝牙技术能够有效地简化移动通信终端设备之间的通信，也能够简化设备与因特网（Internet）之间的通信，使数据传输变得更加迅速高效，为无线通信拓宽道路。蓝牙采用分散式网络结构以及快跳频和短包技术，支持点对点及点对多点通信，工作在全球通用的 2.4GHz ISM（即工业、科学、医学）频段，采用时分双工传输方案实现全双工传输。

二、蓝牙系统的组成

蓝牙系统一般由无线单元、链路控制（固件）单元、链路管理（软件）单元和软件（协议栈）单元四个功能单元组成，如图 3-2 所示。

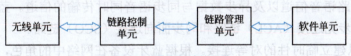

图 3-2　蓝牙系统的组成

（1）无线单元　蓝牙要求其无线单元体积小、质量轻。蓝牙系统的无线发射功率符合 FCC（美国联邦通信委员会）关于 ISM 波段的要求。由于采用扩频技术，发射功率可增加到 100MW。系统的最大跳频为 1600 跳 /s，在 2.4 ～ 2.48GHz 之间，采用 79 个 1MHz 带宽的频点。系统的设计通信距离为 0.1 ～ 10m，如果增加发射功率，距离可以达到 100m。

（2）链路控制（固件）单元　蓝牙中使用了 3 个 IC 分别作为链路控制器、基带处理器以及射频传输 / 接收器，此外还使用了 3 ～ 5 个单独调谐元件。链路控制器负责处理基带协议和其他的底层连接规程，支持同步面向连接（SCO）和异步无连接（ACL）两种方式。

(3) 链路管理（软件）单元　链路管理（软件）单元携带了链路的数据设备、鉴权、链路硬件配置和其他一些协议。链路管理（软件）单元可以发现其他远端链路管理并通过键路管理协议与之通信。链路管理（软件）单元提供的服务主要有发送和接收数据、请求名称、地址查询、鉴权、建立连接、链路模式协商和建立以及决定帧的类型等。

(4) 软件（协议栈）单元　软件（协议栈）单元是一个独立的操作系统，不与任何操作系统捆绑，它必须符合已经制定好的蓝牙规范。链路协议分为4层——核心协议层、电缆替代层、电话控制协议层和采纳的其他协议层。软件（协议栈）单元主要实现的功能有配置及诊断、蓝牙设备的发现、电缆仿真、与外围设备的通信、音频通信及呼叫控制等。

在蓝牙协议栈中，还有一个主机控制接口（HCI）和音频（Audio）接口。HCI 是到基带控制器、链路管理器以及访问硬件状态和控制寄存器的命令接口。利用音频接口，可以在一个或多个蓝牙设备之间传递音频数据，该接口与基带直接相连。

三、蓝牙技术特点

蓝牙技术具有以下特点。

① 全球范围适用。蓝牙工作在 2.4GHz 的 ISM 频段，全球大多数国家 ISM 频段的范围是 2.4～2.4835GHz，使用该频段无须向各国的无线电资源管理部门申请许可证，便可直接使用。

② 通信距离为 0.1～10m，发射功率 100MW 时可以达到 100m。

③ 同时可传输语音和数据。蓝牙采用电路交换和分组交换技术，支持异步数据信道、三路语音信道以及异步数据与同步语音同时传输的信道。蓝牙有两种链路类型，异步无连接（ACL）链路和同步面向连接（SCO）链路。

④ 可以建立临时性的对等连接。根据蓝牙设备在网络中的角色，可分为主设备和从设备。主设备是组网连接主动发起连接请求的蓝牙设备，几个蓝牙设备连接成一个皮网时，其中只有一个主设备，其余都是从设备。皮网是蓝牙最基本的一种网络形式，最简单的皮网是一个主设备和一个从设备组成的点对点的通信连接。

⑤ 抗干扰能力强。工作在 ISM 频段的无线电设备有很多种，为了很好地抵抗来自这些设备的干扰，蓝牙采用了跳频方式来扩展频谱。蓝牙设备在某个频点发送数据之后，再跳到另一频点发送，而频点的排列顺序是伪随机的，每秒钟频率改变 1600 次，每个频率持续 625μs。

⑥ 蓝牙模块体积很小，便于集成。

⑦ 功耗低。蓝牙设备在通信连接状态下，有四种工作模式——激活模式、呼

吸模式、保持模式和休眠模式。激活模式是正常的工作状态，另外三种模式是为了节能所规定的低功耗模式。

⑧ 接口标准开放。蓝牙技术联盟（SIG）为了推广蓝牙技术的应用，将蓝牙的技术标准全部公开，全世界范围内的任何单位和个人都可以进行蓝牙产品的开发，只要最终通过 SIG 的蓝牙产品兼容性测试，就可以推向市场。

⑨ 成本低。随着市场需求的扩大，各个供应商纷纷推出自己的蓝牙芯片和模块，蓝牙产品价格逐渐下降。

四、蓝牙技术应用

蓝牙技术的实质是建立通用的无线接口及其控制软件的开放标准，使计算机和通信进一步结合，使不同厂家生产的便携式设备在没有电缆或电线连接的情况下，能在短距离内互联。

蓝牙技术主要有三方面的应用，即外围设备互联、个人局域网（PAM）、语音/数据接入。外围设备互联是指将各种设备通过蓝牙链路连接到主机；个人局域网主要用于个人网络和信息的共享；语音/数据接入是将一台计算机通过安全的无线链路连接到广域网。

蓝牙技术在汽车上的应用主要有车载蓝牙电话、车载蓝牙音响、车载蓝牙导航、蓝牙汽车防盗、蓝牙后视镜、利用蓝牙技术对汽车进行解锁等。

（1）车载蓝牙电话　车载蓝牙电话是专为行车安全和舒适性而设计的。其功能主要有：自动辨识移动电话，不需要电缆或电话托架便可与手机联机；使用者不需要触碰手机（双手保持在转向盘上）便可控制手机，用语音指令控制接听或拨打电话。使用者可以通过车上的音响或蓝牙无线耳麦进行通话。若选择通过车上的音响进行通话，当有来电或拨打电话时，车上音响会自动静音，通过音响的扬声器/麦克风进行话音传输。若选择蓝牙无线耳麦进行通话，只要耳麦处于开机状态，当有来电时按下接听按钮就可以实现通话。

（2）车载蓝牙音响　车载蓝牙音响基于以稳定的、高度通用的蓝牙无线技术为基础的无线有源音箱，蓝牙音响内设锂电池，可以随时充电。车载蓝牙音响的使用方式就是将手机和音响进行蓝牙配对即可，方便快捷。在开车的时候，可以通过蓝牙接手机，播放手机的歌曲，同时，还可以作为手机的音响，接打电话；想在户外听歌的时候，可以插卡播放，充当一个便携式音响。

（3）车载蓝牙导航　具备蓝牙功能的车载 GPS，能为驾驶员提供定位导航的同时，还能作为蓝牙耳机，实现免提接听，极大地方便驾驶员，也大大加强驾驶员行车途中接打电话的安全性；还可以传送图片和文件，充分支持用户的各种需求。

（4）蓝牙汽车防盗　把驾驶员的蓝牙手机当作汽车的第二把锁，如果蓝牙手机不在车内，一旦汽车被启动，系统就会认定汽车被盗，从而开启报警装置。

（5）蓝牙后视镜　汽车后视镜通过蓝牙与手机相连，手机来电时，后视镜显示来电号码，如图 3-3 所示。除此以外，该后视镜还集成了免提电话功能，可以通过汽车供电，同时也包含一个内置的电池进行供电。

图 3-3　蓝牙后视镜

（6）利用蓝牙技术对汽车进行解锁　汽车虚拟钥匙技术能够通过蓝牙连接让汽车与智能手机/智能手表互联，实现汽车解锁并获取汽车信息，如图 3-4 所示。当驾驶员靠近汽车时（几米范围内），手机 APP 通过蓝牙与汽车连接，汽车解锁，获取汽车信息。

当驾驶员远离汽车时，可以采用手机 APP 通过移动网络获取车辆信息，如胎压、预估续航里程、车辆位置、离车辆保养剩余里程等，如图 3-5 所示。软件会提示虚拟钥匙超出范围，此时手机 APP 无法对汽车解锁。

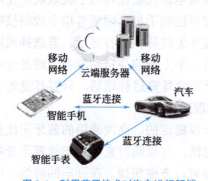

图 3-4　利用蓝牙技术对汽车进行解锁

图 3-5　利用蓝牙技术获取车辆信息

手机 APP 虚拟钥匙共享功能可自动识别手机通讯录中安装了相同 APP 的人。车主可以通过简单操作把汽车虚拟钥匙转交给相应的联系人，甚至可以选择虚拟钥匙的有效时间，让虚拟钥匙在有效时间内才能使用，过期的虚拟钥匙将无法对汽车进行任何操作，如图 3-6 所示。

汽车虚拟钥匙技术的共享功能使借车过程极大简化，只要双方手机中都安装了相同的手机 APP 就能够实现虚拟钥匙的移交，给用户带来了极大的便利。蓝牙这种短距离通信技术从一定程度上又拉近了人与车的距离，只有携带虚拟钥匙的人靠近车辆时才能对汽车进行解锁操作，一定程度上增强了该技术的安全性。

图 3-6　手机 APP 虚拟钥匙共享功能

智能蓝牙连接技术将在车辆与可穿戴技术连接的实现过程中发挥至关重要的作用，包括实现监测驾驶员疲劳驾驶、血液中酒精含量以及血糖水平等生物计量指标的连接。智能手表、血压计、脉搏监测仪、酒精监测仪或者血糖监测仪等将成为与车辆连接的可穿戴设备。

随着蓝牙技术的不断发展，蓝牙技术在汽车上的应用会越来越多。

第三节　ZigBee 技术

ZigBee（紫蜂）是以 IEEE 802.15.4 标准为基础发展起来的短距离无线通信技术。2000 年 12 月成立工作小组起草 IEEE 802.15.4 标准，为了促进 ZigBee 技术的发展，2001 年 8 月成立 ZigBee 联盟，目前该联盟已经有 400 多家成员，研发和推广 ZigBee 无线通信技术。

一、ZigBee 技术定义

ZigBee 技术是一种短距离双向无线通信技术，主要用于距离短、功耗低且传输速率不高的各种电子设备之间进行数据传输以及典型的有周期性数据、间歇性数据和低反应时间数据传输的应用。

ZigBee 技术是一种低速短距离传输的无线网络协议。ZigBee 协议从下到上分别为物理层（PHY）、媒体访问控制层（MAC）、传输层（TL）、网络层（NWK）、应用层（APL）等。其中物理层和媒体访问控制层遵循 IEEE 802.15.4 标准的规定。

ZigBee 是一种无线连接技术，可工作在 2.4GHz（全球流行）、868MHz（欧洲流行）和 915 MHz（美国流行）3 个频段上，分别具有最高 250kbit/s、20kbit/s 和 40kbit/s 的传输速率；不同频段可使用的信道分别为 16 个、1 个和 10 个；它的传输距离一般在 10～100m 的范围内。

二、ZigBee 网络结构

ZigBee 支持三种网络拓扑结构，即星形网、对等网和混合网，如图 3-7 所示。

在 ZigBee 网络中存在三种逻辑设备类型——协调器、路由器和终端设备。ZigBee 网络由一个协调器以及多个路由器和多个终端设备组成，如图 3-8 所示。

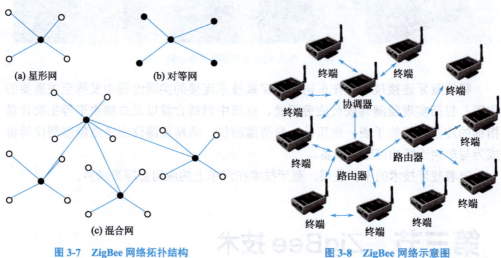

图 3-7　ZigBee 网络拓扑结构　　　　图 3-8　ZigBee 网络示意图

（1）协调器　协调器的主要功能是整个网络的初始配置和启动。协调器首先需要选择一个信道和一个网络 ID（也称 PAN ID），然后再开始启动整个网络。协调器也可以协助在网络安全和应用层的工作。一旦这些都完成后，它的角色就转化成一个路由器。

（2）路由器　路由器的功能主要是允许终端设备以节点的身份加入网络，实现多跳路由和协助终端设备的通信。

（3）终端设备　终端设备没有特定的维持网络结构的责任，它可以睡眠或者唤醒，因此它可以是一个电池供电设备。通常，终端设备对存储空间的需要比较小。

三、ZigBee 技术特点

ZigBee 技术具有以下特点。

（1）低功耗　由于 ZigBee 的传输速率低，发射功率仅为 1MW，而且采用了休眠模式，功耗低，因此，ZigBee 设备非常省电。

（2）低成本　通过大幅简化协议（不到蓝牙的 1/10），降低了对通信控制器的要求，而且 ZigBee 免协议专利费。

（3）低速率　ZigBee 工作速率为 20～250kbit/s，分别提供 250 kbit/s（2.4GHz）、40kbit/s（915 MHz）和 20kbit/s（868 MHz）的原始数据吞吐率，满足低速率传输数据的应用需求。

（4）短距离　传输范围一般介于 10～100m 之间，在增加发射功率后，也可增加到 1～3km，这指的是相邻节点间的距离。如果通过路由和节点间通信的接力，传输距离可以更远。

（5）短时延　ZigBee 的响应速度较快，一般休眠激活的时延只需 15ms，节点连接进入网络只需 30ms，活动设备信道接入只需 15ms，进一步节省了电能。相比较，蓝牙需要 3～10s，Wi-Fi 需要 3s。

（6）高容量　ZigBee 可采用星形、对等和混合网络结构，由一个主节点管理若干子节点，最多一个主节点可管理 254 个子节点；同时主节点还可由上一层网络节点管理，最多可组成 65000 个节点的大网；一个区域内可以同时存在最多 100 个 ZigBee 网络，而且网络组成灵活。

（7）高安全　ZigBee 提供了三级安全模式，包括无安全设定、使用访问控制清单防止非法获取数据以及采用高级加密标准（AES-128）的对称密码，以灵活确定其安全属性。

（8）高可靠　采取了碰撞避免策略，同时为需要固定带宽的通信业务预留了专用时隙，避开了发送数据的竞争和冲突。媒体访问控制层采用了完全确认的数据传输模式，每个发送的数据包都必须等待接收方的确认信息。如果传输过程中出现问题可以进行重发。

（9）免执照频段　使用工业科学医疗（ISM）频段、915MHz（美国）、868MHz（欧洲）、2.4GHz（全球）。

四、ZigBee 技术应用

随着 ZigBee 技术的进一步完善，基于 ZigBee 技术的产品正逐渐被开发。采用 ZigBee 技术的无线网络应用领域有数字家庭领域、工业领域、智能交通领域等。

（1）数字家庭领域　ZigBee 技术可以应用于家庭的照明、温度、安全控制等。ZigBee 模块可安装在电视、灯具、遥控器、儿童玩具、游戏机、门禁系统、空调系统和其他家电产品等，例如在灯具中装置 ZigBee 模块，人们要开灯时，就不需要走到墙壁开关处，直接通过遥控便可开灯。当打开电视机时，灯光会自动减弱；当电话铃响起时或拿起话机准备打电话时，电视机会自动静音。通过 ZigBee 终端设备可以收集家庭各种信息，传送到中央控制设备，或是通过遥控达到远程控制的目的，提供家居生活自动化、网络化与智能化。

（2）工业领域　通过 ZigBee 网络自动收集各种信息，并将信息回馈到系统进行数据处理与分析，以便掌握工厂整体信息。例如火警的感测和报警、照明系统的感测、生产机台的流程控制等，都可由 ZigBee 网络提供相关信息，以达到工业与环境控制的目的。基于 ZigBee 技术的自动抄表系统，无须手动读取电表、天然气表及水表。

（3）智能交通领域　如果沿着街道、高速公路及其他地方分布式地装有大量 ZigBee 终端设备，就不再担心会迷路。安装在汽车里的器件将告诉你当前所处位置，正向何处去。GPS 也能提供类似服务，但是这种新的分布式系统能够提供更精确更具体的信息。即使在 GPS 覆盖不到的地方，仍能继续使用此系统。从 ZigBee 无线网络系统中能够得到比 GPS 多很多的信息，如限速，道路是单行线还是双行线，前面每条道路的交通情况或事故信息等。基于 ZigBee 技术的系统还可以开发出许多其他功能，如在不同街道根据交通流量动态调节红绿灯，追踪超速的汽车或被盗的汽车等。

ZigBee 技术可以用于汽车传感网络上，如已经发展很成熟的胎压监测系统。胎压监测系统由轮胎压力传感器、微控制单元、射频收发器和主机接收器组成。安装在轮胎里的传感器采集轮胎内部温度和压力信息，并将其转换为电信号，通过相应数据处理后，由射频收发器将信号帧发送给位于驾驶舱内的主机接收器，驾驶员即可了解各个轮胎内部的温度、压力情况。如轮胎内部的压力、温度发生超出相应阈值时，主机接收器就会通过相应报警装置提醒驾驶员采取相应的措施，使胎压保持在正常的运行状态，从而保证车辆行驶的安全性。同其他无线技术相比，ZigBee 技术耗能更少，成本更低，传输信号稳定可靠，非常适合用于胎压监测系统，而且由于 ZigBee 设备的地址是全球唯一的，所以能使监控报警端快速识别出工作异常的轮胎，而不会在车辆与车辆之间造成信号干扰。

ZigBee 技术可以用于智能网联汽车。根据智能网联汽车的需要与人们的需求，可以在车内加入多种传感器，如酒精探测器、加速度传感器等，用来采集用户所需信息，再用基于 ZigBee 协议的无线模块作为节点，进行数据的处理，并向后台及周围车辆进行数据传输。

第四节　Wi-Fi 技术

Wi-Fi（无线保真）是由接入点（Access Point，AP）和无线网卡组成的无线局域网络。目前，Wi-Fi 已经成为人们生活必不可少的工具。

一、Wi-Fi 技术定义

Wi-Fi 是以 IEEE 802.11 标准为基础发展起来的短距离无线通信技术。随着技术的发展以及 IEEE 802.11a、IEEE 802.11g、IEEE 802.11n 等标准的出现，现在 IEEE 802.11 这个标准已统称为 Wi-Fi 技术。

802.11 有各种不同的版本，版本不同，所对应的 Wi-Fi 特性也有差别。例如 802.11g 工作在 2.4GHz 频段，所支持的最大传输速率为 54Mbit/s；802.11n 工作在 2.4GHz 或 5.0GHz 频段，最大传输速率为 600Mbit/s。

二、Wi-Fi 网络基本工作模式

IEEE 802.11 体系由很多部分组成，这些组成部分通过相互作用来提供无线局域网服务，并向上层支持站点的移动性。这些基本的组成部分有站点、基本服务单元、分布式系统、接入点、扩展服务单元等。

站点（ST）是网络最基础的组成单位，可以是 PC 机或 PDA 等手持通信设备；基本服务单元（BSS）是 802.11 标准规定的无线局域网的最小组成单元；分布式系统（DS）用于连接不同的 BSS；接入点（AP）是 BSS 里面的基站，其作用和网桥相似；扩展服务单元（ESS）由分布式系统和基本服务单元组合而成。

IEEE 802.11 标准定义的基本操作模式有 Infrastructure 模式、无线网桥模式、无线中继模式和自组织网络模式等。

（1）Infrastructure 模式　Infrastructure 模式是基于分布式系统的一种无线操作模式，其中 DS 可以为有线局域网或者接入点之间无线通信。该模式由一个或多个 AP 以及与之通信的一系列 ST 组成。Infrastructure 模式结构如图 3-9 所示。这种模式使无线网络可以接入到 DS 中，为 ST 提供访问文件服务器和互联网等的连接。每个 AP 节点和附属于它的 ST 节点共同组成一个 BSS。在每个 BSS 范围内的所有通信都使用相同的无线频率。

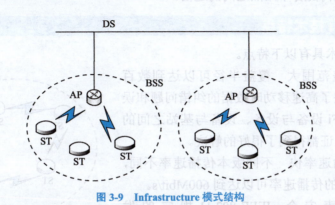

图 3-9　Infrastructure 模式结构

（2）无线网桥模式　无线网桥模式用以实现不同 Wi-Fi 网段之间的互相通信。

实现方式是将两个 Wi-Fi 网段中的 AP 节点连接。无线网桥模式结构如图 3-10 所示。

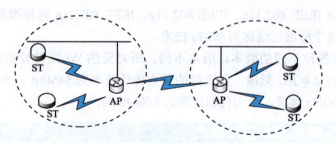

图 3-10　无线网桥模式结构

(3) 无线中继模式　无线中继模式通过在两个 Wi-Fi 网段之间加入一个无线中继器实现，这种模式可以延伸系统的覆盖范围。无线中继模式结构如图 3-11 所示。

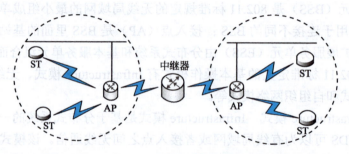

图 3-11　无线中继模式结构

(4) 自组织网络模式　自组织网络模式由一组客户端节点组成独立的 BSS，模式结构如图 3-12 所示。该模式不需要任何的原有基础设施的支持就可以实现 BSS 覆盖范围内的各个站点之间的通信。

三、Wi-Fi 技术特点

Wi-Fi 技术具有以下特点。

(1) 覆盖范围大　覆盖半径可以达到数百米，而且解决了高速移动时数据的纠错问题和误码问题，Wi-Fi 设备与设备、设备与基站之间的切换和安全认证都得到了很好的解决。

(2) 传输速率快　不同版本传播速率不同，基于 802.11n 的传播速率可以达到 600Mbit/s。

(3) 健康安全　IEEE 802.11 规定的发射功率不可超过 100MW，实际发射功率为

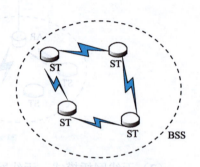

图 3-12　自组织网络模式结构

60～70MW，辐射非常小。

（4）无须布线　可以不受布线条件的限制，不需要网络布线，适合移动设备。

（5）组建容易　只要在需要的地方设置接入点，并通过高速线路将互联网接入，用户只需将支持无线局域网的设备拿到该区域，即可进入互联网。

Wi-Fi信号会随着离接入点距离的增加而减弱，而且无线电信号遇到障碍物会发生不同程度的折射、反射、衍射，使信号传播受到干扰；无线电信号也容易受同频率电波的干扰和雷电天气的影响，这些都会造成网络信号的不稳定和速率下降。

Wi-Fi技术作为高速有线接入技术的补充，具有可移动性、价格低廉的优点，Wi-Fi技术广泛应用于有线接入需要无线延伸的领域。

Wi-Fi技术也是蜂窝移动通信的补充。蜂窝移动通信可以提供广覆盖、高移动性和中低等数据传输速率，它可以利用Wi-Fi高速数据传输的特点弥补自己数据传输速率受限的不足；Wi-Fi不仅可以利用蜂窝移动通信网络完善鉴权和计费机制，而且可结合蜂窝移动通信网络广覆盖的特点进行多接入切换功能，这样就可实现Wi-Fi与蜂窝移动通信的融合。

四、Wi-Fi技术应用

由于Wi-Fi的频段在世界范围内是无须任何电信运营执照的，因此，无线局域网提供了一个世界范围内可以使用的、费用极其低廉且数据带宽极高的无线空中接口。用户可以在Wi-Fi覆盖区域内快速浏览网页，随时随地接听拨打电话，收发电子邮件，下载音乐，传递数码照片等。Wi-Fi在掌上设备上应用越来越广泛，如智能手机。Wi-Fi手机与早前应用于手机上的蓝牙技术不同，Wi-Fi具有更大的覆盖范围和更高的传输速率。如今Wi-Fi的覆盖范围在国内越来越广泛，宾馆、商场、飞机场、车站以及咖啡厅等都有Wi-Fi接口。厂商在人员较密集的地方设置"热点"，并通过高速线路将因特网接入这些场所。由于"热点"所发射出的电波可以达到距接入点半径数十米至数百米的地方，用户只要将支持Wi-Fi的笔记本电脑、PDA、智能手机等拿到该区域内，即可高速接入因特网。

Wi-Fi技术凭借其低成本、低功耗、灵活、可靠等优势在物联网产业中发挥着重要作用。Wi-Fi技术在物联网中广泛应用于电力监控、油田监测、环境监测、气象监测、水利监测、热网监测、电表监测、机房监控、供水监控等。

采用Wi-Fi互联技术的车载影音系统，可以直接与手机相连，实现手机与车载影音系统的同步互联操作，除了具备传统的视频播放、车载导航功能之外，还可以实现同屏传送、收发邮件、网络登录、网络下载等移动互联功能。基于Wi-Fi互联技术的车载影音系统具有以下功能。

① Wi-Fi双屏互动功能，可将手机屏幕显示内容传送到车载影音屏幕上。

② 支持导航功能。
③ Wi-Fi 上网、蓝牙通信。
④ 支持耳机模式和外部功放模式。
⑤ 支持标清视频播放。

汽车制造商可以把汽车变成带有 Wi-Fi 功能的系统，连接车载仪表设备与各种通信设备，让整辆车就好比一个可以移动的 Wi-Fi 热点。在 802.11ac 标准的基础上集成 5G Wi-Fi 技术，将能够让驾驶员与乘客通过畅通的 5GHz 信道把移动设备中的内容同步并传输到车辆的信息娱乐系统以及后座显示屏上。

对于智能网联汽车，驾驶员可以使用移动设备远程查看其车辆位置、轮胎气压、油量与里程等，同样也可以在同一移动设备上接收关于车辆性能与诊断的预警信息。此外，车载 Wi-Fi 技术还可以搭建移动热点，在不依赖蜂窝设备且移动的状态下实现与网络的连接。Wi-Fi 同样有望在 V2X 通信和实现无人驾驶的过程中发挥关键作用。在支持千兆及以上速率的相关标准不断发展的情况下，Wi-Fi 的优势更加明显。

第五节　UWB 技术

UWB（超宽带）技术能够为无线局域网和个人域网的接口卡和接入技术带来低功耗、高带宽并且相对简单的无线通信技术，已经成为短距离、高速无线网络最热门的物理层技术之一。

一、UWB 技术定义

UWB 是指信号宽带大于 500MHz 或者信号宽带与中心频率之比大于 25% 的短距离无线通信技术。例如一个中心频率为 1GHz 的 UWB 系统，它的射频带宽应在 250MHz 以上。

UWB 技术是一种无载波通信技术，它采用极短的脉冲信号来传送信息，通常每个脉冲持续的时间只有十几皮秒到几纳秒。

UWB 技术也称为脉冲无线电、脉冲雷达、时域技术或无载波技术等。

二、UWB 技术特点

UWB 技术具有以下特点。

① 传输速率高，空间容量大。在 UWB 系统中，信号宽带高达 0.5～7.5GHz，传输速率可达到每秒几百兆比特至 1Gbit/s。因此，将 UWB 技术应用于短距离高

速传输场合是非常合适的，可以极大地提高空间容量。

② 适合近距离通信。按照 FCC 规定，UWB 系统的辐射功率非常有限，3.1～10.6GHz 频段总辐射功率仅为 0.55MW，远低于传统窄带系统。随着传输距离的增加，信号功率将不断衰减。另外，超宽带信号具有极其丰富的频率成分，无线信道在不同频率表现出不同的衰减特性。由于随着传输距离的增加高频信号衰减极快，导致 UWB 信号产生失真，严重影响系统性能。研究表明，当收发信机之间距离小于 10m 时，UWB 系统的信道容量高于 5GHz 频段的 WLAN 系统；当收发信机之间距离超过 12m 时，UWB 系统的容量急剧下降。因此，UWB 系统特别适合近距离通信。

③ 隐蔽性好。因为 UWB 的频谱非常宽，能量密度非常低，因此信息传输安全性高。另一方面，由于能量密度低，UWB 设备对于其他设备的干扰就非常低。

④ 多径分辨能力强。由于 UWB 极高的工作频率和极低的占空比而具有很高的分辨率，窄脉冲的多径信号在时间上不易重叠，很容易分离出多径分量，所以能充分利用发射信号的能量。实验表明，对常规无线电信号多径衰落深达 10～30dB 的多径环境，UWB 信号的衰落最多不到 5dB。

⑤ 定位精度高。冲击脉冲具有很高的定位精度，采用超宽带无线通信，可在室内和地下进行精确定位，而 GPS 定位系统只能工作在 GPS 定位卫星的可视范围之内。与 GPS 提供绝对地理位置不同，超短脉冲定位器可以给出相对位置，其定位精度可达厘米级。

⑥ 抗干扰能力强。UWB 扩频处理增益主要取决于脉冲的占空比和发送每个比特所用的脉冲数。UWB 的占空比一般为 0.001～0.01，具有比其他扩频系统高得多的处理增益，抗干扰能力强。一般来说，UWB 抗干扰处理增益在 50dB 以上。

⑦ 穿透能力强。在具有相同绝对带宽的无线信号中，UWB 脉冲的频率最低，相对于毫米波信号具有更强的穿透能力。

⑧ 体积小，功耗低。UWB 无线通信系统接收机没有本振、功放、锁相环、压控振荡器、频器等，因而结构简单，设备成本低。由于 UWB 信号无需载波，而是使用间歇的脉冲来发送数据，脉冲持续时间很短，一般在 0.20～1.5ns 之间，有很低的占空因数，所以它只需要很低的电源功率。一般 UWB 系统只需要 50～70MW 的电源，是蓝牙技术的十分之一。

三、UWB 技术应用

UWB 技术是一种技术手段先进且性价比较高的短距离无线通信技术，在办公及家庭环境、军事领域、成像、传感器网络、智能交通领域具有广阔的应用前景。

（1）办公及家庭环境　应用 UWB 技术，对于办公及家庭设备可以实现快捷使用。传统的传输技术需要在电子设备间进行有线连接，继而才能进行信息传输，而 UWB 技术所采用的无线方式，为信息传输活动提供很大的便利性，利用超宽带信息大容量、设备便捷等优势，可以对办公以及家庭环境进行有效优化。

(2) 军事领域　UWB 技术具有良好的信号隐蔽性能，在军事领域中应用该技术，可以对新型雷达系统进行有效创新，对无人驾驶飞机进行技术完善。现阶段，军事隐身战术受到了大力推广，引用 UWB 技术，可以探测出隐身战斗机。因此，UWB 技术在未来发展中，必将受到军事领域的高度重视。

(3) 成像　UWB 技术具有良好的障碍物穿透能力，可以利用该技术研发穿墙雷达探测墙体后方人员；还可以将穿墙技术应用在搜寻工作中，如地震中可以帮助搜救人员对受灾人员进行快速且准确的定位，有效提高搜救效率与质量。

(4) 传感器网络　利用 UWB 低成本、低功耗的特点，可以将 UWB 用于无线传感网。在大多数的应用中，传感器被用在特定的局域场所。作为无线传感网的通信技术必须是低成本和低功耗，UWB 是无线传感网通信技术的最合适候选者。

(5) 智能交通领域　UWB 技术可以对目标进行快速搜索与准确定位，在智能交通中，可以利用该技术研发雷达系统，这样可以有效提升雷达系统的防障碍物性能，在汽车中安装该系统，可以为车辆驾驶员提供智能化服务，在车辆行驶过程中，可以帮助驾驶员避开障碍物；还可以帮助驾驶员对汽车进行定位测量，获取相关道路信息等。

由于 UWB 技术具有明显的优势，其应用领域非常广泛。UWB 技术可以用于低截获率的内部无线通信系统、超宽带雷达、防撞雷达、高精度定位系统、无人驾驶飞行和探地雷达等；UWB 技术在智能交通系统、成像应用、无线传感网络以及射频标识等领域都有很大的应用前景。

第六节　60GHz 技术

在无线通信频谱资源越来越紧张以及数据传输速率越来越高的必然趋势下，60GHz 频段无线短距离通信技术也越来越受到关注，成为未来无线通信技术中最具潜力的技术之一。

一、60GHz 技术定义

60GHz 技术是指通信载波为 60GHz 附近频率的短距离无线通信技术。

60GHz 通信载波是波长为 5mm 的无线电磁波，属于毫米波，具有频带宽、波长短的基本特征。这些频率特征决定了 60GHz 频段的电磁波具有极强的数据传输能力和极高的波形分辨率。

二、60GHz 技术特点

60GHz 技术具有以下特点。

（1）频谱资源丰富　60GHz 波段可用于无线通信的连续频率带宽达 7～9GHz，并且是免许可的免费资源。目前无线低频段大部分已被占用，大量的低频无线电的频谱空间被分配给了无线本地通信的应用。例如 2.4GHz 的无线低频频段就挤满了 ZigBee、蓝牙、微波和其他应用。各国政府都在 60GHz 频率附近划分出免许可的连续免费频谱，专门用于短距离的无线通信。比如，韩国和北美划出了 57～64GHz 频段，日本和欧洲划出了 59～66GHz 频段，中国划出了 59～64GHz 频段。随着无线频谱资源的越来越稀缺，60GHz 毫米波无线通信技术在 60GHz 频率周围能够利用的资源之多、频段之广，要远远超出其他几种无线通信技术。因此，60GHz 毫米波无线通信技术可以提供更快的传输速率和更优质的通信质量。

（2）传输速率高　由于 60GHz 毫米波无线通信技术拥有极大的带宽，而传输速率是随着带宽的增加而增加，因此 60GHz 毫米波无线通信技术的理论传输速率极限可以达到千兆级。对于其他几种无线通信技术来说，由于频谱资源和带宽的限制，要达到千兆级的传输速率从理论上来说不是不可能，但是必须要采用高阶调制等极其复杂的技术，大大增加了实现的难度，并且对信道的信噪比要求更高，在现实中几乎不可能实现。而 60GHz 毫米波无线通信技术因为有足够的带宽资源，无需使用复杂技术就可以在较低的信噪比条件下达到兆比特级的传输速率，性能是其他无线传输技术的数十倍。

（3）抗干扰性强　60GHz 无线信号的方向性很强，使得几个不同方向的 60GHz 通信信号之间的相互干扰非常小，几乎可以忽略不计。目前使用该频段进行无线通信的技术很少，而且主要使用的无线通信技术的载频基本都远远小于 60GHz。因此，通信系统之间的干扰也很小，同样可以忽略不计。

（4）安全性高　传输路径的自由空间损耗在 60GHz 附近频率时约为 15dB/km，并且墙壁等障碍物对毫米波的衰减很大。这使得 60GHz 无线通信在短距离通信的安全性能和抗干扰性能上存在得天独厚的优势，有利于近距离小范围组网。

（5）方向性强　99.9% 的波束集中在 4.7° 范围内，极强的窄波束特别适合点对点的无线通信。

（6）易于实现频率复用　60GHz 电磁波的路径损耗大，传输距离近，适合在近距离内实现频率复用。加之载波方向性强，抗干扰能力也强，使得多条同频传输链路可在同一空间内共存，实现空间复用，有效提升网络通信容量。

（7）最大发射功率限制小　60GHz 波段占用的频率少，相对比较空闲，且远离传统通信系统的工作频段，使用较高的发射功率也不会对别的无线通信系统造成干扰。因此，60 GHz 波段所允许的最大发射功率限制小，可利用较高的发射功率来提高数据速率。

（8）天线尺寸小和电路可集成化　天线的尺寸与载波波长的数量级相比拟，由于 60 GHz 载波波长处于毫米级别，其天线的尺寸相对于低波段天线大为减小，可以弥补载波在传输过程中的路径损耗，也有利于实现电路的集成。此外，与低波段电磁波相比，60GHz 的载波更短，除了能降低天线的尺寸外，还可以显著的降低元器件的尺寸，提高通信设备的集成度。

由于 60GHz 的无线频点处于大气传播中的衰减峰值，频段不适合长距离通信（大于 2km），故可以全部分配给短距离通信。在以 60GHz 为中心的 8GHz 范围内，衰减也不超过 10dB/km。因此，无线本地通信有 8GHz 的带宽可用。对短距离通信来说，60GHz 的频段最具有吸引力。

三、60GHz 技术应用

60GHz 技术具有高速率、大容量、抗干扰、安全性能好等优点，特别适合高速率、短距离内的通信，可以广泛用于无线个域网、无线高清多媒体接口、海量文件的传输、医疗成像和汽车防撞报警系统等。

（1）无线个域网　无线个域网可以连接计算机、数码产品、移动终端等电子设备，实现电子终端间的无线通信。但由于网络带宽和频谱资源的限制，使得目前的无线个域网络的数据传输速率不高，无法支持超高速数据通信的要求。60GHz 无线通信具有数据传输速率高的优势，有利于信息设备之间的数据传输，降低通信时间，提高通信效率，可广泛应用于无线个域网中，取代目前广泛应用在家庭宽带和办公室通信中的光纤传输线路，降低无线通信组网的复杂度和成本。

（2）无线高清多媒体接口　高清多媒体接口是数字高清电视技术的接口标准。目前，机顶盒或 DVD 等电子设备是通过光纤线路向电视机或显示器传送高清视频和音频信号。随着数字技术的发展，电视机或显示器已具备接收完全非压缩方式的高清多媒体信号能力。因此，可以利用 60GHz 技术，通过无线的方式，使机顶盒、DVD 或智能家电等终端，向电视机、显示器或扬声器等系统传送非压缩方式的音视频信号，实现高清播放的需求。

（3）海量文件的传输　60GHz 技术的通信速率高，可支持高达 7Gbit/s 或更高的数据传输速率，因此，可用于短距离内海量文件的高速传输。比如，可利用 60GHz 技术，通过无线的方式，将城市街头或车站设置的自助服务终端中的视频、音乐及其他海量文件，以极高的速率传输到支持毫米波通信的手机或移动智能终端上。

（4）医疗成像　目前，医疗设备中的成像数据的传输速率一般达到了 4～5Gbit/s，但采用的方式都是利用有线电缆连接，限制了医疗设备的移动性和灵活应用。60GHz 技术具备了传输高速数据的能力，可通过无线方式，用来传输医疗成像的数据，提高医疗设备的灵活性和移动性。

（5）汽车防撞报警系统　汽车防撞报警系统由汽车雷达和信息处理单元组成，担负着车辆目标的快速识别预警和预警信号数据的快速传输功能。在复杂气候和车辆高速运行状况下，实现对其他目标的快速识别和预警信号的高速传输，对于交通安全非常重要。因此，可以利用 60GHz 技术，实现汽车雷达的快速识别和数据的高速传输。

在目前所有的汽车防撞雷达中，毫米波雷达因其带宽大、分辨率高、体积小以及全天候工作的优点，近年来成为国际上汽车防撞雷达的主流技术，被广泛应用于军事及民用领域。由于受到以往技术及器件设备的限制，国内对毫米波雷达的研究大多数集中在 40GHz 频段以下。随着技术的发展，60GHz 频段的毫米波以其更宽的带宽、更高的分辨率得到了更广泛的关注。基于 60GHz 技术的双模汽车防撞雷达，不仅能通过探测前方目标的相对距离和移动速度，向驾驶员发出预警信号，提醒驾驶员提前采取措施避免事故，而且前后两辆汽车之间能够实现快速识别和数据高速传输的功能，后方车辆与前方车辆之间能相互知道两车的相对速度和距离，双方共同努力、互相协作可以使车辆行驶得更加安全。

另外，60GHz 技术也开始应用于智能网联汽车的车载信息娱乐系统。

第七节　IrDA 技术

IrDA（红外）技术是由红外线数据标准协会制定的一种无线协议。

一、IrDA 技术定义

IrDA（红外）技术是一种利用红外线进行点对点短距离无线通信的技术。

红外线是波长在 0.75 ～ 1000μm 之间的电磁波，它的频率高于微波而低于可见光，是一种人的眼睛看不到的光线。红外线可分为三部分：近红外线，波长为（0.76 ～ 1）～（2.5 ～ 3）μm；中红外线，波长为（2.5 ～ 3）～（25 ～ 40）μm；远红外线，波长为（25 ～ 40）～ 1000μm。

IrDA 通信一般采用红外波段内的近红外线，波长的范围限定在 0.85 ～ 0.9μm 之内。

IrDA 通信发送端采用脉时调制方式，将二进制数字信号调制成某一频率的脉冲序列，并驱动红外发射管以光脉冲的形式发送出去；接收端将接收到的光脉冲转换成电信号，再经过放大、滤波等处理后经解调电路进行解调，把它还原为二进制数字信号后输出。总之，IrDA 通信的本质就是对二进制数字信号进行调制与解调，使它有利于使用红外线进行传输。

IrDA 通信按发送速率分为三大类——SIR、MIR 和 FIR。串行红外（SIR）的速率覆盖了 RS-232 端口通常支持的速率（9.60～115.2kbit/s）；MIR 可支持 0.576Mbit/s 和 1.152Mbit/s 的速率；高速红外（FIR）通常用于 4Mbit/s 的速率，最高达到 16Mbit/s 的速率。

二、IrDA 技术特点

1. IrDA 技术的特点

（1）稳定性好　红外传输采用的是模拟传输方式，并不像蓝牙、无线射频等技术采用数字信号传输，所以几乎没有任何相似的信号对它产生干扰。

（2）私密性强　红外传输技术是一种利用红外线作为载体进行数据传输的技术。在日常生活中，红外传输技术随处可见，最典型的是电视机、空调等家用电器通过红外遥控器进行控制。

（3）功率低　功率小于 40MW。

（4）成本低廉　红外传输技术已非常成熟，上下游产业链也极为发达，相对于蓝牙、Wi-Fi 等无线传输技术，在成本上有明显优势。

2. IrDA 技术的局限性

① IrDA 技术是两个具有 IrDA 端口的设备之间的数据传输，中间不能有阻挡物，这在两个设备之间是容易实现的，但在多个电子设备间就必须彼此调整位置和角度等。

② 由于红外线发射角度一般不超过 30°，所以可控性比较小，发送和接收方的位置要相对固定，移动性差。

③ 如果红外线频率过高，就会导致人类眼睛与皮肤受到损伤，所以在设置红外无线通信时，需要严格控制红外发射强度。

三、IrDA 技术应用

IrDA 技术可应用在家庭生活、军事、医学、遥感探测和智能汽车等方面。

（1）家庭生活　IrDA 技术在家庭生活中应用广泛，家用电器中用得最多的就是红外遥控方式，如数字电视、机顶盒、家庭影院等。红外遥控的特点是不影响周边环境，不干扰其他电气设备。由于红外线不能穿透墙壁，所以不同房间的家电可使用通用的遥控器且不会产生干扰；电路简单，只要电路连接正确，一般就可投入使用；编解码容易，可进行多路遥控。现在红外遥控在家用电器、玩具及短距离遥控中应用广泛。

（2）军事 基于红外线不受电磁波干扰、安全性高且不易受天气影响等优点，IrDA 技术在军事上得到广泛的应用。红外制导系统就是实例之一，它是利用红外自动跟踪测量的方法，控制和引导导弹射向目标的技术。这种技术利用红外探测器捕捉和跟踪目标所辐射的红外能量，经光电转换和信号处理后，给出目标相对于导弹的角度、角速度等信息，控制导弹按一定规律接近并命中目标。此外，红外线在军事侦察方面也起到了重要的作用。在卫星上安装红外侦查系统可利用其上的红外望远镜及时发现大气层中射来的飞弹，并监视其飞行，也可利用卫星上的高分辨率的红外成像设备，昼夜侦察和监视对方的活动。

（3）医学 按照物理知识，自然界中一切温度高于绝对温度的物体都不断向外辐射红外线，这种现象称为热辐射。人体也有自身的红外线辐射特性，当人生病时，人体的热平衡受到破坏，红外辐射会发生变化，因此，人体温度变化是医学上诊断疾病的一项重要依据。采用红外热像仪记录人体的温度变化，将病变时的人体热像和正常生理状态下的人体热像进行比较，便可从热像是否有异常变化来判断病理状态。

（4）遥感探测 IrDA 技术在遥感探测方面的应用主要是利用红外光获取目标。由于物体都能辐射和反射电磁波，并且物体的辐射和反射特性都不同，利用光学遥感器，远距离探测物体所反射和辐射的红外特性的差异，经光学、电子技术处理后，就可确定目标的位置。

（5）智能汽车 IrDA 技术在汽车上可以用于汽车夜视辅助系统。在夜间行车时，驾驶员的视线范围变得狭窄，对于暗中物体的识别能力会显著下降；同时当打开汽车前照远光灯来拓宽视野范围时，如果前方有相向行驶的车辆，由于远光灯亮度极高，极易让驾驶员产生眩目感，给行车带来安全隐患。由于人眼能感应到 380～780nm 的可见光波段，对于近红外波段的光不敏感，因此，为了拓宽人眼的视觉范围同时减少光对人眼的直接眩目刺激，一般采用红外波段和微光放大来拓宽视野范围。IrDA 技术也可以用在遥控钥匙上。

第八节 RFID 技术

RFID（射频识别）技术是 20 世纪 90 年代开始兴起的一种自动识别技术。

一、RFID 技术定义

RFID 技术也称电子标签，是一种短距离无线通信技术，可以通过无线电信号识别特定目标并读写相关数据，而无须识别系统与特定目标之间建立机械或者光学接触，所以，它是一种非接触式的自动识别技术。

二、RFID 系统组成

RFID 系统主要由标签、阅读器和天线三部分组成，如图 3-13 所示。一般由阅读器收集到的数据信息传送到后台系统进行处理。

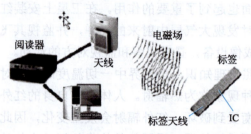

图 3-13　RFID 系统组成

（1）标签　标签由耦合元件及芯片组成，每个电子标签都具有唯一的电子编码，附着在物体上标识目标对象；每个标签都有一个全球唯一的 ID 号码——UID（用户身份证明），其在制作标签芯片时存放在 ROM 中，无法修改，其对物联网的发展有着很重要的影响。

（2）阅读器　阅读器是读取或写入标签信息的设备，可设计为手持式或固定式等多种工作方式。对标签进行识别、读取和写入操作，一般情况下会将收集到的数据信息传送到后台系统，由后台系统处理数据信息。

（3）天线　天线用来在标签和阅读器之间传递射频信号。射频电路中的天线是连接阅读器和电子标签的桥梁，阅读器发送的射频信号能量，通过天线以电磁波的形式辐射到空间，当电子标签的天线进入该空间时，接收电磁波能量，但只能接收其很小的一部分。阅读器和电子标签之间的天线耦合方式有两种：一种是电感耦合方式，适用于低频段射频识别系统；另一种是反向散射耦合模式，适用于超高频段的射频识别系统应用。天线可视为阅读器和电子标签的空中接口，是RFID 系统的一个非常重要的组成部分。

三、RFID 产品分类

RFID 技术中所衍生的产品有三类，即无源 RFID 产品、有源 RFID 产品、半有源 RFID 产品。

（1）无源 RFID 产品　无源 RFID 产品如公交卡、银行卡等，日常生活中随处可见，属于近距离接触式识别类，其产品的主要工作频率有低频 125kHz、高频 13.56MHz、超高频 433MHz 和 915MHz。

（2）有源 RFID 产品　有源 RFID 产品的远距离自动识别的特性，决定了其巨大的应用空间和市场潜质，在远距离自动识别领域，如智能停车场、智能交通、

第三章 智能网联汽车无线通信技术

物联网等领域有重要应用，其产品主要工作频率有超高频 433MHz、微波 2.45GHz 和 5.8GHz。

（3）半有源 RFID 产品　半有源 RFID 产品结合有源 RFID 产品及无源 RFID 产品的优势，利用低频 125kHz 近距离精确定位，微波 2.45GHz 远距离识别和上传数据，来解决单纯的有源 RFID 和无源 RFID 没有办法实现的功能。

四、RFID 技术特点

RFID 技术具有以下特点。

（1）读取方便快捷　数据的读取无须光源，甚至可以透过外包装来进行。有效识别距离更大，采用自带电池的主动标签时，有效识别距离可达到 30m 以上。

（2）识别速度快　标签一进入磁场，阅读器就可以即时读取其中的信息，而且能够同时处理多个标签，实现批量识别。

（3）数据容量大　数据容量最大的二维条形码，最多也只能存储 2725 个数字；若包含字母，存储量则会更少；RFID 标签则可以根据用户的需要将存储量扩充到数万个数字。

（4）穿透性和无屏障阅读　在被覆盖的情况下，RFID 能够穿透纸张、木材和塑料等非金属或非透明的材质，并能够进行穿透性通信。

（5）使用寿命长、应用范围广　无线通信方式使 RFID 可以应用于粉尘、油污等高污染环境和放射性环境，而且封闭式包装使得 RFID 标签寿命大大超过印刷的条形码。

（6）标签数据可动态更改　利用编程器可以向标签写入数据，从而赋予 RFID 标签交互式便携数据文件的功能，而且写入时间比打印条形码的时间更少。

（7）安全性好　不仅可以嵌入或附着在不同形状、类型的产品上，而且可以为标签数据的读写设置密码保护，从而具有更高的安全性。

（8）动态实时通信　标签以每秒 50～100 次的频率与阅读器进行通信，所以只要 RFID 标签所附着的物体出现在阅读器的有效识别范围内，就可以对其位置进行动态的追踪和监控。

五、RFID 技术应用

RFID 技术凭借其实时、准确地对高速移动目标的快速识别特性，将成为未来交通信息采集与监管的主要手段，它在交通管理中的广泛应用也必将成为未来智能交通的发展趋势。

RFID 技术可以用于交通信息的采集，如采集机动车流量、车辆平均车速、道路拥挤状况；智能交通控制，如交通信号优化控制、公交信号优化控制、特定区域出入管理；违章、违法行为检测，通过与视频监控、视频抓拍系统配合，通过

RFID 射频识别设备对过往车辆进行检测、抓拍和身份判别；高速公路自动收费系统；无钥匙系统；车牌自动识别系统等。

1. 汽车无钥匙系统

汽车无钥匙系统是由射频识别技术、无线编码技术等发展起来的，它的工作原理是当遥控钥匙的携带者进入到距离车辆一定范围内，或者是按下车门上的触动开关，即可唤醒遥控钥匙控制模块。此时，遥控钥匙控制模块发射出低频信号，唤醒遥控钥匙。接着，遥控钥匙上的高频模块开始工作，发送出高频解码信号给接收天线，天线收到信号后传送给钥匙控制模块，微控制器首先查看密钥信息，如果正确就对钥匙进行区域检测，判断钥匙的位置，从而做出相应的动作，如对车门的开、闭锁等。如果密钥不正确，则不做任何动作。

汽车无钥匙系统是针对汽车便利性与安全性而设计的，它除了自动门禁功能外，针对车辆安全问题，它还能实现以下功能。

（1）自动落锁　当驾驶员进入车内启动车辆后，在车辆行驶前，各车门、车窗将会自动落锁，关闭好车门、车窗，这样可以防止一些意外情况的发生。

（2）自动辨识身份　车辆能自动辨识智能钥匙，车门打开，但智能钥匙却不在车内，车辆是无法启动的，如果此时有人试图启动车辆，车辆将马上报警。

（3）无线加密功能　由于采用最新的射频识别芯片，完全做到双向识别、动态密钥，解决遥控式钥匙遥控信号容易被破解的问题。

（4）整车防盗功能　无钥匙系统对油路、电路以及启动这三个点都进行锁定，其中任何一点的防盗器在没有正确密钥的情况下被拆除，车辆都将被锁死而无法启动。

（5）防误报功能　无钥匙系统中采用防冲突技术，使系统在工作过程中具备较高的可靠性，有效地减少警报系统的误报。

（6）自动闭窗功能　如果驾驶员离开车辆后忘记关闭车窗，无钥匙系统会自动升起车窗。

2. 汽车防伪查询

汽车防伪查询基本原理是将车牌号、发动机号、车辆类型、颜色、车主信息、驾驶证号、发证机关、年审情况等基本信息保存在射频芯片中，可以使用验证器（阅读器）读出这些数据，通过核对这些信息，以验证车辆、车主及车牌的身份，如图 3-14 所示。芯片不断发射车辆的 ID 号码，在任何天气和车速下均可识别，撞击、油污或者破坏均不影响车牌工作，并且不能从一辆车拆下而放到另一辆车上。通过核对这些信息，来判断车辆、车主、车牌的真伪和查验车辆违规违纪、年检的状况。

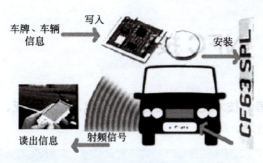

图 3-14 汽车防伪查询

3. 电子不停车收费系统

目前，高速公路电子不停车收费系统（ETC）已在全国推广使用。电子不停车收费系统是应用 RFID 技术，通过路侧天线与车载电子标签之间的专用短程通信，在不需要驾驶员停车和其他收费人员采取任何操作的情况下，自动完成收费处理全过程，如图 3-15 所示。通过应用电子不停车收费系统可以提高通过效率，是缓解收费站交通堵塞的有效手段。

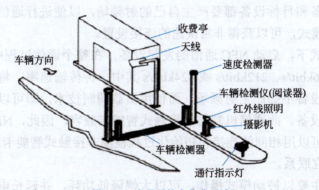

图 3-15 电子不停车收费系统

ETC 系统的工作流程如下。

① 存储有车型、车号、金额、有效期等信息的射频电子标签卡被安装在汽车前方风挡玻璃内侧的左下角，以不遮挡驾驶员视线为准，当持卡车辆进入不停车收费车道时，阅读器读取该车射频电子标签卡上的信息（车型、车号、剩余金额和有效期等）。

② 从车载射频电子标签卡读取的信息、所采集到的数据均被送到车道控制计算机内进行分析比较，进行收费等一系列处理。

③ 如来车所持射频电子标签卡为有效卡，则通行。

④ 如来车所持射频电子标签卡为无效卡，则通行信号灯、自动栏杆关闭，转到人工收费进行处理。

第九节　NFC 技术

NFC（近场通信）技术是由飞利浦公司发起，由诺基亚、索尼等厂商联合主推的一项无线通信技术。

一、NFC 技术定义

NFC 技术又称近距离无线通信技术，是一种短距离的高频无线通信技术，允许电子设备之间进行非接触式点对点信息传输，交换数据、图片和视频等。该技术结合了非接触式射频识别及无线连接技术，作用于 13.56MHz 频率，传输距离一般在 20cm 内，传输速率有 106kbit/s、212kbit/s 和 424kbit/s 三种。

二、NFC 工作原理

支持 NFC 的设备可以在主动或被动模式下交换数据。

在主动模式下，每台设备要向另一台设备发送数据时，都必须产生自己的射频场。发起设备和目标设备都要产生自己的射频场，以便进行通信。这是对等网络通信的标准模式，可以获得非常快速的连接设置。

在被动模式下，启动 NFC 通信的发起设备，在整个通信过程中提供射频场。它可以选择 106kbit/s、212kbit/s 或 424kbit/s 其中一种传输速率，将数据发送到目标设备。目标设备不必产生射频场，而使用负载调制技术，即可以相同的速率将数据传回发起设备。此通信机制与非接触式智能卡兼容，因此，NFC 发起设备在被动模式下，可以用相同的连接和初始化过程检测非接触式智能卡或 NFC 目标设备，并与之建立联系。

移动设备主要以被动模式操作，可以大幅降低功耗，并延长电池寿命。在一个应用会话过程中，NFC 设备可以在发起设备和目标设备之间切换自己的角色。利用这项功能，电池电量较低的设备可以要求以被动模式充当目标设备，而不是发起设备。

NFC 工作模式有三种——卡模式、点对点模式和读卡器模式。卡模式就是相当于一张采用 RFID 技术的 IC 卡，完全可以应用现在使用 IC 卡的场合。点对点模式和红外线差不多，可用于数据交换，只是传输距离比较短，传输创建速度快，功耗低；将两个具备 NFC 功能的设备连接，能实现数据点对点传输，如下载音乐、交换图片等。因此，通过 NFC 技术，多个设备之间都可以交换资料或者服务。读卡器模式，NFC 设备可以作为非接触读卡器使用，比如从海报或者展览信息电子标签上读取相关信息。

三、NFC 技术特点

NFC 技术具有以下特点。

（1）近距离感应　NFC 设备之间的极短距离接触，主动通信模式为 20cm，被动通信模式为 10cm，让信息能够在 NFC 设备之间点对点快速传递。

（2）安全性　NFC 是一种短距离通信技术，设备必须靠得很近，从而提供了固有的安全性；也可以通过加 / 解密系统来确保移动设备之间的安全通信。

（3）处理速度快　从 NFC 移动设备侦测、身份确认到数据存取只需 0.1s 时间即可完成。

（4）连接快速　NFC 能够快速自动地建立无线网络，为蜂窝设备、蓝牙设备、Wi-Fi 设备提供一个"虚拟连接"，使电子设备可以在短距离范围内进行通信。NFC 短距离交互大大简化了整个认证识别过程，使电子设备间互相访问更直接、更安全和更清楚。

四、NFC 技术应用

NFC 技术近年来发展迅速，在智能媒体、手机支付、电子票证以及智能汽车等方面有着广泛的应用前景。

（1）智能媒体　对于配备 NFC 技术的手机，利用其读写器功能，用户只需接触智能媒体即可获取丰富的信息或下载相关内容。此智能媒体带有一个成本很低的 RFID 标签，可以通过移动手机读取，借此发现当前环境下丰富多样的服务项目。且手机可以启动移动网络服务请求，并立即按比例增加运营商的网络流量。

（2）手机支付　具有 NFC 技术的智能手机，会成为完全一体化的支付设备，只需要在收银台支持近场通信的设备上刷一下手机就可以付款。

（3）电子票证　电子票证是以电子方式存储的访问权限，消费者可以购买此权限以获得入场权。在收集并确认消费者的支付信息后，电子票证将自动传输到消费者的移动电话或安全芯片中。用户将移动电话靠近自动售票终端，即可开始交易。用户与服务设备充分交互，然后通过在移动电话上确认交易，完成购买过程。到场所时，用户只需将自己的移动电话靠近安装在入口处的阅读器即可，阅读器在检查票证的有效性后允许进入。

（4）智能汽车　车载 NFC 系统可以提高车内应用易用性和功能性，例如智能手机通过 NFC 功能和汽车连接后，便可启动多媒体或导航系统，驾驶员可在手机中输入地址，通过 NFC 即可自动将地址传至 GPS 执行导航。车载 NFC 系统还可以自动将智能手机所存储的用户个性化参数同步，以及进行数据共享。

NFC 技术可以将智能手机用作智能钥匙来解锁车门，未来通过利用 NFC 技术，智能手机甚至可能彻底取代传统钥匙。NFC 技术结合蓝牙和智能手机，也可以让驾驶员在智能手机上便能查看汽车油量状况、更换机油时间、轮胎气压以及汽车位置等信息。

当驾驶员把智能手机当作车门钥匙使用时，可通过验证对话框确认解除车门锁。同时，驾驶员也可以通知汽车控制系统按照他所保存的舒适性调整设置进行工作。当驾驶员把智能手机放到汽车仪表盘上方的手机架中之后，它就启动了防跑偏装置，让汽车做好行驶前的一切准备工作；还可以通过扩展槽从智能手机中直接读取有关车辆的数据，如油耗、行驶里程和时间、用户服务信息或者最近的直达行驶路线等。

宝马公司对智能汽车钥匙进行了多次野外实地测试。例如车主可以通过智能汽车钥匙购买飞机票，并把所购买机票的数据信息保存在智能汽车钥匙中。其他的辅助功能，如当作信用卡、存储宾馆客房预订数据或者作为工作证、家门备用钥匙以及其他出入大门控制系统的钥匙等。总之，在有了合适的NFC接口之后，就能够方便地实现汽车钥匙的智能化。

第十节　VLC 技术

VLC（可见光）技术是一种在白光（LED）技术上发展起来的新兴的光无线通信技术。

一、VLC 技术定义

VLC 技术是指利用可见光波段（380～780nm）的光作为信息载体，无须光纤等有线信道的传输介质，在空气中直接传输光信号的通信技术。

可见光通信系统的核心就是在 LED 灯里加入微小芯片成为通信基站，甚至还具备 GPS 无法达到的精准定位功能。由此可见，利用照明 LED 灯光传输信息将是一种新兴的、绿色的及高速的无线通信方式，具有极大的发展前景，已引起人们的广泛关注和研究。

二、VLC 技术特点

VLC 技术具有以下特点。

（1）广泛性　LED 的响应时间短、寿命长和无辐射，所有的 LED 灯都可成为互联网的基站。

（2）高速率性　通信速度可以达到每秒数十兆甚至数百兆，未来的传输速率还有可能超过光纤的传输速率。

（3）宽频谱　其频谱的宽度是射频频谱的 1 万倍，无须频谱的使用许可执照，也解决了全球无线频谱资源严重短缺的现状。

(4) 低成本　利用已有的照明线路可实现光通信,不必新建基础设施。

(5) 高保密性　只要遮住光线,信息就不可能向照明区以外泄漏。

(6) 实用性　可以对无线通信覆盖的盲区作填补,如地铁、隧道、航海、机舱及矿井等无线通信不畅的区域。

VLC 技术有很多优点,却也面临很多技术难题。

(1) 信号易被切断　LED 灯光若被阻挡,网络信号无法穿透阻挡物。

(2) 数据难回传　数据线与电力线不能很好融合,反向链路受干扰导致数据无法回传。

(3) 无专用探测器　光线散乱而多方向,在光源和探测器间存在不同光路。现广泛使用的硅基探测器灵敏度差不能准确地接收,导致用户使用时无法准确接入,也不能准确切换等。

(4) 码间干扰　因不同光路径到接收端的时间不一样,过程有码间干扰。

(5) 无专业集成芯片　要与 Wi-Fi 一样被广泛应用及产业化,必须有相当成熟的专用芯片,但目前无可见光通信系统芯片,限制了可见光通信技术的产业化发展。

目前,可见光通信并不能成为传统无线通信技术的竞争对手,只能作为其应用的补充,与传统无线通信技术相辅相成,相融共生。但如能突破以上瓶颈,产生杀手锏式的应用,那么可见光通信系统技术也会有无限的发展前景。

三、VLC 技术应用

VLC 技术一旦在技术上取得突破,应用领域非常广泛。

(1) 可用于照明与智能通信领域　白光 LED 可以同时被用于照明与通信,因此信息可以在室内环境下进行传播,并同时满足照明的需要,利用 LED 灯光为信息终端建立起的可见光通信网络还可以实现对家用电器和安全防范设备等控制终端的智能控制。照明、智能通信、智能控制三者的有机融合,将提供更加节能、环保、方便和现代的城市生活方式。

(2) 可用于射频辐射敏感或受限领域　在飞机、医院、工业等控制领域,对射频电磁辐射有严格要求,由于可见光没有电磁辐射的影响,因此可以大规模采用可见光通信系统。以飞机照明为例,利用 LED 阅读灯作为网络接入点,阅读灯下方的电脑、手机等设备就能连入互联网进行通信和收发邮件,使飞行旅程更舒适、更便捷。另外,由于无线电频率不能在水下有效传播,存在传播途中的数据损失等问题,利用可见光通信技术实现水下高宽带通信在海啸监控、地震监控、海底考古、潜艇内部以及搜救工作有着广泛的应用前景。

(3) 可用于信息安全和安全通信领域　尤其是在政府、金融、海关等由于信息安全需要不能采用传统射频无线通信系统的行业,由于白光不会绕射穿墙,因此具有较高的保密性，可开发的市场容量巨大。此外，可见光通信还可以实现手持终端之间的点对点通信，并在智能门禁、手机支付、防伪及手机数据安全传输等智能移动设备的近距离安全通信领域有广泛的应用空间。

（4）可用于室内定位领域　传统的卫星定位方法很难实现室内移动用户的精确定位，而可见光通信则可以将用户位置信息通过LED照明设施进行传递，从而实现精确的室内定位。

（5）可运用于视觉信号和数据传输领域　信号灯在航海和地面交通领域有着非常广泛的应用，它通过颜色的变化给人们提供信号，而将数据通信与信号灯相结合则可以为交通管理提供更好的安全性和可靠性。

（6）可用于智能交通和车联网领域　比如车辆前照灯与车辆后照灯之间的可见光通信、车辆前照灯与LED交通灯之间的可见光通信、车辆与LED路灯之间的可见光通信；当车灯照到了路边的路牌，路牌马上可以给车辆导航仪传输附近的路况，并告知到达目的地最通畅的道路，让用户拥有更好的驾驶体验；当车辆靠近时，主动提示刹车信息，或实现自动刹车等。

目前，已正式发布的短距离无线通信技术比较见表3-1。

表3-1　几种短距离无线通信技术的比较

无线通信技术	工作频率	传输速率/（Mbit/s）	通信距离/m	发射功率/MW	应用范围
蓝牙（4.0）技术	2.4GHz	3	<100	1～100	无线个域网
ZigBee技术	0.868/0.915/2.4GHz	0.02～0.25	10～100	1～3	无线个域网
Wi-Fi技术	2.4/5GHz	600	300～900	100	无线局域网
UWB技术	0.5～7.5GHz	500～1000	<10	<1	无线个域网
60GHz技术	57～66GHz	>1000	1～10	10～500	无线个域网
IrDA技术	—	16	0.1～1	<40	无线个域网
RFID技术	0.125/13.56/433/915MHz	0.001	<10	10	无线个域网
NFC技术	13.56MHz	0.424	0.2	10	无线个域网

第十一节　专用短程通信技术

一、专用短程通信技术定义

专用短程通信（Dedicate Short Range Communication，DSRC）是专门用于道路环境的车辆与车辆、车辆与基础设施、基础设施与基础设施间，通信距离有限的无线通信方式，是智能网联汽车系统最重要的通信方式之一。

二、专用短程通信系统参考架构

专用短程通信系统的参考架构如图 3-16 所示。车辆与车辆之间以及车辆与路侧基础设施之间通过专用短程通信技术进行信息交互。

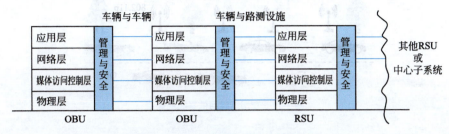

图 3-16　专用短程通信系统的参考架构

专用短程通信系统包含物理层、媒体访问控制层（MAC）、网络层和应用层。

（1）物理层　物理层是建立、保持和释放专用短程通信网络数据传输通路的物理连接的层，位于协议栈的最底层。

（2）媒体访问控制层　媒体访问控制层是提供短程通信网络节点寻址及接入共享通信媒体的控制方式的层，位于物理层之上。

（3）网络层　网络层是实现网络拓扑控制、数据路由以及设备的数据传送和应用的通信服务手段的层，位于媒体访问控制层之上。

（4）应用层　应用层是向用户提供各类应用及服务手段的层，位于网络层之上。

车载单元的媒体访问控制层和物理层负责处理车辆与车辆之间、车辆与路侧基础设施之间的专用短程无线通信连接的建立、维护和信息传输；应用层和网络层负责把各种服务和应用信息传递到路侧基础设施及车载单元上，并通过车载子系统与用户进行交互；管理和安全功能覆盖专用短距离通信整个框架，在图 3-16 上用阴影部分表示。

三、专用短程通信系统的组成

DSRC 系统主要由车载单元（OBU）、路侧单元（RSU）以及 DSRC 协议 3 部分组成，如图 3-17 所示。路侧单元通过有线光纤的方式连入互联网。蓝车代表 V2V/V2I 类安全业务，黑车代表 Telematics（远程信息处理）广域业务。车辆与车辆之间的信息交换通过 RSU 和 OBU 之间通信实现，Telematics 业务通过 802.11p+RUS 回程的方式实现。可以看到 DSRC 架构中需要部署大量的 RSU 才能较好地满足业务需要，建设成本较高。

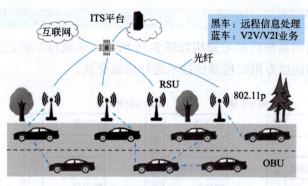

图 3-17　专用短程通信系统的组成

四、专用短程通信技术要求

1. 总体功能要求

专用短程通信总体功能包含无线通信能力和网络通信功能，其中无线通信能力要求如下：

① 车路通信的路侧单元最大覆盖半径大于 1km。
② 车车通信单跳距离可达 300m。
③ 支持车载单元的最大运动速度不小于 120km/h。

网络通信功能要求如下：

① 广播功能。
② 多点广播功能。
③ 地域群播功能。
④ 消息优先级的功能管理。
⑤ 通道/连接管理功能。
⑥ 车载单元的移动性管理功能。

2. 媒体访问控制层技术要求

媒体访问控制层技术要求如下。

① 车载单元与车载单元通信接口要求，即为满足汽车辅助驾驶中紧急安全事件消息的传播，媒体访问控制层的通信时延应小于 40ms。
② 媒体访问控制层支持的并发业务数应大于 3。
③ 路侧单元支持的并发终端用户容量应大于 128。

3. 网络层技术要求

① 网络层可适配不同的物理层。

② 支持终端的运动最大速度不小于 120km/h；在跨路侧设备覆盖区时，可保证业务连续性。

③ 紧急安全事件业务的端到端传输时延应小于 50ms。

④ 可支持多种接入技术要求，网络层和应用层与接入层技术具有相对独立性，可以通过多种接入技术为网络层提供服务。

⑤ 支持传输技术多样性，网络层与数据传输技术相对独立，网络层不受底层传输技术的影响。

⑥ 服务质量（QoS）保证，可为业务建立优先级，并具备 QoS 识别能力，以支持网络的 QoS 保证机制。

4. 应用层技术要求

应用层主要包括车车通信应用、车路通信应用以及其他通用交通应用。主要技术要求如下。

① 业务接口统一，制定标准格式。

② 业务支撑管理。

③ 安全性。

五、专用短程通信主要支持的业务

专业短程通信支持的业务包括但不限于以下业务。

① 汽车辅助驾驶，包括辅助驾驶和道路基础设施状态警告。其中辅助驾驶包括碰撞风险预警、错误驾驶方式的警示、信号违规警告、慢速车辆指示、摩托车接近指示、车辆远程服务、行人监测、协作式自动车队等；道路基础设施警告包括车辆事故、道路工程警告、交通条件警告、气象状态及预警、基础设施状态异常警告等。

② 交通运输安全，包括紧急救援请求及响应、紧急事件通告、紧急车辆调度与优先通行、运输车辆及驾驶员的安全监控、超载超限管理、交通弱势群体保护等。

③ 交通管理，包括交通法规告知、交通执法、信号优先、交通灯最佳速度指引、停车场管理等。

④ 导航及交通信息服务，包括路线实时指引和导航、施工区、收费、停车场、换乘、交通事件信息、流量监控、建议行程、兴趣点通知等。

⑤ 电子收费，包括以电子化的交易方式，向用户收取相关费用，如道路、桥梁和隧道通行费、停车费等。

⑥ 运输管理，包括运政稽查、特种运输监测、车队管理、场站区管理等。

⑦ 其他，包括车辆软件/数据配置和更新、车辆和 RUS 的数据校准、协作感

知信息更新及发送等。

DSRC技术在智能网联汽车上可实现V2X通信。DSRC的有效通信距离为数百米,车辆通过DSRC以每秒10次的频率,向路上其他车辆发送位置、车速、方向等信息;当车辆接收到其他车辆所发出的信号,在必要时(例如马路转角有其他车辆驶出,或前方车辆紧急制动、变换车道等)车内装置会以闪烁信号、语音提醒或座椅和转向盘振动等方式提醒驾驶员注意,如图3-18所示。

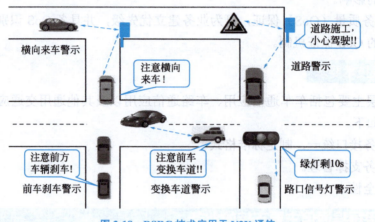

图3-18 DSRC技术应用于V2X通信

第十二节　LTE-V通信技术

一、LTE-V通信技术定义

LTE-V是基于LTE的智能网联汽车协议,由3GPP主导制定规范,主要参与厂商包括华为、大唐电信、LG等。

LTE是指长期演进;LTE-V是指基于LTE网络的V2X通信技术,是C-V2X现阶段的主要解决方案。

LTE-V按照全球统一规定的体系架构及其通信协议和数据交互标准,在车辆与车辆(V2V)、车辆与路侧基础设施(V2I)、车辆与行人(V2P)之间组网,构建数据共享交互桥梁,助力实现智能化的动态信息服务、车辆安全驾驶、交通管控等,如图3-19所示。

二、LTE-V通信系统的组成

LTE-V通信系统由用户终端、路侧单元(RSU)和基站3部分组成,如图3-20

所示。LTE-V 针对车辆应用定义了两种通信方式，即蜂窝链路式（LTE-V-Cell）和短程直通链路式（LTE-V-Direct），其中 LTE-V-Cell 通过 Uu 接口承载传统的车联网 Telematics 业务，操作于传统的移动宽带授权频段；LTE-V-Direct 通过 PC5 接口实现 V2V、V2I 直接通信，促进实现车辆安全行驶。在 LTE-V-Direct 通信模式下，车辆之间的信息交互基于广播方式，可采用终端直通模式，也可经由 RSU 来进行交互，大大减少了 RSU 需要的数量。

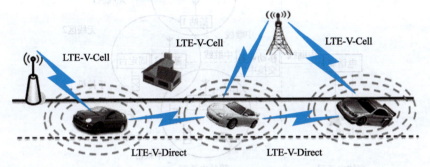

图 3-19　LTE-V 通信技术

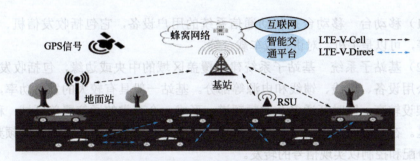

图 3-20　LTE-V 通信系统的组成

第十三节　移动通信技术

一、移动通信技术定义

移动通信技术是指通信的双方至少有一方在运动中实现通信的方式，包括移动台与固定台之间、移动台与移动台之间、移动台与用户之间的通信技术。在移动通信中，常处于移动状态的电台称为移动台，常处于固定状态的电台称为基地台或基站。

二、移动通信系统组成

典型的移动通信系统通常由移动台（MS）、基站子系统（BSS）、移动业务交换中心（MSC）等组成，如图 3-21 所示。

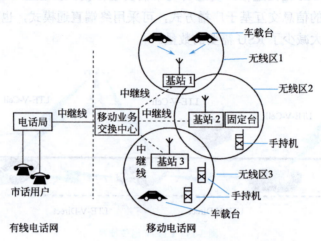

图 3-21　移动通信系统组成

（1）移动台　移动台是移动通信系统的用户设备，它包括收发信机、天线、电源等，可以是手机、对讲机或车载台等。

（2）基站子系统　基站子系统建在覆盖区域的中央或边缘，包括收发信机、天线公用设备、天线、馈线和电源等部分。基站一般具有较大的发射功率，并且天线架设较高，同时开通多个射频频道，形成一个可靠的通信覆盖区域，称为无线小区。在这个区域内的所有移动用户之间的无线信号都由基站进行射频频道的实时分配和控制以实现信号的转发。

（3）移动业务交换中心　移动业务交换中心主要由交换和控制设备组成，其作用除了交换无线电信号外，还对整个移动通信系统进行控制管理，是协调呼叫路由的控制中心。移动业务交换中心还可以通过中继线与市话局连接，实现移动用户与市话用户的通信，从而构成有线、无线相结合的综合通信网。

第 4 代移动通信（4G）的网络结构如图 3-22 所示。在该网络结构中，核心网是一个全 IP 网络。全 IP 网络可以使不同的无线和有线接入技术实现互联、融合。全 IP 核心网的无线接入点有无线局域网（WLAN）、AD Hoc 网等。有线接入点有 PSTN、ISDN 等。移动通信的 2G/2.5G 和 3G/B3G 通过特定的网关接入 IP 核心网。Internet 通过路由器与 IP 核心网相连。

三、移动通信技术的发展历程

移动通信技术发展历程如图 3-23 所示。

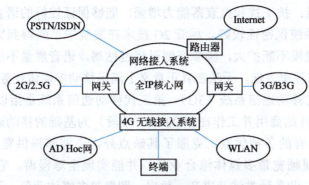

图 3-22　4G 网络结构

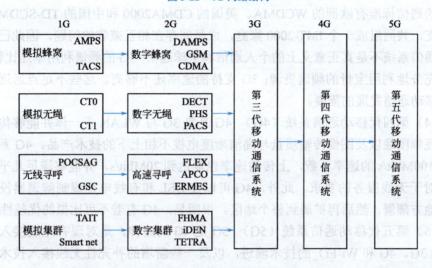

图 3-23　移动通信技术发展历程

（1）第一代移动通信系统（1G）　第一代移动通信系统是在 20 世纪 80 年代初提出的，它完成于 20 世纪 90 年代初。第一代移动通信技术主要指蜂窝式模拟移动通信，技术特征是蜂窝网络结构，克服了大区制容量低、活动范围受限的问题。其特点是业务量小、质量差、交互性差、没有加密且速度低。1G 主要基于蜂窝结构组网，直接使用模拟语音调制技术，传输速率约 2.4kbit/s。不同国家采用不同的工作系统。1G 的应用系统包括蜂窝、无绳、寻呼和集群等。

（2）第二代移动通信系统（2G）　第二代移动通信系统起源于 20 世纪 90 年代初期，其主要特征是蜂窝数字移动通信，使蜂窝系统具有数字传输所能提供的综合业务等优点。2G 仍是多种系统，但每种系统中的技术体制有所减少：数字蜂窝有 GSM、DAMPS、CDMA 三种；数字无绳电话有 DECT、PHS、PACS 等；高速寻呼有 FLEX、APCO、ERMES 三种；数字集群有 iDEN、TETRA、FHMA 等。与第一代模拟移动通信系统相比，第二代数字移动通信系统的频谱利用率高，可以提供更大容量；抗干扰和抗衰落能力增强，能够保证较好的语言质量；可以提供更多业务；系统保密性较好。尽管2G技术在发展中不断得到完善，但随着用户规模和网络规模不断扩大，频率资源已接近枯竭，语音质量不能达到用户满意标准，数据通信速率太低，无法在真正意义上满足移动多媒体业务需求。

（3）第三代移动通信系统（3G）　第三代移动通信系统是指以IMT-2000（意指2000年左右开始商用并工作在2000MHz频段）为基础的移动通信系统。除了能提供2G所拥有的各种优点、克服了其缺点外，还能够提供宽带多媒体业务，能提供高质量视频宽带多媒体综合业务，并能实现全球漫游。它支持速率高达2Mbit/s的业务，业务种类涉及语音、数据、图像等多媒体业务。第三代移动通信系统的通信标准有欧洲的WCDMA、美国的CDMA2000和中国的TD-SCDMA三大分支，共同组成一个IMT-2000家庭，成员间存在相互兼容的问题，因此已有的移动通信系统不是真正意义上的个人通信和全球通信；3G的频谱利用率还比较低，不能充分地利用宝贵的频谱资源；3G支持的速率还不够高。这些不足点远远不能适应移动通信发展的需要。

（4）第四代移动通信系统（4G）　4G是集3G与WLAN于一体并能够传输高质量视频图像以及图像传输质量与高清晰度电视不相上下的技术产品。4G系统能够以100Mbit/s的速率下载，上传的速率也能达到20Mbit/s，并能够满足几乎所有用户对于无线服务的要求。此外，4G可以在DSL和有线电视调制解调器没有覆盖的地方部署，然后再扩展到整个地区。很明显，4G有着不可比拟的优越性。

（5）第五代移动通信系统（5G）　5G是4G的延伸，是对现有无线接入技术（包括3G、4G和Wi-Fi）的技术演进，以及一些新增的补充性无线接入技术集成后解决方案的总称。从某种程度上讲，5G是一个真正意义上的融合网络。以融合和统一的标准，提供人与人、人与物以及物与物之间高速、安全和自由的连通。除了要满足超高速的传输需求外，5G还需满足超大带宽、超高容量、超密站点、超可靠性、随时随地可接入性等要求。因此，通信界普遍认为，5G是一个广带化、泛在化、智能化、融合化、绿色节能的网络。5G移动通信技术能够满足未来移动互联网业务的发展需求，并带给移动互联网用户一种前所未有的全新体验。

综上所述，1G主要解决语音通信问题。2G可支持窄带的分组数据通信，最高理论速率为236kbit/s。3G在2G的基础上，发展了如图像、音乐、视频流的高宽带多媒体通信，并提高语音通话安全性，解决部分移动互联网相关网络及高速数据传输问题，最高理论速率为14.4Mbit/s。4G是专为移动互联网而设计的通信技术，从网速、容量、稳定性上相比之前的技术都有了跳跃式的提升，传输速率可达100Mbit/s甚至更高。5G与4G相比，在容量方面，5G通信技术比4G实现单位面积移动数据流量增长1000倍；传输速率方面，典型用户数据传输速率提高10～100倍，峰值传输速率可达10Gbit/s，端到端时延缩短5倍；5G将多种新型无线接入技术和现有无线接入技术融合，成为一个真正意义的融合网络。

四、移动通信技术特点

与固定通信相比，移动通信技术具有以下特点。

（1）移动性　就是要保持物体在移动状态中的通信，因而它必须是无线通信，或无线通信与有线通信的结合。移动通信的传输信道是无线信道，也称无线移动信道。

（2）电波传播环境复杂多变　因移动体可能在各种环境中运动，电磁波在传播时会产生反射、折射、绕射、多普勒效应等现象，产生多径干扰、信号传播延迟和展宽等效应。另外，移动台相对于基地台距离远近变化会引起接收信号场强的变化，即存在远近效应。

（3）噪声和干扰严重　在城市环境中的汽车噪声、各种工业噪声，移动用户之间的互调干扰、邻道干扰、同频干扰等。

（4）系统和网络结构复杂　移动通信是一个多用户通信系统网络，必须使用户之间互不干扰，能协调一致地工作。此外，移动通信系统还应与市话网、卫星通信网、数据网等互联，整个网络结构很复杂。

（5）用户终端设备（移动台）要求高　用户终端设备除技术含量很高外，对于手持机还要求体积小、质量轻、防振动、省电、操作简单、携带方便；对于车载台还应保证在高低温变化等恶劣环境下也能正常工作。

（6）要求有效的管理和控制　由于系统中用户终端可移动，为了确保与指定的用户进行通信，移动通信系统必须具备很强的管理和控制功能，如用户的位置登记和定位、呼叫链路的建立和拆除、信道的分配和管理、越区切换和漫游的控制、鉴权和保密措施、计费管理等。

5G 移动通信技术具有以下特点。

（1）高速度　对于 5G 的基站峰值要求不低于 20Gbit/s，用户可以每秒钟下载一部高清电影，也可以支持 VR 视频。高速度给未来对速度有很高要求的业务提供了机会和可能。

（2）泛在网　泛在网有两个层面的含义：一是广泛覆盖；二是纵深覆盖。

（3）低功耗　5G 要支持大规模物联网应用，就必须要有功耗的要求。如果能把功耗降下来，让大部分物联网产品一周充一次电，甚至一个月充一次电，就能大大改善用户体验，促进物联网产品的快速普及。

（4）低时延　5G 时延降低到 1ms，5G 的一个新场景是无人驾驶汽车，需要中央控制中心和汽车进行互联，车与车之间也应进行互联。在高速行驶中，需要在最短的时延中，把信息送到车上，进行制动与车控反应。

（5）万物互联　5G 时代，终端不是按人来定义的，因为每个人、每个家庭都可能拥有数个终端。通信业对 5G 的愿景是每平方千米，可以支撑 100 万个移动终端。

（6）重构安全　在 5G 基础上建立的是智能互联网，智能互联网不仅要实现信息传输，还要建立起一个社会和生活的新机制与新体系。智能互联网的基本精神是安全、管理、高效、方便，这就需要重新构建安全体系。

五、移动通信技术应用

5G 网络本身具有的超大带宽、超低时延特性，可以实时收集并传输更多更精确的环境信息，使用云化的计算能力用作车辆本身自动驾驶的决策。5G 能够加速推进 C-V2X 在智能网联汽车上的应用，可以增强安全性、减少行车时间、提高能源效率，加速网络效应。

（1）增强安全性　包括实时情境感知、全新类型传感器数据共享以及安全性提升至更高水平。5G 速率更快，可支持车辆与车辆之间传感器数据的分享。

（2）减少行车时间、提高能源效率　5G 引入协作式驾驶，不仅有 AI 支持的单车智能，还可以通过车联网以及车辆与车辆之间的协作式驾驶提高整体行驶效率。

（3）加速网络效应　5G 相比 4G 在网络容量、网络速率上有很大的提升，5G 支持的 C-V2X 技术也在 4G 基础上有很大提升。传感器共享及路侧基础设施部署可在 5G C-V2X 部署初期就带来众多效益。

第十四节　微波通信技术

一、微波通信技术定义

微波通信技术是使用波长在 0.1mm ～ 1m 之间的电磁波——微波进行的通信技术。该波长段电磁波所对应的频率范围是 0.3 ～ 3000GHz。

与同轴电缆通信、光纤通信和卫星通信等现代通信网传输方式不同的是，微波通信是直接使用微波作为介质进行的通信，不需要固体介质，当两点间直线距离内无障碍时就可以使用微波传送。利用微波进行通信容量大、质量好并可传至很远的距离，因此微波是国家通信网的一种重要通信手段，也普遍适用于各种专用通信网。

二、微波通信系统组成

微波通信系统一般是由天馈系统、发信机、收信机、多路复用设备以及用户终端设备等组成，如图 3-24 所示。

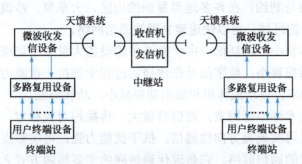

图 3-24 微波通信系统组成

（1）天馈系统　天馈系统是用来发射、接收或转接微波信号的设备，由馈线、双工器及天线组成。馈线主要用波导或同轴电缆，微波天线的基本形式有喇叭天线、抛物面天线、喇叭抛物面天线和潜望镜天线等。

（2）发信机　发信机用于将基带信号转变成大功率的射频信号，主要由调制器、中频放大器、上变频器和射频功率放大器组成。在发信机中，调制器把基带信号调制到中频，再经上变频器变至射频，也可直接调制到射频；中频放大器为上变频器提供足够大的混频激励信号用以补偿变频损耗；上变频器则将已调中频信号变为射频信号，并为射频功率放大器提供激励；射频功率放大器最后将功率提高到所需电平。

（3）收信机　收信机用于将基带信号的射频信号转变成基带信号，主要由低噪声放大器、下变频器、中频放大器及解调器组成。在收信机中低噪声放大器用于放大接收到的微弱的射频信号，为下变频器提供具有足够变频电平的射频信号；下变频器用于将射频信号变为中频信号；解调器为调制的逆过程。

（4）多路复用设备　多路复用设备是把多个用户的电信号构成共用一个传输信道的基带信号。

（5）用户终端设备　用户终端设备把各种信息变换成电信号。

三、微波通信技术特点

微波通信技术具有以下特点。

（1）快速安装　微波通信系统的每个终端站或中继站一般由体积较小的室外单元和一副定向天线连接在一起，室外单元再通过中频电缆和室内单元接连，完成信号传输和馈电。微波通信占用面积小，安装维护方便，便于快速组网。

（2）抵御自然灾害和人为破坏能力强　微波通信的通信链路是空间介质，传输路线不易因自然灾害和人为破坏而受到影响，即使站点受到自然或人为因素的破坏，也会因其易于安装和维护的特点而避免遭受大的损失。

(3) 受地理条件制约小　数字微波通信则因其空间介质传输的特点基本不受地理条件的影响与制约，在许多地形复杂的山区、大草原、沙漠、沼泽地带和被水面、公路隔断的区域，可以快速建立微波通信网络。

(4) 设备体积小、功耗低　由于微波传输设备大量采用集成电路，使得设备的体积小、电源损耗小；数字信号在传播的过程中抵抗干扰能力强，因此可以降低设备的发射功率，使功放体积和输出功率减小，功耗降低。

微波通信技术频率范围宽，通信容量大，传播相对较稳定，通信质量高，采用高增益天线时可实现强方向性通信，抗干扰能力强，可实施点对点、一点对多点或广播等形式的通信联络。它是现代通信网的主要传输方式之一，也是空间通信的主要方式。

四、微波通信技术应用

微波通信传输可靠、质量高、发射功率较小，天线口径一般在 3m 以下，设备易小型化，主要用于电话和电视的传输，也是军事通信网中重要的传输方式。微波对流层散射通信的单跳距离为 100～500km，跨越距离远，在军事通信中受到重视。此外，各种车、舰及机载移动式或可搬移式微波通信系统也是通信网的重要组成部分，可用于救灾或战时快速抢通被毁的通信线路，开通新的通信干线或建立地域通信网等。在数字化战场，微波系统可作为广域子系统节点在视距范围内的扩展；也可充分地用于 10km 以内的由广域网到局域网的节点之间，包括无线个人子系统节点之间的中继连接。在现代通信网中微波通信已成为重要的宽带无线接入手段。

第十五节　卫星通信技术

一、卫星通信技术定义

卫星通信是指利用人造地球卫星作为中继站转发无线电信号，在两个或多个地面站之间进行的通信。地面站是指在地球表面（包括地面、海洋和大气中）的无线电通信站。

卫星通信是在地面微波中继通信和空间技术的基础上发展起来的，通信卫星的作用相当于离地面很高的微波中继站。

二、卫星通信系统分类

目前，世界上建成了数以百计的卫星通信系统，归结起来可进行如下分类。

（1）按卫星制式分类　按卫星制式分为同步卫星通信系统、随机轨道卫星通信系统和卫星移动通信系统。

（2）按通信覆盖区域范围分类　按通信覆盖区域范围分为国际卫星通信系统、国内卫星通信系统和区域卫星通信系统。

（3）按用户性质分类　按用户性质分为公共（商用）卫星通信系统、专用卫星通信系统和军事卫星通信系统。

（4）按业务范围分类　按业务范围分为固定业务卫星通信系统、广播电视卫星通信系统和科学实验卫星通信系统等。

（5）按基带信号体制分类　按基带信号体制分为模拟卫星通信系统和数字卫星通信系统。

（6）按照工作轨道分类　按照工作轨道分为低轨道卫星通信系统、中轨道卫星通信系统和高轨道卫星通信系统。

（7）按多址方式分类　按多址方式分为频分多址卫星通信系统、时分多址卫星通信系统、空分多址卫星通信系统和码分多址卫星通信系统。

（8）按转发能力分类　按转发能力分为无星上处理能力卫星通信系统和有星上处理能力卫星通信系统。

三、卫星通信系统组成

卫星通信系统由卫星端、地面端、用户端三部分组成，如图 3-25 所示。

图 3-25　卫星通信系统组成

（1）卫星端　卫星端在空中起中继站的作用，即把地面站发上来的电磁波放大后再返送回另一地面站。

（2）地面端　地面端是卫星系统与地面公众网的接口，地面用户也可以通过地面端出入卫星系统形成链路，地面端还包括地面卫星控制中心及其跟踪、遥测和指令站。

（3）用户端　用户端即各种用户终端。

卫星通信网络结构有点对点、星状网、网状网和混合网。点对点是指两个卫星站之间互通，小站间信息的传输无须中央站转接，组网方式简单；星状网是指外围边远站仅与中心站直接发生联系，各边远站之间不能通过卫星直接相互通信；网状网是指网络中的各站，彼此可经卫星直接沟通；混合网是星状网和网状网的混合形式。

四、卫星通信技术特点

卫星通信技术具有以下特点。

① 通信距离远，且建站成本几乎与通信距离无关。以静止卫星为例，卫星距地面 35000km，其视区可达地球表面的 42%，最大通信距离可达 18000km，中间无须再加中继站。只要视区内的地面站与卫星间的信号传输满足技术要求，通信质量便有保障，建站经费不因通信距离的远近而变化。因此，在远距离通信中，卫星通信比微波通信中、电缆通信、光缆通信等有明显优势。

② 通信容量大，业务种类多，通信线路稳定可靠。由于卫星通信采用微波频段，可供使用的频带资源较宽，一般在数百兆赫以上，适于多种业务传输。随着技术的发展，卫星通信的容量越来越大，传输业务的类型越来越多样化。卫星通信的电波主要在大气层以外的宇宙空间传输，而宇宙空间近乎真空状态，电波传播比较稳定，且受地面和环境条件影响小，通信质量稳定可靠。

③ 覆盖面积大，便于实现多址连接。通信卫星所覆盖的区域内，所有地面站都能利用该卫星进行通信，即可多址连接。这是卫星通信的突出优点，它为通信网络的组成提供高效性和灵活性。同时，对于移动站或小型地面终端提供高度的机动性。

④ 卫星通信机动灵活。地面站的建立不受地理条件的限制，可建在边远地区、岛屿、汽车、轮船和飞机上。

⑤ 可以自发自收进行监测。只要地面站收发端处于同一覆盖区，通过卫星向对方发送的信号自己也能接收，从而可以监视本站所发信息是否正确传输，以及通信质量的优劣。

卫星通信也有以下不足。

① 卫星的发射和控制技术比较复杂。卫星从发射到精确定位，并保持很小的漂移，技术难度大；由于星站之间的通信距离较远，传播损耗大，为保证信号质量，需要采用高增益的天线、大功率的发射机、低噪声的接收设备和高灵敏度的调解器等，这就提高了设备成本，也降低了其便携性。

② 有较大的传播时延。在静止卫星通信系统中，星站之间的单程传播时延约为 0.27s，进行双向通信时，往返的传输时延约为 0.54s。

第三章　智能网联汽车无线通信技术

五、卫星通信技术应用

卫星通信技术在智能交通中的应用涉及了多个方面，如全球卫星定位系统（GPS）及其在智能交通系统中的应用、基于卫星定位和无线通信技术的道路电子收费系统、卫星通信技术在交通运输管理中的应用等。

在交通运输管理中，GPS 导航系统与 GIS 电子地图、无线电通信网络及计算机车辆管理信息系统相结合，可以实现车辆跟踪和交通管理等许多功能，如车辆跟踪、提供出行路线的规划和导航、信息查询、语音服务、紧急援助等。

综上所述，无线通信技术有多种类型，智能网联汽车选用何种无线通信技术，要根据有关标准，综合考虑使用条件、传输性能、成本等多种因素，还要考虑不同企业生产汽车之间的无线通信的兼容性，因此，智能网联汽车必须统一通信标准。

第四章
智能网联汽车网络技术

智能网联汽车是智能汽车与互联网相结合的高新技术产品，它通过集成多种通信技术将汽车内部各部件、汽车内部与外部之间连接成网络，形成智能网联汽车系统。网络是智能网联汽车信息传递的桥梁。

第一节 智能网联汽车网络类型

一、智能网联汽车网络体系构成

智能网联汽车主要包括三种网络：以车内总线通信为基础的车内网络，也称车载网络；以短距离无线通信为基础的车载自组织网络；以远距离通信为基础的车载移动互联网络。因此，智能网联汽车是融合车载网络、车载自组织网络和车载移动互联网的一体化网络系统，如图4-1所示。

（1）车载网络　车载网络是基于CAN、LIN、FlexRay、MOST、以太网等总线技术建立的标准化整车网络，实现车内各电器、电子单元间的状态信息和控制信号在车内网上的传输，使车辆具有状态感知、故障诊断和智能控制等功能。

（2）车载自组织网络　车载自组织网络是基于短距离无线通信技术自主构建的V2V、V2I、V2P之间的无线通信网络，实现V2V、V2I、V2P之间的信息传输，使车辆具有行驶环境感知、危险辨识、智能控制等功能，并能够实现V2V、V2I之间的协同控制。

目前研究较多的是V2V和V2I信息交换技术，而V2P信息交换技术研究较少。在中国，V2P信息交换很重要，因为路面上有很多行人、自行车等。中国的交通事故高发于车辆右转情况下，驾驶员很难看到右边的行人、自行车等。

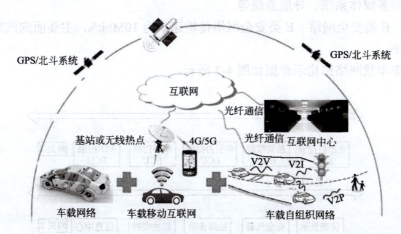

图 4-1　智能网联汽车网络体系构成

（3）车载移动互联网　车载移动互联网是基于远距离通信技术构建的车辆与互联网之间连接的网络，实现车辆信息与各种服务信息在车载移动互联网上的传输，使智能网联汽车用户能够开展商务办公、信息娱乐服务等。

二、车载网络类型

美国汽车工程师学会（SAE）提出将车载网络划分为5种类型，分别为A类低速网络、B类中速网络、C类高速网络、D类多媒体网络和E类安全应用网络。不同类型的车载网络需要通过网关进行信号的解析交换，使不同的网络类型能够相互协调，保证车辆各系统正常运转。

（1）A类低速网络　A类低速网络传输速率一般小于10kbit/s，有多种通信协议，该类网络的主流协议是LIN（局域互联网络）。LIN是用于连接智能传感器、执行器的低成本串行通信网络。LIN采用SCI、UART等通用硬件接口，配以相应的驱动程序，成本低廉，配置灵活，适应面较广，主要用于电动门窗、电动座椅、车内照明系统和车外照明系统等。

（2）B类中速网络　B类中速网络传输速率为10~125kbit/s，对实时性要求不太高，主要面向独立模块之间数据共享的中速网络。目前该类网络的主流协议是低速CAN（控制器局域网络），主要用于故障诊断、空调、仪表显示等。

（3）C类高速网络　C类高速网络传输速率为125~1000kbit/s，对实时性要求高，主要面向高速、实时闭环控制的多路传输网。该类网络的主流协议是高速CAN、FlexRay等协议，主要用于牵引力控制、发动机控制、ABS、ASR、ESP、悬架控制等。

（4）D类多媒体网络　D类多媒体网络传输速率为250kbit/s~100Mbit/s，该类网络协议主要有 MOST、以太网、蓝牙、ZigBee 技术等，主要用于要求传输效率较高的多媒体系统、导航系统等。

(5) E 类安全网络　E 类安全网络传输速率为 10Mbit/s，主要面向汽车安全系统的网络。

汽车车载网络结构示意图如图 4-2 所示。

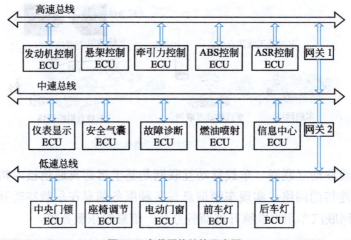

图 4-2　车载网络结构示意图

随着汽车智能化和网络化的发展，网络宽带和传输速率要求越来越高，车载网络类型会不断增加。

智能网联汽车各种网络之间是一种相辅相成的配合关系，整车厂可以从实时性、可靠性、经济性等多方面出发，选择合适的网络配合使用，充分发挥各类网络技术的优势。

三、车载网络特点

智能网联汽车车载网络具有以下特点。

(1) 复杂化　智能网联汽车电控系统的网络体系结构复杂，它包含多达数百个 ECU 通信节点，ECU 被划分到十几个不同的网络子系统之中，由 ECU 产生的需要进行通信的信号个数多达数千个。

(2) 异构化　为满足各个功能子系统在网络带宽、实时性、可靠性和安全性的不同需求，CAN、LIN、FlexRay、MOST、以太网、自组织网络、移动互联网等多种网络技术都将在智能网联汽车上得到应用，因此，不同网络子系统中所采用的网络技术之间存在很大程度的异构性。这种异构性不仅体现在网络类型的不同方面，而且同种类型的网络在带宽和传输速率方面也存在异构性，如高速 CAN 和低速 CAN。网关用来实现不同网络子系统之间的互联和异构网络的集成，所以在网关内需要对协议进行转换。

（3）网关互联的层次化架构　智能网联汽车电控系统和先进驾驶辅助系统的网络体系结构具有层次化特点，它同时包括同一网络子系统内不同 ECU 之间的通信和两个或多个网络子系统所包含的 ECU 之间的跨网关通信等多种情况。如防碰撞系统功能的实现依赖于安全子系统、底盘控制子系统、车身子系统以及 V2V、V2I、V2P 之间的交互和协同控制。

（4）通信节点组成和拓扑结构是变化的　智能网联汽车需要实现 V2V、V2I、V2P 之间的通信，所以它的网络体系结构中包含的通信节点和体系结构的拓扑结构是变化的。

第二节　车载网络技术

车载网络技术的应用提高了信息传输的速度，增强了汽车控制系统的稳定性和可靠性，特别是智能网联汽车和无人驾驶汽车，对车载网络提出了更高的要求。目前，汽车车载网络类型主要有 CAN、LIN、FlexRay、MOST 等，它们在汽车上的应用如图 4-3 所示。随着智能网联汽车的发展，以太网的应用已引起广泛重视。

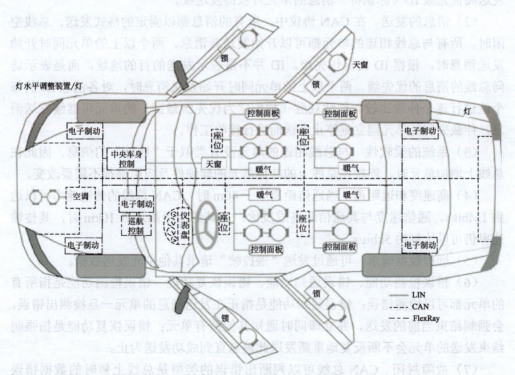

图 4-3　车载网络在汽车上的应用

一、CAN 总线网络

1. CAN 总线定义

　　CAN（Controller Area Network，控制器局域网络）是德国博世公司在 1985 年时为了解决汽车上众多测试仪器与控制单元之间的数据传输而开发的一种支持分布式控制的串行数据通信总线。国际化标准组织（ISO）在 1993 年提出了 CAN 总线的国际标准——ISO 11898，使得 CAN 总线的应用更标准化和规范化。目前，CAN 总线已经是国际上应用最广泛的网络总线之一，它的数据信息传输速率最大为 1Mbit/s，属于中速网络，通信距离（无须中继）最远可达 10km，最有可能成为世界标准的汽车局域网。

2. CAN 总线网络特点

　　CAN 总线采用双绞线作为传输介质，媒体访问方式为位仲裁，是一种多主总线。CAN 总线为事件触发的实时通信网络，其总线仲裁方式采用基于优先级的载波侦听多路访问冲突检测（CSMA/CD）法。CAN 总线网络具有以下特点。

　　（1）多主控制　多主控制是指在总线空闲时，所有的单元都可开始发送消息；最先访问总线的单元可获得发送权（CSMA/CA 方式）；多个单元同时开始发送时，发送高优先级 ID（标识符）消息的单元可获得发送权。

　　（2）消息的发送　在 CAN 协议中，所有的消息都以固定的格式发送。总线空闲时，所有与总线相连的单元都可以开始发送新消息。两个以上的单元同时开始发送消息时，根据 ID 决定优先级。ID 并不是表示发送的目的地址，而是表示访问总线的消息的优先级。两个以上的单元同时开始发送消息时，对各消息 ID 的每个位进行逐个仲裁比较。仲裁获胜（被判定为优先级最高）的单元可继续发送消息，仲裁失利的单元则立刻停止发送而进行接收工作。

　　（3）系统的柔软性　与总线相连的单元没有类似于"地址"的信息。因此在总线上增加单元时，连接在总线上的其他单元的软硬件及应用层都不需要改变。

　　（4）高速度和远距离　当通信距离小于 40m 时，CAN 总线的传输速率可以达到 1Mbit/s。通信速度与其通信距离成反比，当其通信距离达到 10km 时，其传输速率仍可以达到约 5kbit/s。

　　（5）远程数据请求　可通过发送"遥控帧"请求其他单元发送数据。

　　（6）错误检测功能、错误通知功能、错误恢复功能　错误检测功能是指所有的单元都可以检测错误；错误通知功能是指正在发送消息的单元一旦检测出错误，会强制结束当前的发送，并立即同时通知其他所有单元；错误恢复功能是指强制结束发送的单元会不断反复地重新发送此消息直到成功发送为止。

　　（7）故障封闭　CAN 总线可以判断出错误的类型是总线上暂时的数据错误

（如外部噪声等）还是持续的数据错误（如单元内部故障、驱动器故障、断线等）。根据此功能，当总线上发生持续的数据错误时，可将引起此故障的单元从总线上隔离出去。

（8）连接　CAN 总线可以同时连接多个单元，可连接的单元总数理论上是没有限制的。但实际上可连接的单元数受总线上的时间延迟及电气负载的限制。降低传输速率，可连接的单元数增加；提高传输速率，则可连接的单元数减少。

总之，CAN 总线具有实时性强、可靠性高、传输速率快、结构简单、互操作性好、总线协议具有完善的错误处理机制、灵活性高和价格低廉等特点，在车载网络上已经得到广泛的应用。

3. CAN 总线网络的分层结构

CAN 协议包含了 ISO 规定的 OSI（Open System Interconnection）7 层参考模型中的物理层、数据链路层和传输层。CAN 协议与 OSI 7 层参考模型的比较以及对应 3 层的总线功能如图 4-4 所示。

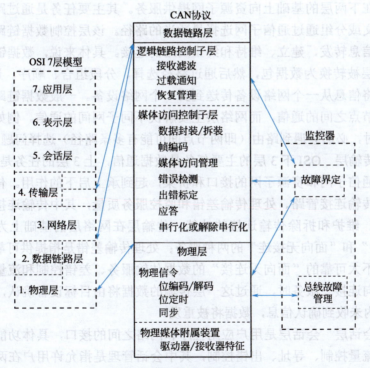

图 4-4　CAN 总线网络分层结构

7 层参考模型 OSI 是国际标准化组织（ISO）制定的一个用于计算机或通信系统间互联的标准体系，它是一个 7 层的、抽象的模型，不仅包括一系列抽象的术语或概念，也包括具体的协议。

(1) 物理层　物理层的主要功能是利用传输介质为数据链路层提供物理连接，实现相邻节点之间比特流的透明传输，尽可能屏蔽掉具体传输介质和物理设备的差异，使其上面的数据链路层不必考虑网络的具体传输介质是什么。

(2) 数据链路层　数据链路层负责建立和管理节点间的链路，其主要功能是通过各种控制协议，将有差错的物理信道变为无差错的、能可靠传输数据帧的数据链路。数据链路层通常又被分为介质访问控制（MAC）和逻辑链路控制（LLC）两个子层。MAC 子层的主要任务是解决共享型网络中多用户对信道竞争的问题，完成网络介质的访问控制；MAC 子层也受一个名为"故障界定"的管理实体监管，此故障界定为自检测机制，以便把永久故障和短时扰动区别开来。LLC 子层的主要任务是建立和维护网络连接，执行差错校验、流量控制和链路控制。数据链路层的具体工作是接收来自物理层的位流形式的数据，并封装成帧，传送到上一层；同样，也将来自上层的数据帧，拆装为位流形式的数据转发到物理层；并且，还负责处理接收端发回的确认帧的信息，以便提供可靠的数据传输。

(3) 网络层　网络层是 OSI 参考模型中最复杂的一层，也是通信子网的最高一层。它在下两层的基础上向资源子网提供服务。其主要任务是通过路由选择算法，为报文或分组通过通信子网选择最适当的路径。该层控制数据链路层与传输层之间的信息转发，建立、维持和终止网络的连接。具体来说，数据链路层的数据在这一层被转换为数据包，然后通过路径选择、分段组合、顺序、进/出路由等控制，将信息从一个网络设备传送到另一个网络设备。一般数据链路层解决同一网络内节点之间的通信，而网络层主要解决不同子网间的通信。例如在广域网之间通信时，必然会遇到路由（即两节点间可能有多条路径）选择问题。

(4) 传输层　OSI 下 3 层的主要任务是数据通信，上 3 层的任务是数据处理。传输层是通信子网和资源子网的接口和桥梁，起到承上启下的作用。传输层的主要功能有传输连接管路、处理传输差错和监控服务质量，其中传输连接管理是指提供建立、维护和拆除传输连接的功能，传输层在网络层的基础上为高层提供"面向连接"和"面向无接连"的两种服务；处理传输差错是指提供可靠的"面向连接"和不太可靠的"面向无连接"的数据传输服务、差错控制和流量控制。在提供"面向连接"服务时，通过这一层传输的数据将由目标设备确认，如果在指定的时间内未收到确认信息，数据将被重发。

(5) 会话层　会话层是用户应用程序和网络之间的接口，具体功能有会话管理、会话流量控制、寻址、出错控制，其中会话管理是指允许用户在两个实体设备之间建立、维持和终止会话，并支持它们之间的数据交换，如提供单方向会话或双向同时会话，并管理会话中的发送顺序，以及会话所占用时间的长短；会话流量控制是指提供会话流量控制和交叉会话功能；寻址是指使用远程地址建立会话连接；出错控制是负责纠正错误。

（6）表示层　表示层是对来自应用层的命令和数据进行解释，对各种语法赋予相应的含义，并按照一定的格式传送给会话层。其主要功能是处理用户信息的表示问题，如编码、数据格式转换和加密解密等。

（7）应用层　应用层是计算机用户以及各种应用程序和网络之间的接口，其功能是直接向用户提供服务，完成用户希望在网络上完成的各种工作。它负责完成网络中应用程序与网络操作系统之间的联系，建立与结束使用者之间的联系，并完成网络用户提出的各种网络服务及应用所需的监督、管理和服务等各种协议。此外，该层还负责协调各个应用程序间的工作。

由于 OSI 是一个理想的模型，因此一般网络系统只涉及其中的几层，很少有系统能够具有所有的 7 层，并完全遵循它的规定。

4. CAN 总线网络帧类型

CAN 总线网络传输的帧主要包括数据帧、远程帧、错误帧和过载帧。

（1）数据帧　数据帧用于传输数据，主要由帧起始、仲裁域、控制域、数据域、CRC 校验、应答域和帧结束构成，如图 4-5 所示。

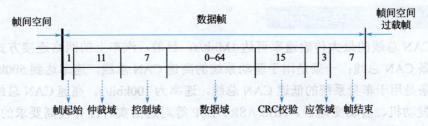

图 4-5　数据帧结构

（2）远程帧　远程帧主要用于接收单元向发送单元请求主动发送数据，包含了数据帧中除了数据段以外的部分，其实质是没有数据段的数据帧，其结构如图 4-6 所示。

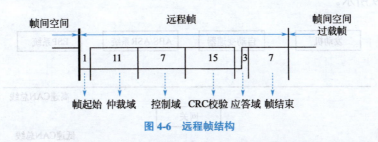

图 4-6　远程帧结构

（3）错误帧　错误帧用于在接收和发送消息时检测出错误并向网络节点通知错误发出的帧，主要包含错误标志和错误界定符，结构如图 4-7 所示。

（4）过载帧　当总线数据传输量过大，接收节点对接收的数据无法及时处理时，会在相邻的两个数据帧之间穿插发送一个过载帧，以告求发送节点延迟下一帧消息的发送。其由过载标志叠加区和过载界定符组成，其结构如图 4-8 所示。

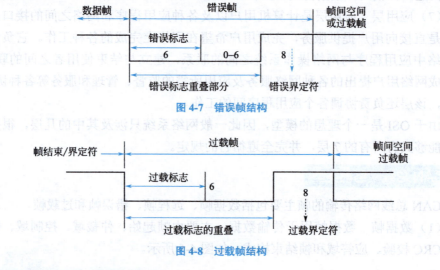

图 4-7　错误帧结构

图 4-8　过载帧结构

5. CAN 总线在汽车上的应用

CAN 总线的最大传输速率可达 1Mbit/s。目前，汽车上的网络连接方式需采用两条 CAN 总线：一条是用于驱动系统的高速 CAN 总线，速率达到 500kbit/s；另一条是用于车身系统的低速 CAN 总线，速率为 100kbit/s。高速 CAN 总线主要连接发动机、自动变速器、ABS/ASR、ESP 等对通信实时性有较高要求的系统。低速 CAN 总线主要连接灯光、电动车窗、自动空调及信息显示系统等，多为低速电动机和开关量器件，对实时性要求低而数量众多。不同速度的 CAN 网络之间通过网关连接。对汽车 CAN 总线上的信号进行采集时，需要确定所采集的信号处于哪个 CAN 网络中，以便于设置合适的 CAN 通道波特率。汽车 CAN 网络拓扑结构如图 4-9 所示。

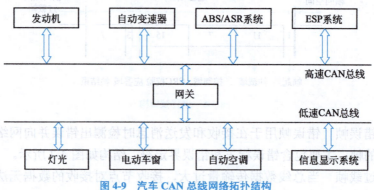

图 4-9　汽车 CAN 总线网络拓扑结构

二、LIN 总线网络

1. LIN 总线定义

LIN（Local Interconnect Network，局部连接网络）也称局域网子系统，是专门为汽车开发的一种低成本串行通信网络，用于实现汽车中的分布式电子系统控制。LIN 网络的数据传输速率为 20kbit/s，属于低速网络，媒体访问方式为单主多从，是一种辅助总线，辅助 CAN 总线工作。在不需要 CAN 总线的带宽和多功能的场合，使用 LIN 总线可大大降低成本。

2. LIN 总线网络通信方法

LIN 总线网络的数据通信主要包括主 - 从通信模式和从 - 从通信模式，两种通信模式都是由主节点控制，有各自的优势和劣势。

（1）主 - 从通信模式　主节点传输信息 ID，进而发送数据传输命令。网上所有 LIN 节点将该信息进行转换，然后再进行相应的操作。根据主 - 从通信模式，主节点内部有一个从节点正在运行。它对正确的 ID 进行响应，然后将规定的比特传输到 LIN 总线。不同 LIN 节点在网络中都拥有完整的 LIN 帧，同时还按照各自的不同应用提供主节点数据和流程。例如主节点可能希望所有门锁都打开，这样每个门锁节点被设定为对单个信息进行响应，然后完成开锁；或者主节点可能传输 4 条不同信息，然后有选择性地打开门锁。

主 - 从通信模式将大部分调度操作转移到主节点上，从而简化其他节点操作。因此，LIN 从节点硬件大幅减少，甚至可能减少为单个状态设备。另一个优势是，由于主节点能够同时与所有节点通信，已知信息和要求的 ID 数量都大大减少。主节点将所有数据通信发送到全部节点，然后在所有数据传输到其他设备之前从节点上接收该数据，这样可以检查传输数据的有效性。该操作允许主节点对所有通信进行监测，减少并消除潜在错误。

但是，这种通信模式速度缓慢，LIN 节点很难及时地接收和处理数据，并有选择性地将它传输给其他节点。

（2）从 - 从通信模式　与主 - 从通信相比，从 - 从通信方法更迅速。各个信息帧上的节点共用信息，从而极大地提高响应速度。例如单个信息可以打开两扇车窗，关闭一个车门，打开三个车门或者移动车窗。这样就可以明显减少网上的数据流量。

但是，从 - 从通信模式有重要的局限性，各个从节点的时钟源未知，因此从节点将数据传输到网络时（根据主节点请求），数据可能发生漂移。主节点有一个精确度很高的时钟，数据漂移有较大的误差范围，但另一个接收数据的 LIN 从节点却没有，这会导致数据误译。这种情况下，主节点不显示从 - 从通信已经失效。

3. LIN 总线网络特点

LIN 总线网络具有以下特点。

① LIN 总线的通信是基于 SCI 数据格式，媒体访问采用单主节点、多从节点的方式，数据优先级由主节点决定，灵活性好。

② 一条 LIN 总线最多可以连接 16 个节点，共有 64 个标识符。

③ LIN 总线采用低成本的单线连接，传输速率最高可达 20kbit/s。

④ 不需要进行仲裁，同时在从节点中无须石英或陶瓷振荡器，只采用片内振荡器就可以实现自同步，从而降低了硬件成本。

⑤ 几乎所有的 MCU 均具备 LIN 所需硬件，且实现费用较低。

⑥ 网络通信具有可预期性，信号传播时间可预先计算。

⑦ 通过主机节点可将 LIN 与上层网络（CAN）相连接，实现 LIN 的子总线辅助通信功能，从而优化网络结构，提高网络效率和可靠性。

⑧ 总线通信距离最大不超过 40m。

LIN 总线规范中，除定义了基本协议和物理层外，还定义了开发工具和应用软件接口。因此，从硬件、软件以及电磁兼容性方面来看，LIN 总线保证了网络节点的互换性。这极大地提高了开发速度，同时保证了网络的可靠性。

4. LIN 网络结构

LIN 网络采用单主机多从机模式，一个 LIN 网络包括一个主节点和若干从节点。由于过多的网络节点将导致网络阻抗过低，因此，一般情况下网络节点总数不宜超过 16 个。如图 4-10 所示，所有的网络节点都包含一个从任务，提供通过 LIN 总线传输的数据，主节点除了从任务还包括一个主任务，负责启动网络中的通信。

图 4-10　LIN 网络结构

5. LIN 报文帧

LIN 总线上传输的数据有确定的格式，称作报文帧，它由报头和响应组成，如图 4-11 所示。其中报头由主任务提供，响应由主任务或从任务提供。可以看出，报头由同步间隔场、同步场和标识符场组成；响应由数据场和校验和场组成；报头和响应由帧内响应空间分隔。

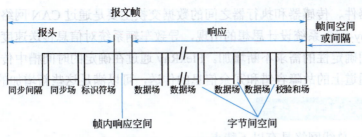

图 4-11 LIN 报文帧结构

同步间隔表示 LIN 报文帧的开始，是由主任务产生的，告诉从任务为即将传送的帧做好同步准备；同步场包含时钟的同步信息，在 8 个位定时中有 5 个下降沿和 5 个上升沿，使从任务能与主时钟同步；标识符场描述报文的内容和长度；数据场由 8 位数据的字节组成；校验和场是帧的最后一部分，它是以 256 为模的所有数据字节算术和的反码。

6. LIN 总线网络在汽车上的应用

由于一个 LIN 网络通常由一个主节点、一个或多个从节点组成，所以 LIN 网络为主从式控制结构。各个 LIN 主节点是车身 CAN 总线上的节点，通过 CAN 总线连接成为低速车身 CAN 网络，并兼起 CAN/LIN 网关的作用。引入带 CAN/LIN 网关的混合网络有效地降低了主干网的总线负载率。LIN 网络主要应用于车门、转向盘、座椅、空调系统、防盗系统等。LIN 网络将模拟信号用数字信号代替，实现对汽车低速网络的需求，结构简单，维修方便。

图 4-12 所示为 LIN 总线在车门控制模块中的应用。

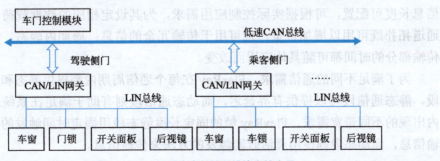

图 4-12 LIN 总线在车门控制模块中的应用

三、FlexRay 总线网络

1. FlexRay 总线定义

FlexRay 是一种用于汽车的高速可确定性的、具备故障容错的总线系统。汽车中的控制器件、传感器和执行器之间的数据交换主要是通过 CAN 网络进行的。然而新的 X-by-wire 系统设计思想的出现，导致车辆系统对信息传送速度尤其是故障容错与时间确定性的需求不断增加。FlexRay 通过在确定的时间槽中传送信息，以及在两个通道上的故障容错和冗余信息的传送，可以满足这些新增加的要求。

2. FlexRay 总线网络特点

FlexRay 总线网络具有以下特点。

（1）数据传输速率高　FlexRay 网络最大传输速率可达到 10Mbit/s，双通道总数据传输速率可达到 20Mbit/s，因此，应用在车载网络上，FlexRay 的网络带宽可以是 CAN 网络的 20 倍。

（2）可靠性好　FlexRay 能够提供很多 CAN 网络所不具有的可靠性特点，尤其是 FlexRay 具备的冗余通信能力。具有冗余数据传输能力的总线系统使用两个相互独立的信道，每个信道都由一组双线导线组成。一个信道失灵时，该信道应传输的信息可在另一条没有发生故障的信道上传输。此外，总线监护器的存在进一步提高了通信的可靠性。

（3）确定性　FlexRay 是一种时间触发式总线系统，它也可以通过事件触发方式进行部分数据传输。在时间控制区域内，时隙分配给确定的信息。一个时隙是指一个规定的时间段，该时间段对特定信息开放。对时间要求不高的其他信息则在事件控制区域内传输。确定性数据传输用于确保时间触发区域内的每条信息都能实现实时传输，即每条信息都能在规定时间内进行传输。

（4）灵活性　灵活性是 FlexRay 总线的突出特点，反映在以下方面：支持多种方式的网络拓扑结构，点对点连接、串级连接、主动星形连接、混合型连接等；信息长度可配置，可根据实际控制应用需求，为其设定相应的数据载荷长度；双通道拓扑既可用以增加带宽，也可用于传输冗余的信息；周期内静态、动态信息传输部分的时间都可随具体应用而改变。

为了满足不同的通信需求，FlexRay 在每个通信周期内都提供静态和动态通信段。静态通信段可以提供有界延迟，而动态通信段则有助于满足在系统运行时间内出现的不同带宽需求。FlexRay 帧的固定长度静态段用固定时间触发的方法来传输信息，而动态段则使用灵活时间触发的方法来传输信息。

3. FlexRay 网络拓扑结构

FlexRay 网络拓扑结构分为总线型拓扑、星型拓扑和混合型拓扑。

（1）总线型拓扑结构　FlexRay 总线拓扑结构如图 4-13 所示，节点通过总线驱动器直接连接到总线的两个通道上。节点可以选择同时连接两条通信通道，进行双通道冗余或非冗余配置，也可以选择只连接一条通信通道。总线上任意一个节点都可以接收总线数据，且任意节点发出的信息可以被总线上的多个节点接收。

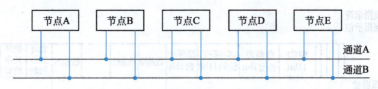

图 4-13　双通道总线型拓扑结构

（2）星型拓扑结构　FlexRay 星型拓扑结构如图 4-14 所示，连接着 ECU 的有源星形设备，具有将一个分支的数据位流传输到所有其他分支的功能。有两个分支的有源星形设备可以被看成继电器或集线器以增加总线长度。

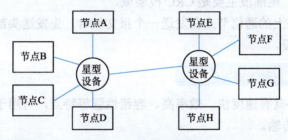

图 4-14　有源星型拓扑结构

（3）混合型拓扑结构　FlexRay 混合型网络拓扑结构如图 4-15 所示，由总线型拓扑结构和星形拓扑结构组成。混合型拓扑结构适用于较复杂的车载网络，其兼具总线型拓扑结构和星型拓扑结构的特点，在保证网络传输距离的同时可以提高传输性能。

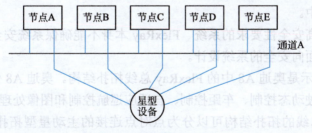

图 4-15　混合型拓扑结构

4. FlexRay 数据帧格式

FlexRay 的数据帧格式如图 4-16 所示，它由头部段、负载段和尾部段组成。

（1）头部段　头部段包括 1bit 保留位，1bit 数据指示符表示静态消息帧是否包含 NM Vector 或动态消息帧是否包含信息 ID，1bit 空帧指示符表示负载段的数据是否为空，1bit 同步帧指示符表示是否为同步帧，1bit 启动帧指示符表示是否为起始帧、11bit 帧 ID、7bit 有效数据长度、11bit CRC 循环校验码和 6bit 循环计数位。

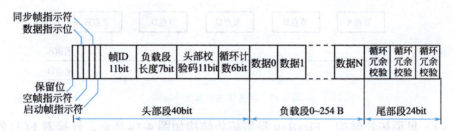

图 4-16　FlexRay 数据帧格式

（2）负载段　负载段包含 0～254B 的数据、信息 ID 和网络管理向量。

（3）尾部段　尾部段主要是 CRC 校验域。

FlexRay 网络上的通信节点在发送一个报文帧时，先发送头部段，再发送负载段，最后是尾部段。

5. FlexRay 网络在汽车上的应用

FlexRay 网络具有速度快、效率高、容错性强等特点，可用于汽车动力和底盘系统的控制数据传输。

（1）替代 CAN 总线　在数据传输速率要求超过 CAN 的应用会采用两条或多条 CAN 总线来实现，FlexRay 将是替代这种多总线解决方案的理想技术。

（2）用作"数据主干网"　FlexRay 具有很高的数据传输速率，且支持多种拓扑结构，非常适合于车辆主干网络，用于连接多个独立网络。

（3）用于分布式测控系统　分布式测控系统用户要求确切知道消息到达时间，且消息周期偏差非常小，这使得 FlexRay 成为首选技术，如动力系统、底盘系统的一体化控制中。

（4）用于高安全性要求的系统　FlexRay 本身不能确保系统安全，但它具备大量功能以支持面向安全的系统设计。

图 4-17 所示是奥迪 A8 中的 FlexRay 总线拓扑结构。奥迪 A8 使用 FlexRay 总线可以实现驾驶动态控制、车距控制、自适应巡航控制和图像处理等功能。

FlexRay 总线的拓扑结构可以分为点对点连接的主动星型拓扑结构（支路 3）和总线型拓扑结构（支路 1、2 和 4）。数据总线诊断接口 J533 用作控制器，上面有 4 个支路接口。其他总线用户围绕着数据总线诊断接口 J533 分布在若干支路上。每条支路上最多连接 2 个控制单元，其中主动星型连接器以及支路上的末端控制单元始终接低电阻（内电阻较低），而中间控制单元则始终接高电阻（内电阻较高）。

冷态启动和同步控制单元有数据总线诊断接口 J533、ABS 控制单元 J104、电子传感器控制单元 J849。非冷态启动控制单元有车距控制装置控制单元 J428、车距控制装置控制单元 2 J850、图像处理控制单元 J851、四轮驱动系统控制单元 J492、水平高度调节系统控制单元 J197。

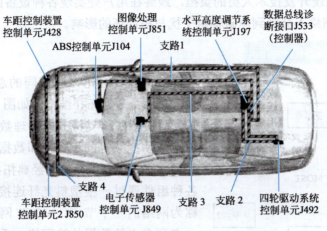

图 4-17 奥迪 A8 中的 FlexRay 总线拓扑结构

四、MOST 总线网络

1. MOST 总线定义

MOST（多媒体定向系统传输）总线是使用光纤或双绞线作为传输介质的环形网络，可以同时传输音/视频流数据、异步数据和控制数据，支持高达 150Mbit/s 的传输速率。

MOST 总线标准已经发展到第三代。MOST25 是第一代总线标准，最高可支持 24.6Mbit/s 的传输速率，以塑料光纤作为传输介质；第二代标准 MOST50 的传输速率是 MOST25 的 2 倍，除了采用塑料光纤作为传输介质，还可采用非屏蔽双绞线作为传输介质；第三代标准 MOST150，不仅最高可支持 147.5Mbit/s 的传输速率，还解决了与以太网的连接等问题，MOST150 将成为 MOST 总线技术发展的趋势。

2. MOST 总线网络特点

MOST 总线网络具有以下特点。
① 保证低成本的条件下，最高可以达到 147.5Mbit/s 的数据传输速率。
② 无论是否有主控计算机都可以工作。
③ 支持声音和压缩图像的实时处理。
④ 支持数据的同步和异步传输。
⑤ 发送/接收器嵌有虚拟网络管理系统。
⑥ 支持多种网络连接方式，提供 MOST 设备标准，具有方便、简洁的应用系

统界面。

⑦ 通过采用 MOST，不仅可以减轻连接各部件的线束的质量、降低噪声，而且可以减轻系统开发技术人员的负担，最终在用户处实现各种设备的集中控制。

⑧ 光纤网络不会受到电磁辐射干扰与搭铁环的影响。

3. MOST 网络拓扑结构

MOST 网络允许有不同的总线拓扑结构，最常见的是环形拓扑结构，如图 4-18 所示。

MOST 网络支持一条物理数据线上同时传送音频和视频等同步数据和数据包形式的异步数据。MOST 网络系统的经典拓扑结构为环形，各种组件通过一根塑料光纤连接，每个组件都称为网络的一个节点。MOST 网络系统是一个一点到多点的数据传输网络。系统支持的最大节点数为 64 个。

图 4-18　MOST 网络环形拓扑结构

4. MOST 网络的分层结构

MOST 网络包含了 ISO 规定的 OSI 模型的所有 7 层结构。OSI 分层、MOST 网络分层和硬件分层的对应关系如图 4-19 所示。

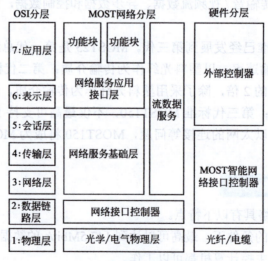

图 4-19　MOST 网络分层结构

物理层对应的光学/电气物理层；数据链路层对应的是网络接口控制器；网络层、传输层、会话层、表示层、应用层对应的是网络服务层和功能块。与之相对应的硬件分别是光纤/电缆、智能网络接口控制器和外部控制器。

MOST 网络应用层主要是功能块以及相应的动态特性。功能块定义了由"属性"和"方法"构成的应用层协议接口。"属性"用于描述功能块的相关属性,"方法"用于执行相应的操作,利用"属性"和"方法",可以对整个 MOST 网络进行控制。

网络服务层可分为网络服务基础层和网络服务应用接口层两部分。网络服务基础层主要提供管理网络状态、信息接收/发送驱动和流信道分配等底层服务;网络服务应用接口层提供与功能块的接口,包括命令解释等。

5. MOST 的数据帧格式

MOST 数据帧的基本格式如图 4-20 所示,它是由传播流媒体数据的同步数据区、传播数据包的异步数据区和专门传输控制数据的控制信道组成。

图 4-20　MOST 数据帧的基本格式

MOST25 的数据帧长度为 512bit,64B;MOST50 的数据帧长度为 1024bit,128B。MOST25 中,每一帧有 2B 长度用于控制消息的传输,16 帧才能构成一个控制信息块。MOST25 数据帧格式如图 4-21 所示。

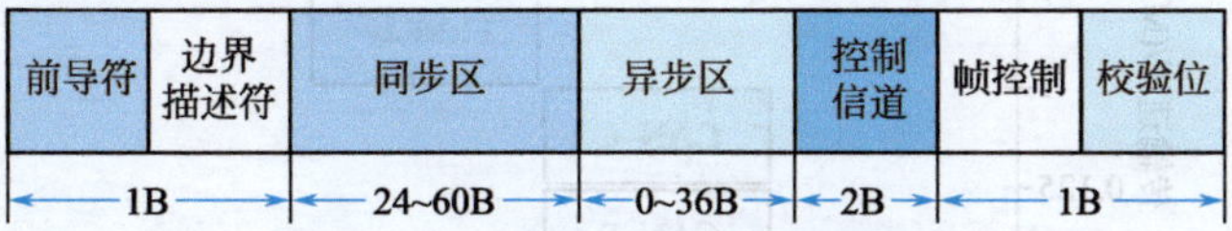

前导符	边界描述符	同步区	异步区	控制信道	帧控制	校验位
1B		24~60B	0~36B	2B	1B	

图 4-21　MOST25 数据帧的格式

前导符占 4bit,每个节点是利用前导符与网络同步的;边界描述符占 4bit,边界描述符由时间主节点确定,取值范围为 6～15,表明后面数据段同步区与异步区各自所占的带宽;同步数据区占 24～60B,异步数据区占 0～36B,两个区共占用 60B,它们的分界靠边界描述符限定,以每 4B 为单位进行调节;控制信道占 2B,控制数据可以用控制信道进行传递;帧控制和校验位占 1B。

6. MOST 网络在汽车上的应用

MOST 可以实现实时传输声音和视频,以满足高端汽车娱乐装置的需求,主要用于车载电视、车载电话、车载 CD、车载 Internet、DVD 导航等系统的控制中,也可以用在车载摄像头等行车系统。

图 4-22 所示为宝马 5 系轿车 MOST 总线系统图。图中 A51 是中央网关模块;A71 是组合仪表模块;A42 是高级主机模块;A23 是 DVD 机模块;A38 是后座显

示器；A52 是高保真放大器模块；A2 是电子信息控制单元；A168 是接口盒模块；A188 是 Combox 多媒体和紧急呼叫；A169 是高速接口盒模块；A25 是视频模块；A86 是卫星数字音频广播服务。

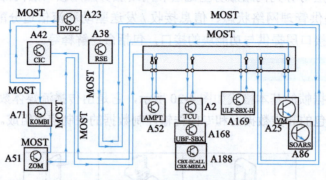

图 4-22　宝马 5 系轿车 MOST 总线系统图

四种常用总线网络传输速率与成本的比较如图 4-23 所示。

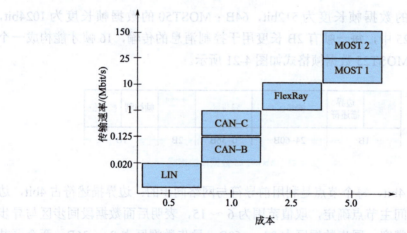

图 4-23　四种常用总线网络传输速率与成本的比较

五、以太网

1. 以太网定义

以太网（Ethernet）是由美国施乐（Xerox）公司创建，并由 Xerox、英特（Intel）和 DEC（数字装备）公司联合开发的基带局域网规范，是当今现有局域网采用的最通用的通信协议标准。以太网包括标准以太网（10Mbit/s）、快速以太网（100Mbit/s）、千兆以太网（1000Mbit/s）和万兆以太网（10Gbit/s）。

2. 以太网特点

以太网具有以下特点。

（1）数据传输速率高　现在以太网的最大传输速率能达到10Gbit/s，并且还在提高，比任何一种现场总线都快。

（2）应用广泛　基于TCF/IP协议的以太网是一种标准的开放式网络，不同厂商的设备很容易互联。这种特性非常适合于解决不同厂商设备的兼容和互操作的问题。以太网是目前应用最广泛的局域网技术，遵循国际标准规范IEEE802.3，受到广泛的技术支持。几乎所有的编程语言都支持以太网的应用开发，如Java、C++、VB等。

（3）容易与信息网络集成、有利于资源共享　由于具有相同的通信协议，以太网能实现与Internet的无缝连接，方便车辆网络与地面网络的通信。车辆网络与Internet的接入极大地解除了为获取车辆信息而带来的地理位置上的束缚。这一性能是目前其他任何一种现场总线都无法比拟的。

（4）支持多种物理介质和拓扑结构　以太网支持多种传输介质，包括同轴电缆、双绞线、光缆、无线等，使用户可根据带宽、距离、价格等因素做多种选择。以太网支持总线型和星型等拓扑结构，可扩展性强，同时可采用多种冗余连接方式，提高网络的性能。

（5）软硬件资源丰富　由于以太网已应用多年，人们对以太网的设计、应用等方面有很多的经验，对其技术也十分熟悉。大量的软件资源和设计经验可以显著降低系统的开发成本，从而可以显著降低系统的整体成本，并大大加快系统的开发和推广速度。

（6）可持续发展潜力大　由于以太网的广泛应用，使它的发展一直受到广泛的重视和大量的技术投入。车载网络采用以太网，可以避免其发展游离于计算机网络技术的发展主流之外，从而使车载网络与信息网络技术互相促进，共同发展。

3. 以太网协议分层结构

对应于ISO规定的OSI 7层通信参考模型，以太网协议在物理层和数据链路层均采用了IEEE 802.3规范，在网络层和传输层则采用被称作事实上以太网标准的TCP/IP协议簇，它们构成了以太网协议的低4层。在高层协议上，以太网通常都省略了会话层、表示层，而在应用层广泛使用的简单邮件传送协议SMTP、域名服务协议DNS、文件传输协议F1、超文本传输协议HTTP。以太网协议层次结构如图4-24

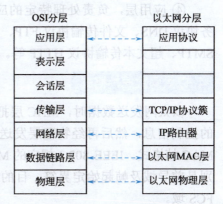

图4-24　以太网分层结构

所示。

物理层是 OSI 的最底层，为设备之间的数据通信提供传输媒介及互联设备，为数据的传输提供可靠的环境。物理层的主要功能是为数据设备提供数据通路、传输数据，并完成物理层的一些管理工作。对于以太网物理层，有各种粗细同轴电缆、双绞线、多模/单模光纤、光电接收器/发送器、中继器、各类接头和插头等。

数据链路是通信期间收发两端通过建立通信联络和拆除通信联络等过程而建立起来的数据收发关系。数据链路层的主要功能是负责链路的建立、拆除和分离，实现帧或分组的定界、同步与收发顺序控制，进而差错检测与恢复，并负责链路标识和流量控制等。在以太网中，数据链路层分为逻辑链路控制（LLC）层和媒体访问控制（MAC）层。在 LLC 不变的条件下，只需改变 MAC 便可适应不同的媒体和访问方法。

网络层是负责复用、路由、中继、网络管理、流量控制以及更高层次的差错检测与恢复、排序等。网络层设备主要有网光和路由器。在以太网中，网络层的寻址、排序、流量控制和差错控制等功能均可由数据链路层承担，因此，既可以选择 3 层技术也可以选择 2 层技术。

TCP/IP（传输控制协议/网际互联协议）协议簇是指包括 TCP、UDP、IP、HTTP 等在内的一组协议。TCP/IP 协议分为 4 层，每一层负责完成不同的功能。

① 网络接口层或链路层，通常包括操作系统中的设备驱动程序和嵌入式设备中对应的网络接口卡，它们一起处理通信电缆的物理接口细节。

② 网络层，处理报文分组在网络中的活动，例如报文分组的路径选择。在 TCP/IP 协议簇中网络层协议包括 ARP 协议、RlARP 协议、IP 协议、ICMP 协议以及 IGMP 协议。

③ 传输层，主要为两台主机上的应用程序提供端到端的通信。在 TCP/IP 协议簇中，有两个互不相同的协议 TCP 和 UDP。

④ 应用层，负责处理特定的应用程序细节。应用层的协议内容包括域名服务协议 DNS、文件传输协议 FTP、简单网络管理协议 SNMP、简单邮件传输协议 SMTP、超文本传输协议 HTTP 等。

4. 以太网数据帧格式

以太网发送数据时，MAC 层把 LLC 层递交来的数据按某种格式再加上一定的控制信息，然后再经物理层发送出去。MAC 层递交给物理层的数据格式称为 MAC 帧格式。IEEE 802.3 规定的 MAC 帧格式如图 4-25 所示，它包含 6 部分，分别是前导域及帧起始定界符、目的地址域、源地址域、长度/类型域、数据域和 FCS 域。

前导域	帧起始定界符	目的地址域	源地址域	长度类型域	数据域	FCS域
8B		6B	6B	2B	46~1500B	4B

图 4-25　IEEE 802.3 MAC 帧格式

（1）前导域及帧起始定界符　前 7 个字节都是 10101010，最后一个字节是 10101011。用于将发送方与接收方的时钟进行同步，主要是由于以太网类型的不同，同时发送接收速率也不会是完全精确的帧速率传输，因此需要在传输之前进行时钟同步。

（2）目的地址（DA）域　DA 标识了目的（接收）节点的地址，由 6B 组成。DA 可以是单播地址、多播地址或广播地址。

（3）源地址（SA）域　SA 标识了最后一个转发此帧的设备的物理地址，也由 6B 组成，但 SA 只能是单播地址。

（4）长度/类型域　该域由 2B 组成，同时支持长度域和类型域。允许以太网多路复用网络层协议，可以支持除了 IP 协议之外的其他不同网络层协议，或者是承载在以太网帧里的协议（如 ARP 协议）。接收方根据此字段进行多路分解，从而达到解析以太网帧的目的，将数据字段交给对应的上层网络层协议，这样就完成了以太网作为数据链路层协议的工作。

（5）数据域　数据域是上层递交来的要求发送的实际数据，该域的长度被限制在 46 ～ 1500B 之间。如果超过 1500B，就要启用 IP 协议的分片策略进行传输；如果不够 46B 必须要填充到 46B。

（6）FCS 域　它是 4B 的检验域，该域由前面的目的地址域、源地址域、长度/类型域及数据域经过 CRC 算法计算得到。接收节点将依次收到的目的地址域、源地址域、长度/类型域及数据域进行相同的计算，如计算结果与收到的 FCS 域不一致，则表明发生了传输错误。

5. 以太网拓扑结构

以太网拓扑结构有总线型、环型和星型。

（1）总线型　总线型结构简单，实现容易，易于扩展，可靠性较好，总线不封闭，便于增加或减少节点。多个节点共享一条总线，使用广播通信方式，即总线上任何一个节点发送的信息，能被总线上的其他所有节点接收，信道利用率高，通信速度快。但由于同一时刻只允许一个设备发送，总线型结构会出现节点之间竞争总线控制权的现象，而降低传输效率，需要软件控制，以消除这种对总线的竞争。节点本身的故障对整个系统的影响较小，但对通信总线要求较高，因为如果通信总线发生故障，所有节点的通信都会中断，总线网络结构通常会采用冗余总线技术来确保通信总线可靠工作。另外，总线型结构的故障诊断、隔离较为困难，接入节点数有限，通信的实时性较差。

（2）环型　环型结构由节点和连接节点的链路组成一个闭合环。所有节点共享一条环形传输总线，以广播方式把信息在一个方向上从源节点传输到目的节点，节点之间也有竞争使用环型传输总线的问题。对此，需用软件协调控制。这种结构的优点是结构简单、信道利用率高、电缆长度短、控制方式比较简单，每个节点只是以接力的方式把数据传输到下一个节点，传输信息误码率低，数据传输效率高。其缺点是当某个节点或某段环线发生故障时，都会导致整个网络瘫痪，可靠性较差，故障诊断、排除困难。为了提高可靠性，可采用双环或多环等冗余措施。

（3）星型　星型结构管理方便，容易扩展，需要专用的网络设备作为网络的核心节点，需要更多的网线，对核心设备的可靠性要求高。此外，星型结构可以通过级联的方式很方便地将网络扩展到很大的规模，因此得到了广泛的应用，被绝大部分的以太网所采用。

6. 以太网在汽车上的应用

以太网在汽车上应用刚刚开始，但它优越的性能得到汽车业界的重视，未来将成为重要的车载网络。

博通、飞思卡尔和 OmniVision 推出的三方共同开发的 360° 全景停车辅助系统是世界上第一款基于以太网的停车辅助系统。以太网在汽车上的应用如图 4-26 所示。

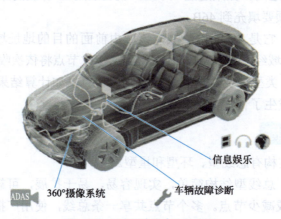

图 4-26　以太网在汽车上的应用

随着先进传感器、高分辨率显示器、车载摄像头、先进驾驶辅助系统及其数据传输和控件的加入，汽车电子产品正变得更加复杂。采用标准的以太网协议将这些设备连接起来，可以帮助简化布线，节约成本，减少线束质量并增加行驶里程。

第三节　车载自组织网络技术

无线自组织（Ad hoc）网络是一种不同于传统无线通信网络的技术，它是由一组具有无线通信能力移动终端节点组成的、具有任意和临时性网络拓扑的动态自组织网络系统，其中每个终端节点即可作为主机也可作为路由器使用。作为主机，终端具有运行各种面向用户的应用程序的能力；作为路由器，终端可以运行相应的路由协议，根据路由策略和路由表完成数据的分组转发和路由维护工作。

一、车载自组织网络定义

车载自组织网络（Vehicular Ad hoc Networks，VANET）是指在交通环境中，以车辆、路侧单元以及行人为节点而构成的开放式移动自组织网络，可以进行V2V、V2I、V2P之间的信息传输，以实现事故预警、辅助驾驶、道路交通信息查询、车间通信和互联网接入服务等应用。它是智能交通系统未来发展的通信基础，也是智能网联汽车安全行驶的保障。

二、车载自组织网络结构

车载自组织网络在网络结构上主要分为三部分，即 V2V 通信、V2I 通信、V2P 通信，如图 4-27 所示。V2V 通信是通过 GPS 定位辅助建立无线多跳连接，

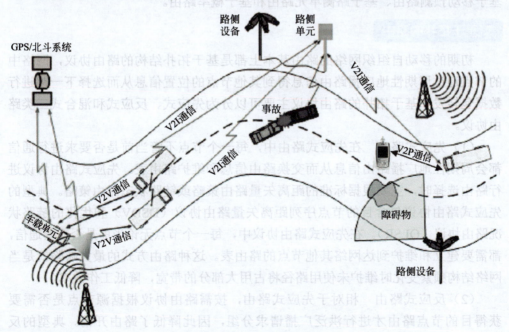

图 4-27　车载自组织网络结构

从而能够进行暂时的数据通信，提供行车信息、行车安全等服务；V2I 通信能够通过接入互联网获得更丰富的信息与服务；V2P 通信的研究刚刚起步，目前主要是通过智能手机中的特种芯片提供行人和交通状况，以后会有更多通信方式。

根据节点间通信是否需要借助路侧单元，可以将车载自组织网络的结构分为车间自组织型、无线局域网/蜂窝网络型和混合型。

（1）车间自组织型　车辆之间形成自组织网络，不需借助路侧单元，这种通信模式也称为 V2V 通信模式，也是传统移动自组织网络的通信模式。

（2）无线局域网/蜂窝网络型　在这种通信模式下，车辆节点间不能直接通信，必须通过接入路侧单元互相通信，这种通信模式也称为 V2I 通信模式，相比车间自组织型，路侧单元建设成本较高。

（3）混合型　混合型是前两种通信模式的混合模式，车辆可以根据实际情况选择不同的通信方式。

三、车载自组织网络路由协议类型

车载自组织网络路由协议根据接收数据包的节点数量可分为单播路由、广播路由、多播路由。单播路由是指数据包源节点向网络中一个节点转发数据；广播路由是指数据包源节点向网络中的所有其他节点转发数据；多播路由是指数据包源节点向网络中多个节点转发数据。

车载自组织网络路由协议还可以分为基于拓扑的路由、基于地理位置路由、基于移动预测路由、基于路侧单元路由和基于概率路由。

1. 基于拓扑的路由

初期的移动自组织网络的路由基本上都是基于拓扑结构的路由协议，网络中的节点通过周期性地广播路由信息得到其他节点的位置信息从而选择下一跳进行数据包转发。基于拓扑的路由协议主要可以分为先应式、反应式和混合式三类路由协议。

（1）先应式路由　在先应式路由中，每一个节点不管当前是否要求进行通信都会周期性地广播路由信息从而交换路由信息和维护路由表。先应式路由协议进行路由选择时，主要根据标准的距离矢量路由策略或链路状态路由策略。典型的先应式路由协议包含目的节点序列距离矢量路由协议（DSDV）和优化的链路状况路由协议（OLSR）。在先应式路由协议中，每一个节点无论当前是否需要通信，都需要建立和维护到达网络其他节点的路由表。这种路由方式的最大缺陷就是当网络结构频繁变化时维护未使用路径将占用大部分的带宽，降低工作效率。

（2）反应式路由　相对于先应式路由，按需路由协议根据源节点是否需要获得目的节点路由才进行洪泛广播请求分组，因此降低了路由开销。典型的反应式路由协议包含动态源路由协议（DSR）和自组织网按需距离矢量路由协议

(AODV)。在这些路由协议中，节点根据需求维护和更新正在使用的路径，因此当网络中只有一部分路径在使用时，运用反应式路由可以减小网络负担。

（3）混合式路由　混合式路由协议是将先应式和反应式的特点相结合而得到路由协议，该协议是在局部范围内采用先应式路由协议，而对局部范围外节点的路由查找采用反应式路由协议，进而减少全网广播带来的路由开销。

2. 基于地理位置路由

基于地理位置的路由协议通过位置服务方式实时准确地获取自身车辆和目的车辆的位置信息，同时通过路由广播的方式获得广播范围内邻居节点的位置信息，根据分组转发策略择优选择下一跳进行数据包转发。这种类型的路由协议对于拓扑随着车辆高速移动而动态快速变化的无线、多跳、无中心的车载自组织网络具有更好的可扩展性和适应性。基于地理位置路由协议主要有贪婪型周边无状态路由协议（GPSR）、地理源路由协议（GSR）、贪婪边界协调路由协议（GPCR）等。

3. 基于移动预测路由

在车载自组织网络中，车辆每个节点都具有移动性，并且车辆节点移动速度快，节点的高速移动导致网络拓扑结构变化频繁，网络链路的稳定性差，而传统的自组织网络中节点移动速度较慢，导致传统的自组织网络路由协议不适于车载自组织网络。基于移动预测的路由协议主要有PBR、Taleb、Wedde、Abedi等路由协议。基于移动预测路由协议的主要思想是，由于节点的移动性，通过节点速度、加速度、距离和时间等参数，预测通信链路的生命周期，即可预测该路由路径的有效期。根据车辆的移动特点来发掘链路的潜在信息，比如节点的移动速度和移动方向等数据，预测链路的生命周期，有效地避开即将失效的链路，并建立可靠的链接。基于移动预测的路由特点是可靠性高，延迟低，但当车辆数量较多时，所建立的可靠路径需要该车辆节点具有快速的实时计算能力，信息开销较大。

4. 基于路侧单元路由

借助于道路的路侧单元（RSU），可以解决车辆在稀疏情况下，导致节点链路中断的问题。RSU为路边可靠的固定节点，具有高带宽、低误码率和低延迟传输特点，并作为主干链路。当车辆节点出现链路中断时，RSU将采用存储转发策略来发送数据包。该思路在实际运用中最为可靠、丢包率最低，但其主要缺点是部署费用非常昂贵，并且如果发生一些自然灾害，比如台风、地震，也将导致RSU损耗，从而导致网络面临瘫痪的可能，维护成本较高。

5. 基于概率的路由

由于车辆运行有一定的规律性，相关的学者根据概率统计理论提出了基于概率的路由协议。其核心理论是，用概率描述车辆节点在某一段时间内该链路还未断开或存在的可能性。在该路由协议中，需要建立相关的模型，并且这些模型的建立是基于某些网络特性的前提下，这样才能统计相关的变量的分布信息。该类路由协议主要优点是在某特性的环境下比较有效，可靠性较高。基于概率的路由协议使用于某特定条件下的交通，如果不满足该条件，将导致该路由协议性能直线下降甚至出现数据包大量丢失的情况。另外，由于该路由协议的判断标准是基于某时间的发生概率，与真实情况存在一定的误差，从而导致的选择车辆节点之间的路径时，该路径可能不是最佳的。

四、车载自组织网络特点

车载自组织网络特点主要包括节点速度、运动模式、节点密度、节点异构性和可预测的运动性等。

1. 节点速度

在移动的车载自组织网络中最重要的特征就是节点的速度。车辆和道路两侧的路侧单元都可能成为节点。节点的可能速度在 0～200km/h 之间。对于静态的路侧单元或者车辆处于堵车路段时，其车速为零。在高速公路上，车辆的最高速度可能会达到 200km/h 左右。这两种极端情况对于车载自组织网络中的通信系统构成了特殊的挑战。当节点速度非常高时，由于几百米的通信半径相对较小，会造成共同的无线通信窗口非常短暂。例如如果两辆车以 90km/h 的速度朝相反的方向行驶，假定理论上无线通信范围为 300m，通信只能持续 12s。不过，同方向行驶的车辆，如果相对速度较小或者中等，则这些同向车辆间的拓扑变化相对较少。如果同向行驶车辆的相对速度很大，那么收发机就得考虑诸如多普勒效应等物理现象。链路层难以预测连接的中断，容易导致频繁的链路故障。对于路由或者多跳信息传播，车辆间短暂的相遇以及一般的车辆运动导致拓扑高度不稳定，使得基于拓扑的路由在实际中毫无用处。节点速度很大时对应用程序的影响也很大，比如由于速度太快，导致即时环境变化太快，使得对环境感知的应用也变得困难。在另外一种极端情况下，即节点几乎不移动，网络拓扑相对稳定。然而，车辆的缓慢移动意味着车辆密度很大，这会导致高干扰、介质接入等诸多问题。

2. 运动模式

车辆是在预定义的道路上行驶的，一般情况下有两个行驶方向。只有在十字路口时，车辆的行驶方向才具有不确定性。将道路分为高密度城市道路、高速公路和乡村道路三种类型。

（1）高密度城市道路 在城市中，道路密度相对较高，有大街也有小巷，许多十字路口将道路分割成段，道路两边的建筑物也会影响到无线通信，车辆的运动速度较快。

（2）高速公路　高速公路一般是多车道的，路段也很长，并且存在出口和匝道。车辆的运动速度较快，行驶方向能够较长时间保持不变。

（3）乡村道路　乡村道路通常很长，十字路口比城市环境要少得多。在这种环境下，由于路面车辆过少，一般很难形成连通的网络。道路的方向变化频率明显高于高速公路。

这些运动场景造成了很多挑战，尤其是路由问题。城市场景下，交通流非常的无序，与此相反，高速公路上的车流却形成了另外一个极端，几乎整个运动都是处于一维情况。

3. 节点密度

除了速度和运动模式外，节点密度是车载自组织网络节点移动性的第三个关键属性。在共同的无线通信范围内，可能存在零到几十、甚至上百的车辆。假设在某四车道的高速公路上遇到交通阻塞，并且每 20m 存在一辆装备车辆，通信半径假定为 300m，则在理论上其通信范围内有 120 辆车辆。当节点密度非常小时，几乎不可能完成瞬时消息转发。在这种情况下，需要更复杂的消息传播机制，可以先存储信息，并在车辆相遇时转发信息。这样可能导致一些信息被同一车辆重复多次。当节点密度很大时，情况则不同。消息只可能被选定的节点重复，否则会导致重载信道。节点密度与时间也相关。在白天，高速公路和城市中节点密度较高，足以实现瞬时转发，有足够的时间使路由处理分段网络。但在夜间，无论哪种类型的道路，车辆都很少。

4. 节点异构性

在车载自组织网络中，节点有许多不同种类。首先是车辆和路侧单元的区别。而车辆可以进一步分为城市公交、私家车、出租车、救护车、道路建设和维修车辆等，并不是每辆车都要安装所有的应用。例如只有救护车需要安装能够在其行驶路线上发出警告的应用。对于路侧单元也类似，基于自身的能力，路侧单元节点可以简单地向网络发送数据，或者拥有自组织网络的完整功能。此外，路侧单元节点可以提供对背景网络的访问，如向交通管理中心报告道路状况。路侧单元与车辆节点不同，其性能较强。对于各种应用，它们不像车辆节点拥有相同的传感器，也不处理传递给驾驶员的消息，或者对车辆采取措施。路侧单元节点是静态的，与个人或者公司无关，不需要太多的信息保护。

5. 可预测的运动性

尽管车辆节点的运行规律比较复杂，但车辆的运动趋势在一定程度上仍然是可以预测的。在高速公路场景，根据车辆所处的车道、实时的道路状况以及汽自身的速度和方向就可以推测汽车在随后短时间内的运动趋势。在城市场景中，不同类型的车辆具有不同的运动趋势。公交车的行驶平均速度缓慢且具有间隔性静止状态，因此根据公交节点的速度大小和道路特点就可以推测出短时间内的运动趋势。

五、车载自组织网络的应用场景

1. 碰撞预警

如图 4-28 所示，车辆 0 与车辆 4 相撞，车辆 0 因此发送一个协作转发碰撞预警信息。车辆 1 能够通过直接连接接收到碰撞预警信息，从而车辆 1 可以及时地刹车避免碰撞。但是，如果没有间接连接，即不能多跳转发信息，若车辆 2、车辆 3 与它们前面车辆的距离小于安全距离时，则车辆 2 和车辆 3 的碰撞是不可避免的。如果有间接连接，车辆 2 和 3 也能收到碰撞预警信息，则可以避免碰撞。

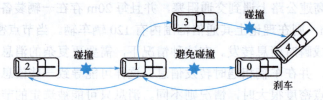

图 4-28　协作转发碰撞预警应用场景

2. 避免交通拥堵

如图 4-29 所示，车辆 1 收到了车辆 0 发送节点发送出的前方交通拥堵消息，然后车辆 1 存储该消息，直到车辆 2～车辆 5 能够与车辆 1 通信时，车辆 1 将消息转发给车辆 2～车辆 5，这样，车辆 2～车辆 5 也同样知道了前方拥堵的情况，这些车辆可以选择辅助道路行驶，从而避免交通堵塞，节省了时间。

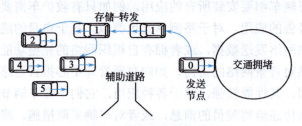

图 4-29　避免交通拥堵应用场景

3. 紧急制动警告

如图 4-30 所示，当前方车辆紧急制动时，紧急制动警告（EBW）将会提醒驾驶员。当制动车辆被其他车辆遮挡而不能被本车辆觉察时，EBW 将会非常有用。

通过系统开启车辆的后制动灯，EBW 利用车载自组织网络系统的非视距特点来防止追尾事故。

图 4-30　紧急制动警告应用场景

4. 并线警告

如图 4-31 所示，当车辆换道可能存在危险时，并线警告（LCW）将提醒有意换道的驾驶员。LCW 使用 V2V 通信和周边车辆的路径预测，利用链路的通信范围来预测驾驶员完成换道可能产生的碰撞。路径预测用于确定 3～5s 内，驾驶员要到达的车道区域是否被占用。如果该车道已被占用，则 LCW 将会提醒驾驶员潜在的危险。

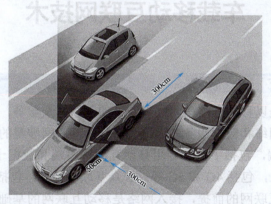

图 4-31　并线警告应用场景

5. 交叉路口违规警告

如图 4-32 所示，当驾驶员即将闯红灯时，交叉路口违规警告（IVW）系统对其发出警告。IVW 系统使用 V2I 通信方式，主车辆进行预测，其通信链路的主要优势是获取动态信息，如红绿灯阶段和红绿灯时间。部署了交通信号灯控制器的路侧单元会广播交通信号灯信息，包括位置、红绿灯阶段、红绿灯时间、交叉路口几何形状等。靠近交叉路口的车辆将车辆的预期路径与交通信号灯信息进行比较，以确定是否会发生交通信号违规。如果车辆将要发生违规行为，则 IVW 系统将提醒驾驶员，同时车辆也会发送消息至红绿灯和周围车辆，以表明警告已经发出。

图 4-32　交叉路口违规警告应用场景

随着车载自组织网络技术的发展，其应用范围越来越广泛，主要涉及安全、驾驶、公共服务、商用、娱乐等。

第四节　车载移动互联网技术

一、移动互联网定义

移动互联网是以移动网络作为接入网络的互联网及服务，包括三个要素，即移动终端、移动网络和应用服务。该定义将移动互联网涉及的内容主要囊括为三个层面：移动终端，包括手机、专用移动互联网终端和数据卡方式的便携电脑；移动通信网络接入，包括 4G 和 5G 等；公众互联网服务，包括 Web、WAP 方式。移动终端是移动互联网的前提，接入网络是移动互联网的基础，而应用服务则成为移动互联网的核心。

移动互联网包含两方面的含义：一方面，移动互联网是移动通信网络与互联网的融合，用户以移动终端接入无线移动通信网络（4G 网络、5G 网络、WLAN、WiMax 等）的方式访问互联网；另一方面，移动互联网还产生了大量新型的应用，这些应用与终端的可移动、可定位和随身携带等特性相结合，为用户提供个性化的、位置相关的服务。

二、移动互联网特点

移动互联网具有以下特点。

（1）终端移动性　移动互联网业务使得用户可以在移动状态下接入和使用互联网服务，移动的终端便于用户随身携带和随时使用。

（2）业务及时性　用户使用移动互联网能够随时随地获取自身或其他终端的信息，及时获取所需的服务和数据。

（3）服务便利性　由于移动终端的限制，移动互联网服务要求操作简便，响应时间短。

（4）业务/终端/网络的强关联性　实现移动互联网服务需要同时具备移动终端、接入网络和运营商提供的业务三项基本条件。

（5）终端和网络的局限性　移动互联网业务在便携的同时，也受到了来自网络能力和终端能力的限制。在网络能力方面，受到无线网络传输环境、技术能力等因素限制；在终端能力方面，受到终端大小、处理能力、电池容量等的限制。

三、移动互联网的体系架构

移动互联网的典型体系架构如图 4-33 所示，它由业务应用模块、移动终端模块、网络与业务模块组成。

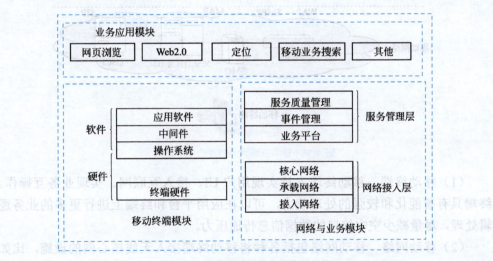

图 4-33　移动互联网的典型体系架构

（1）业务应用模块　业务应用模块提供给移动终端的互联网应用，这些应用包括典型的互联网应用，比如网页浏览、在线视频、内容共享与下载、电子邮件等，也包括基于移动网络特有的应用，如定位服务、移动业务搜索以及移动通信业务等。

（2）移动终端模块　从上至下包括终端软件架构和终端硬件架构。软件架构包括应用 APP、用户 UI、支持底层硬件的驱动、存储和多线程内核等；硬件架构包括终端中实现各种功能的部件。

（3）网络与业务模块　从上至下包括服务管理层和网络接入层。服务管理层包括业务平台、事件管理、服务质量管理等；网络接入层包括接入网络、承载网络和核心网络等。

从移动互联网中端到端的应用角度出发，又可以绘制出如图 4-34 所示的业务模型，它主要由移动终端、移动网络、网络接入网关、业务接入网关、移动网络应用组成。

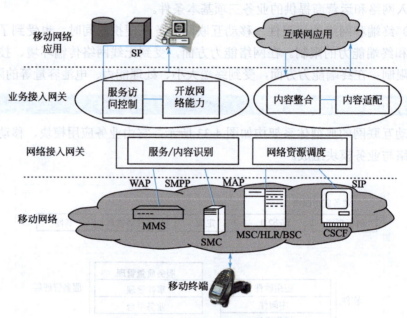

图 4-34　移动互联网端到端的技术架构

（1）移动终端　移动终端支持实现用户 UI、接入互联网、实现业务互操作。终端具有智能化和较强的处理能力，可以在应用平台和终端上进行更多的业务逻辑处理，尽量减少空中接口的数据信息传递压力。

（2）移动网络　移动网络包括各种将移动终端接入无线核心网的设施，比如无线路由器、交换机、BSC、MSC 等。

（3）网络接入网关　网络接入网关提供移动网络中的业务执行环境，识别上下行的业务信息、服务质量要求等，并可基于这些信息提供按业务、内容区分的资源控制和计费策略。网络接入网关根据业务的签约信息、动态进行网络资源调度，最大限度地满足业务的 QoS 要求。

（4）业务接入网关　业务接入网关向第三方应用开放移动网络能力 API 和业

务生成环境，使互联网应用可以方便地调用移动网络开放的能力，提供具有移动网络特点的应用。同时，实现对业务接入移动网络的认证，实现对互联网内容的整合和适配，使内容更适合移动终端对其的识别和展示。

（5）移动网络应用　移动网络应用提供各类移动通信、互联网以及移动互联网特有的服务。

四、移动互联网接入方式

移动互联网接入方式主要有卫星通信网络、无线城域网（WMAN）、无线局域网（WLAN）、无线个域网（WPAN）和蜂窝网络（4G、5G 网络）等。

（1）卫星通信网络　卫星通信的优点是通信区域大、距离远、频段宽、容量大；可靠性高、质量好、噪声小、可移动性强、不容易受自然灾害影响。缺点是存在传输时延大、回声大、费用高等问题。

（2）无线城域网　无线城域网以微波等无线传输为介质，提供同城数据高速传输、多媒体通信业务和 Internet 接入服务等，具有传输距离远、覆盖面积大、接入速度快、高效、灵活、经济、较为完备的 QoS 机制等优点。缺点是暂不支持用户在移动过程中实现无缝切换，性能与 4G 的主流标准存在差距。

（3）无线局域网　无线局域网是指以无线或无线与有线相结合的方式构成的局域网，如 Wi-Fi。无线局域网具有布网便捷、可操作性强、网络易于扩展等优点。缺点是性能、速率和安全性存在不足。

（4）无线个域网　无线个域网是采用红外、蓝牙等技术构成的覆盖范围更小的局域网。目前，无线个域网采用的技术有蓝牙、ZigBee、UWB、60GHz、IrDA、RFID、NFC 等，具有低功耗、低成本、体积小等优点。缺点主要是覆盖范围小。

（5）蜂窝网络　蜂窝移动通信系统由移动站、基站子系统、网络子系统组成，采用蜂窝网络（4G、5G）作为无线组网方式，通过无线信道将移动终端和网络设备进行连接。其中宏蜂窝、微蜂窝是蜂窝移动通信系统应用较多的蜂窝技术。蜂窝移动通信的主要缺点是高成本、带宽低。

网络技术的发展为用户提供了多种不同的无线接入方式，包括以太网、通用分组无线业务（GPRS）网络、5G 网络、Wi-Fi 以及无线个域网技术等。异构网络的多接口接入，需要消除多种网络接入方式带来的潜在冲突，屏蔽多接口带来的操作复杂性。

五、车载移动互联网组成

车载移动互联网是以车为移动终端，通过远距离无线通信技术构建的车与互联网之间的网络，实现车辆与服务信息在车载移动互联网上的传输。

车载移动互联网的组成如图 4-35 所示,它是先通过短距离通信技术在车内建立无线个域网或无线局域网,再通过 4G/5G 技术与互联网连接。

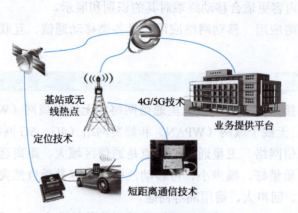

图 4-35 车载移动互联网的组成

智能网联汽车通过车载移动互联网,可以实现导航及位置服务、实时交通信息服务、网络信息服务、汽车使用服务、汽车出行服务、商务办公等。汽车与互联网互联,赋予了汽车连接世界的能力。

第五章
智能网联汽车环境感知技术

环境感知技术是智能网联汽车关键技术之一，它是通过安装在智能网联汽车上的传感器或自组织网络，对道路、车辆、行人、交通标志、交通信号灯等进行检测和识别的技术，主要应用于先进驾驶辅助系统，如自适应巡航控制系统、车道偏离报警系统、道路保持辅助系统、汽车并线辅助系统、自动刹车辅助系统等，保障智能网联汽车安全、准确到达目的地。

第一节　智能网联汽车环境感知系统

一、环境感知对象

智能网联汽车环境感知对象主要包括以下几个方面。

（1）行驶路径识别　结构化道路的行驶路径识别包括道路交通标线、行车道边缘线、路口导向线、导向车道线、人行横道线、道路出入口标线、道路隔离物识别；非结构化道路的行驶路径识别主要是可行驶路径的确认。

（2）周边物体感知　周边物体感知主要包括车辆、行人、地面上可能影响车辆通过和安全行驶的其他各种移动或静止物体的识别；各种交通标志的识别；交通信号灯的识别。

（3）驾驶状态检测　驾驶状态检测主要包括驾驶员自身状态、主车自身行驶状态和周边车辆行驶状态的检测。

（4）驾驶环境检测　驾驶环境检测主要包括路面状况、道路交通拥堵情况、天气状况的检测。

由此可见，智能网联汽车环境感知对象非常多，而且情况复杂，这里主要介绍对道路、车辆、行人、交通标志和交通信号灯的检测或识别。

环境感知在智能网联汽车中的典型应用如图 5-1 所示。

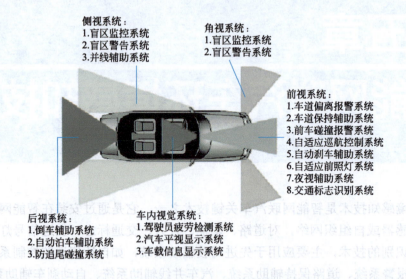

图 5-1　环境感知在智能网联汽车中的典型应用

二、环境感知方法

环境感知方法主要有惯性元件、超声波传感器、激光雷达、毫米波雷达、视觉传感器、自组织网络、融合传感等。

（1）惯性元件　惯性元件主要是指汽车上的车轮转速传感器、加速度传感器、微机械陀螺仪、转向盘转角传感器等，通过它们感知汽车自身的行驶状态。

（2）超声波传感器　超声波传感器主要用于短距离探测物体，不受光照影响，但测量精度受测量物体表面形状、材质影响大。

（3）激光雷达　激光雷达可以获取车辆周边环境二维或三维距离信息，通过距离分析识别技术对行驶环境进行感知。激光雷达能够直接获取物体三维距离信息，测量精度高，对光照环境变化不敏感；但它无法感知无距离差异的平面内目标信息，体积较大，价格较高，不便于车载集成。

（4）毫米波雷达　毫米波雷达与激光雷达一样，也可以获取车辆周边环境二维或三维距离信息，通过距离分析识别技术对行驶环境进行感知。毫米波雷达抗干扰能力强，受天气情况和夜间的影响小，体积小；传播损失比激光雷达少，行人的反射波较弱，难以探测。

（5）视觉传感器　视觉传感器能够获取车辆周边环境二维或三维图像信息，通过图像分析识别技术对行驶环境进行感知。视觉传感器获取的图像信息量大，实时性好，体积小，能耗低，价格低；但易受光照环境影响，三维信息测量精度较低。

（6）自组织网络 通过车载自组织网络可以获取车辆行驶周边环境信息和周边其他车辆行驶信息，也可以把车辆本身的信息传递给周边其他车辆。通过车载自组织网络能够获取其他感知手段难以实现的宏观行驶环境信息，可实现车辆之间信息共享，对环境干扰不敏感。

（7）融合传感 融合传感是指运用多种不同传感手段获取车辆周边环境多种不同形式信息，通过多信息融合技术对行驶环境进行感知，如视觉与毫米波雷达、视觉与激光雷达、视觉与超声波传感器的融合等。其优点是能够获取丰富的车辆周边环境信息，具有优良的环境适应能力，为安全快速辅助驾驶提供可靠保障；缺点是系统复杂，成本高。

图 5-2 所示为智能网联汽车周边环境感知示意图。

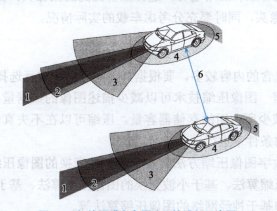

图 5-2 智能网联汽车周边环境感知示意图
1—长距离雷达；2—短距离雷达；3—视觉传感器；4—超声波传感；5—视觉传感器；6—自组织网络

三、基于机器视觉的环境感知流程

机器视觉是环境感知最常用的方法之一，它具有以下特点。

① 视觉图像的信息量极为丰富，尤其是彩色图像，不仅包含有视野内物体的距离信息，而且还有物体的颜色、纹理、深度和形状等信息。

② 在视野范围内可同时实现道路检测、车辆检测、行人检测、交通标志检测、交通信号灯检测等，信息获取面积大。当多辆智能网联汽车同时工作时，不会出现相互干扰的现象。

③ 视觉信息获取的是实时的场景图像，提供的信息不依赖于先验知识，比如 GPS 导航依赖地图信息，有较强的适应环境的能力。驾驶过程中，绝大多数信息都是人们从眼睛获取的。

因此，基于视觉的高效、低成本的环境感知将成为智能网联汽车未来产业化的主要发展方向。

基于视觉的环境感知流程如图 5-3 所示，一般包括图像采集、图像预处理、图像特征提取、图像模式识别、结果传输等，根据具体识别对象和采用的识别方法不同，感知流程也会略有差异。

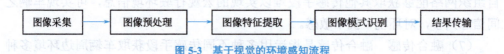

图 5-3　基于视觉的环境感知流程

1. 图像采集

图像采集主要是通过摄像头采集图像，如果是模拟信号，要把模拟信号转换为数字信号，并把数字图像以一定格式表现出来。

根据具体研究对象和应用场合，选择性价比高的摄像头。摄像头包括 CCD 摄像头和 COMS 摄像头，同时要充分考虑车载的实际情况。

2. 图像预处理

图像预处理包含的内容较多，要根据具体实际情况进行选择。

（1）图像压缩　图像压缩技术可以减少描述图像的数据量，以便节省图像传输、处理时间并减少所占用的存储器容量。压缩可以在不失真的前提下获得，也可以在允许失真的条件下进行。

比较常用的数字图像压缩方法有基于傅里叶变换的图像压缩算法、基于离散余弦变换的图像压缩算法、基于小波变换的图像压缩算法、基于 NNT（数论变换）的图像压缩算法和基于神经网络的图像压缩算法等。

（2）图像增强和复原　图像增强和复原的目的是为了提高图像的质量，如去除噪声，提高图像的清晰度等。

图像增强技术是通常不考虑图像降质的原因，只将图像中感兴趣的特征有选择的突出，而衰减其不需要的特征，故改善后的图像不一定要去逼近原图像。从图像质量评价观点来看，图像增强的主要目的是提高图像的可懂度。

图像增强有空域法和频域法两类方法。空域法主要在空域内对像素灰度值直接运算处理，如图像灰度变换、直方图修正、图像空域平滑和锐化处理、伪彩色处理等。图像增强的频域法就是在图像的某种变换域内，对图像的变换值进行计算，如傅里叶变换等。

图像复原技术与增强技术不同，它需要了解图像降质的原因，一般要根据图像降质过程的某些先验知识，建立"降质模型"，再用降质模型，按照某种处理方法，恢复或重建原来的图像。

（3）图像分割　图像分割就是把图像分成若干个特定的、具有独特性质的区域并提出感兴趣目标的技术和过程，它是图像处理和图像分析的关键步骤之一。图像分割方法主要有阈值分割法、区域分割法、边缘分割法和特定理论分割法。

阈值分割法的关键是确定阈值，如果能够确定一个合适的阈值，就可准确地将图像分割开来。阈值的选择有全局阈值、自适应阈值和最佳阈值等。阈值确定后，将阈值与像素点的灰度值比较和像素分割可对各像素并行进行，分割的结果直接给出图像区域。阈值分割法计算简单，运算效率高，速度快，特别适用于灰度均匀、变化较小、不同目标背景差异较大的图像。

区域分割法是以像素与其周围像素的相似度作为分割的标准。在图像上取一个像素作为种子，然后以这一点为中心向周围扩散，若周围的像素点灰度与这一点灰度的差值在允许范围内便认为它们是同一区域的。分割完一个区域后再以同样的方法进行下一个区域的分割。该方法对于一些自然景物分割效果较好。

边缘分割法是通过检测灰度级或结构突变进行分割的方法。在一幅图像中，若某一点像素灰度值与周围的灰度值相差较大，就认为该点可能处于边界上。如果能找到更多这样的点，并将具有联通性的点连起来就形成了边界。一种简单的边缘检测法就是利用微分算子，一般的算子有 Sobel 算子、Roberts 算子、Prewitt 算子、拉普拉斯算子等。另外，还有一些新发展起来的边缘分割法，如基于数学形态学的边缘分割法、基于遗传算法的边缘分割法、基于分形的边缘分割法等。

图像分割没有通用的自身理论，随着科学的发展，出现了一些与特定理论相结合的图像分割法，如基于聚类分析的图像分割法、基于模糊理论的图像分割法、基于小波变换的图像分割法、基于神经网络的图像分割法、基于图论的图像分割法等。

3. 图像特征提取

为了完成图像中目标的识别，要在图像分割的基础上，提取需要的特征，并将某些特征计算、测量、分类，以便于计算机根据特征值进行图像分类、识别和理解。

在图像识别中，常选以下特征。

（1）图像幅度特征　图像像素灰度值、RGB、HSI 和频谱值等表示的幅值特征是图像的最基本特征。

（2）直观性特征　图像的边沿、轮廓、纹理和区域等，都属于图像灰度的直观特征。它们的物理意义明确，提取比较容易，可以针对具体问题设计相应的提取算法。

（3）图像统计特征　图像统计特征主要有直方图特征、统计性特征（如均值、方差、能量、熵等）、描述像素相关性的统计特征（如自相关系数、协方差等）。

（4）图像几何特征　图像几何特征主要有面积、周长、分散度、伸长度、曲线的斜率和曲率、凸凹性、拓扑特性等。

（5）图像变换系数特征　如傅里叶变换系数、Hough 变换、Wavelet 变换系数、Gabor 变换、哈达玛变换、K-L 变换（PCA）等。

此外，还有一些其他描述图像的特征，如纹理特征、三维几何结构描述特征等。

4. 图像模式识别

图像模式识别的方法很多，从图像模式识别提取的特征对象来看，图像识别方法可分为基于形状特征的识别技术、基于色彩特征的识别技术以及基于纹理特征的识别技术等。

（1）基于形状特征的识别方法　基于形状特征的识别方法关键是找到图像中对象形状及对此进行描述，形成可视特征矢量，以完成不同图像的分类，常用来表示形状的变量有形状的周长、面积、圆形度、离心率等。

（2）基于色彩特征的识别方法　基于色彩特征的识别方法主要针对彩色图像，通过色彩直方图具有的简单且随图像的大小、旋转变换不敏感等特点进行分类识别。

（3）基于纹理特征的识别方法　基于纹理特征的识别方法是通过对图像中非常具有结构规律的特征加以分析或者是对图像中的色彩强度的分布信息进行统计来完成。

依据模式特征选择及判别决策方法的不同，图像模式识别方法可分为统计模式（决策理论）识别方法、句法（结构）模式识别方法、模糊模式识别方法和神经网络模式识别方法等。

（1）统计模式识别方法　统计模式识别是目前最成熟也是应用最广泛的方法，它是以数学上的决策理论为基础建立统计模式识别模型。其基本模型是对被研究图像进行大量统计分析，找出规律性的认识，并选取出反映图像本质的特征进行分类识别。统计模式识别系统可分为两种运行模式，即训练和分类。训练模式中，预处理模块负责将感兴趣的特征从背景中分割出来、去除噪声以及进行其他操作；特征选取模块主要负责找到合适的特征来表示输入模式；分类器负责训练分割特征空间。在分类模式中，被训练好的分类器将输入模式根据测量的特征分配到某个指定的类。

统计模式识别根据决策界是否直接得到将其分为几何方法和基于概率密度的方法。几何方法经常直接从优化一定的代价函数构造决策界，它包括模板匹配法、距离分类法、线性判别函数、非线性判别函数等。其中模板匹配法是模式识别中的一个最原始、最基本的方法，它将待识模式分别与各标准模板进行匹配，若某一模板与待识模式的绝大多数单元均相匹配，则称该模板与待识模式"匹配得好"，反之则称"匹配得不好"，并取匹配最好的作为识别结果。基于概率密度的方法要首先估计密度函数然后构造分类函数指定决策界。

（2）句法模式识别方法　句法模式识别系统主要由预处理、基元提取、句法分析和文法推断等几部分组成。由预处理分割的模式，经基元提取形成描述模式的基元串（即字符串）。句法分析根据文法推理所推断的文法，判决有序字符串所描述的模式类别，得到判决结果。

（3）模糊模式识别　模糊模式识别是根据人对事物识别的思维逻辑，结合人类大脑识别事物的特点，将计算机中常用的二值逻辑转向连续逻辑。在图像识别领域应用时该方法可以简化图像识别系统，并具有实用、可靠等特点。应用模糊方法进行图像识别的关键是确定某一类别的隶属函数，而各类的统计指标则要由样本像元的灰度值和样本像元的隶属函数的值即隶属度共同决定。

（4）神经网络模式识别　神经网络模式识别源于对动物神经系统的研究，通过采用硬件或软件的方法，建立了许多以大量处理单元为节点，各单元通过一定的模式实现互联的拓扑网络。该网络通过一定的机制，能够模仿人的神经系统的结构和功能。神经网络是一种全新的模式识别技术，它具有分布式存储信息的特点；神经元能够独立运算和处理收到的信息，即系统能够并行处理输入的信息；神经网络还具有自组织、自学习的能力。

5. 结果传输

通过环境感知系统识别出的信息，传输到车辆其他控制系统或者传输到车辆周围的其他车辆，完成相应的控制功能。

四、环境感知系统组成

智能网联汽车环境感知系统由信息采集单元、信息处理单元和信息传输单元组成，如图5-4所示。

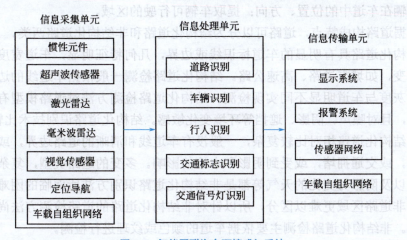

图5-4　智能网联汽车环境感知系统

（1）信息采集单元　对环境的感知和判断是智能网联汽车工作的前提和基础，感知系统获取周围环境和车辆信息的实时性和稳定性，直接关系到后续检测或识别准确性和执行有效性。信息采集技术主要有超声波传感器、激光雷达、毫米波激光雷达、视觉传感器、定位导航及车载自组织网络技术等。

（2）信息处理单元　信息处理单元主要是对信息采集单元输送来的信号，通过一定的算法对道路、车辆、行人、交通标志、交通信号灯等进行识别。

（3）信息传输单元　信息处理单元对环境感知信号进行分析后，信息送入传输单元，传输单元根据具体情况执行不同的操作，如分析后的信息确定前方有障碍物，并且本车与障碍物车辆之间的距离小于安全距离，则将这些信息送入控制执行模块，控制执行模块结合本车速度、加速度、转向角等自动调整智能网联汽车的车速和方向，实现自动避障，在紧急情况下也可以自动刹车；信息传输单元把信息传输到传感器网络上，实行车内部资源共享；也可以把信息通过自组织网络传输给车辆周围的其他车辆，实现车辆与车辆之间信息共享。

第二节　道路识别技术及仿真

道路识别技术主要用于车道偏离报警系统和车道保持辅助系统等。在实现方法上主要分为基于雷达成像原理的雷达传感器和基于机器视觉图像的视觉传感器两类。

一、道路检测分类

道路检测的任务是提取车道的几何结构，如车道的宽度、车道线的曲率等；确定车辆在车道中的位置、方向；提取车辆可行驶的区域。

根据道路构成特点，道路可以分为结构化道路和非结构化道路两类。

结构化道路具有明显的车道标识线或边界，几何特征明显，车道宽度基本上保持不变，如城市道路、高速公路。结构化道路检测一般依据车道线的边界或车道线的灰度与车道明显不同实现检测。结构化道路检测方法对道路模型有较强的依赖性，且对噪声、阴影、遮挡等环境变化敏感。结构化道路识别技术比较成熟。

非结构化道路相对比较复杂，一般没有车道线和清晰的道路边界，或路面凹凸不平，或交通拥堵，或受到阴影和水迹的影响。多变的道路类型，复杂的环境背景，以及阴影与变化的天气等都是非结构化道路识别方法所面临的困难，道路区域和非道路区域更难以区分，所以针对非结构化道路的道路检测方法尚处于研究阶段。非结构化道路检测主要依据车道的颜色或纹理进行检测。

从算法的实现原理来看，虽然方法在实现细节上各不相同，但可以用如图 5-5 所示的理论框架加以概括。也有部分道路检测方法未使用框架内的方法，如神经网络方法。

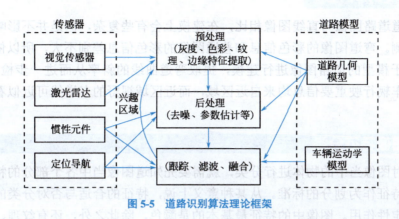

图 5-5　道路识别算法理论框架

二、复杂环境下的道路图像特点

复杂的道路环境和复杂的气候变化都会影响道路的识别，道路图像具有以下特点。

1. 阴影条件下的道路图像

阴影检测和去除一直是计算机视觉研究中的热点和难点，可以通过分析阴影特征来识别道路。

阴影检测方法一是基于物体的特性，二是基于阴影的特性。前者通过目标的三维几何结构、已知场景和光源信息来确定阴影区域，这种方法局限性很大，因为获得场景、目标的三维结构信息并不是件容易的事。后者通过分析阴影在色彩、亮度和几何结构等方面的特征来识别阴影，这种方法则具有普遍性和实用性。由于直射光线被遮挡，造成阴影区域较暗、亮度较小，这些都是检测阴影的重要特征。另外，分析阴影的色彩特征是目前的研究热点，因为彩色图像比灰度图像包含更多的信息。

2. 强弱光照条件下的道路图像

光照处理可分为强光照射和弱光照射。强光照射造成的路面反射会使道路其余部分像素的亮度变大，而弱光照射会使道路的像素变得暗淡。例如阴天，道路图像具有黑暗、车道线难辨别等特点。

3. 雨天条件下的道路图像

雨水覆盖分为完全覆盖和部分覆盖两种。前者完全改变了道路的相对特征和种子像素，因此这种情况下能够自然地识别。后者如果雨水能反光，可以通过光照处理来解决。

4. 弯道处的道路图像

弯道道路图像与直线图像相比，在建模上会有些复杂，但是并不影响道路图像的检测。弯道图像的彩色信息和普通图像的彩色信息差别不大，所以依然可以利用基于模型的道路图像进行建模，提取弯道曲线的斜率从而进一步检测图像。考虑到车辆行驶重要信息均来自近区域，而近区域视野的车道线可近似看成是直线模型。

三、图像特征分类

要对图像当中的物体进行分类，就需要先知道图像当中各个部分的特征，利用这些特征作为划分的标准。从某种意义上说，特征的合适与否对分类的精确度起着决定性作用。图像中的特征最基本的是颜色，除此之外，还有纹理、形状等个体的特征以及空间位置关系这种整体的特征。

1. 颜色特征

颜色特征就是对图像或者图像区域当中色彩的一个描述，它的特点是并不关注细节，不关注具体的某一个像素，而是从整体上来统计图像或者图像区域中的色彩。颜色特征有它自己的优点，比如颜色是不会因为旋转图像发生变化的，即使是放大或者缩小图像，也一样不会有影响。但是这样一来颜色特征也不太适用于对图像中的某一局部进行描述。在图像处理中，常用的颜色特征包括颜色直方图、颜色集、颜色矩、颜色聚合向量等。

（1）颜色直方图　颜色直方图是对不同灰度级在图像中所占比例的一个统计分析，它的优点和缺点都在于它的计算与像素点的空间位置无关，它是一个完全的统计特性。这样一方面计算方便，对于不需要考虑空间位置的问题很适用；另一方面对于识别出物体的具体位置就显得不适用了。常用 RGB、HSV、HSI 等颜色空间下的图像来计算图像的颜色直方图。

① RGB 模型也称加色法混色模型，它是将彩色信息分成三个分量（R、G、B 分别代表红、绿、蓝），三个分量的不同组合可以表示出不同的颜色。RGB 模型可以建立在三维坐标系中，三个坐标轴分别用 RGB 的三个分量 R、G、B 表示，如图 5-6 所示。RGB 模型的空间是一个正方体，原点代表黑色，对角顶点代表白色，RGB 颜色空间中的任意一种颜色可以用从原点的矢量表示。一般情况下，要将 RGB 颜色模型立方体归一化为单位立方体，此时 RGB 每个分量的值在 [0, 1] 之间。RGB 颜色模型的优点是看起来比较直观，缺点是 R、G、B 三个分量相互依赖，任何一个分量发生改变，都会影响到整体颜色的改变。

RGB 模型是人眼最直观的颜色模式,大多数彩色摄像机都是用 RGB 格式获取图像,能够直观地表示物体的色彩,是一种重要的颜色模型。

② HSV 模型用色调(H)、饱和度(S)和亮度(V)三种属性表达颜色特征。其中色调是与混合光谱中的光的波长相联系的,反映了人们对颜色种类的感受;饱和度与色调的纯度有关,表示颜色的浓度;亮度表示人眼感受颜色的强弱程度,颜色中掺入白色越多就越明亮。这三种属性能够独立表达人们感受颜色的过程,互相不受影响。因此,HSV 模型也称主观颜色模型。

HSV 模型也称六角锥体模型,如图 5-7 所示,色调 H 用绕中轴旋转的角度表示,取值范围为 0~360°,红色为 0,按逆时针角度方向计算,绿色为 120°,蓝色为 240°;亮度 V 用垂直轴线上的大小表示,取值范围为 0~1.0;饱和度 S 用离中心轴线的距离表示,取值范围为 0~1.0;当 S=1 且 V=1 时,得到纯色彩。

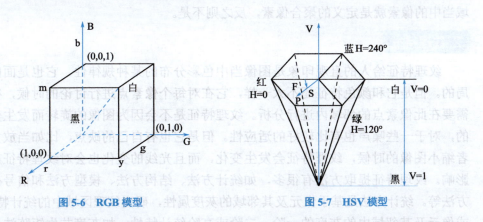

图 5-6　RGB 模型　　　　　　　　图 5-7　HSV 模型

HSV 模型有两个显著特点:第一,在 HSV 模型中亮度分量 V 和色度分量 H 是相互独立的,V 分量与图像的颜色无关,只与图像的光照强度有关;第二,色调分量 H 及饱和度分量 S 互相独立,并且与人们感知色彩的方式紧密相连。这些优点使得 HSV 模型可以充分发挥色度分量 H 的作用,适合基于人类的视觉系统对彩色图像分析的算法。

③ HSI 色彩模型较好地反映了人们的视觉系统对不同色彩的感知方式,在该模型中用色调(H)、色饱和度(S)及强度(I)三个基本分量来表达不同的颜色。H 与光波的波长紧密相关,不同 H 的值代表着不同的颜色,如当 H 值的取值范围为 0~360 时,红色、绿色和蓝色的 H 值分别为 0、120 和 240;S 代表颜色的纯度,纯色是完全饱和的,颜色也最鲜艳,向纯光谱色中加入白光会降低饱和度;I 表示成像的亮度和图像的灰度,I 是一个主观的概念,表达了人类视觉对颜色明亮程度的感知。I 与图像的彩色信息无关,H 和 S 与人们感受颜色的方式紧密相连,因此,HSI 颜色模型得到了广泛的应用,成了颜色检测及分析的常用模型。

(2)颜色集　颜色集可以看作是颜色直方图的一个变种,或者说近似。颜色集的计算需要在视觉均衡的颜色空间中进行，比如 HSV 颜色空间。所以计算时首先将 RGB 颜色空间转化到此颜色空间。然后把颜色空间分成若干个柄，再以色彩特征把图像划分成若干子图像。对于三个颜色分量，只保留其中一个量化此颜色空间，并用这个颜色分量作为索引，从而用一个二进制颜色索引集来表达完整的图像。

（3）颜色矩　颜色矩是用来表达图像或者图像区域中颜色分布的一种方法，常用的有三种，即颜色的一阶矩（均值）、二阶矩（方差）以及三阶矩（偏斜度）。它们可以比较充分地来表达一幅图像或者图像区域中的色彩分布。

（4）颜色聚合向量　在求解颜色聚合向量时，首先要获取图像的直方图，然后利用它把其中每个柄的像素划分成两个部分。划分的方法是先给定一个阈值，然后统计柄当中部分像素占据的连续面积，如果它们大于这个阈值，那么这个区域当中的像素就是定义的聚合像素，反之则不是。

2. 纹理特征

纹理特征给人的直观印象是图像当中色彩分布的某种规律性，它也是面向全局的。但是它和颜色特征还不太一样，它在对每个像素点进行讨论的时候，往往需要在此像素点的邻域内进行分析。纹理特征是不会因为图像的旋转而发生变化的，对于一些噪声也有比较好的适应性。但是它也有自己的缺点，比如当放大或者缩小图像的时候，纹理特征会发生变化，而且光线的变化也会对纹理特征产生影响。纹理特征提取方法有很多，如统计方法、结构方法、模型方法和信号处理方法等。统计方法是基于像元及其邻域的灰度属性，研究纹理区域中的统计特性，或像元及其邻域内的灰度的一阶、二阶或高阶统计特性，如灰度共生矩阵法；结构方法是基于纹理基元分析纹理特征，着力找出纹理基元，认为纹理由许多纹理基元构成，不同类型的纹理基元、不同的方向和数目等，决定了纹理的表现形式，如数学形态学法；模型方法中，假设纹理是以某种参数控制的分布模型方式形成的，从纹理图像的实现来估计计算模型参数，以参数为特征或采用某种分类策略进行图像分割，如随机场模型法；信号处理方法是建立在时域、频域分析与多尺度分析基础上，对纹理图像中某个区域内实行某种变换后，再提取保持相对平稳的特征值，以此特征值作为特征表示区域内的一致性以及区域间的相异性，如小波变换方法。信号处理方法是从变换域中提取纹理特征，其他方法是从图像域中提取纹理特征。

3. 形状特征

形状特征的提出主要是为了讨论图像或者图像区域当中物体的各种形式的形状。这里的形状包含了图像或图像区域的周长、面积、凹凸性以及几何形状等特征。按照形状特征的关注点不同，一般把形状特征分为着眼于边界的特征和关系到整个区域的特征。比较成熟的形状特征描述方法有边界特征法，它着眼于图像中的边界，借以描述图像的形状，采用 Hough 变换提取直线和圆就是这类方法的典型应用；傅里叶形状描述符法是针对物体的边界进行傅里叶变换，因为边界有封装和周期性的特征，它可以把二维的问题降成一维；几何参数法是利用形状的定量计算来描述形状特征，计算的参数包括矩、面积、周长、圆度、偏心率等。

4. 空间关系特征

图像当中的物体是丰富多彩的，物体作为一个独立的个体会有它自己的特性，而从整体来看，物体和物体之间也会存在一定的联系，其中最直接的联系就是空间位置关系。比如物体之间可能邻接，也可能是被其他物体间隔的。物体和物体之间可能有相互重叠的情况，也有互不关联的状况。在描述空间位置的时候有时候用绝对的描述，比如用具体的图像中的坐标；也可以用相对的描述，比如相对某一物体的左或者右等。空间位置关系的作用是加强了图像当中物体彼此区分的能力。但是存在的问题是空间位置关系随着图像的旋转会发生变化，而尺度的变化也同样会影响它的效果。正是因为这个特点，一般都要将空间位置关系和其他特征配合起来使用。

四、道路识别方法

为了能在智能网联汽车的先进辅助驾驶系统中应用视觉识别技术，视觉识别必须具备实时性、鲁棒性、实用性这三个特点。实时性是指系统的数据处理必须与车辆的行驶速度同步进行；鲁棒性是指智能网联汽车上的机器视觉系统对不同的道路环境和变化的气候条件具有良好的适应性；实用性是指智能网联汽车先进辅助驾驶系统能够为普通用户所接受。

道路识别算法大体可以分为基于区域分割的识别方法、基于道路特征的识别方法和基于道路模型的识别方法。

1. 基于区域分割的识别方法

基于区域分割的识别方法是把道路图像的像素分为道路和非道路两类。分割的依据一般是颜色特征或纹理特征。基于颜色特征的区域分割方法的依据是道路图像中道路部分的像素与非道路部分的像素的颜色存在显著差别。根据采集到的图像性质，颜色特征可以分为灰度特征和彩色特征两类。灰度特征来自灰度图像，可用的信息为亮度的大小。彩色特征除了亮度信息外，还包含色调和饱和度。基于颜色特征的车道检测的本质是彩色图像分割问题，主要涉及颜色空间的选择和采用的分割策略两个方面。当然，由于不同道路的彩色和纹理会有变化，道路的颜色也随时间变化而变化，基于区域的分割是一个很困难的问题。同时，路面区域分割方法大多计算量大，难以精确定位车道的边界。

2. 基于道路特征的识别方法

基于道路特征的识别方法主要是结合道路图像的一些特征，如颜色、梯度、纹理等特征，从所获取的图像中识别出道路边界或车道标识线，适合于有明显边界特征的道路。基于特征的车道检测过程一般分为两个阶段：第一个阶段为特征提取，主要是利用图像预处理技术、边缘检测技术提取属于车道线的像素集合，并利用相位技术确定车道线像素的方向；第二个阶段是特征聚合，即把车道线像素聚合为车道线，包括利用车道线宽度恒定的约束进行车道线局部聚合，再利用车道线平滑性约束以及平行车道线交于消隐点的约束进行车道线的长聚合。

基于道路特征的车道线识别算法中的特征主要可以分为灰度特征和彩色特征。基于灰度特征的识别方法是根据车辆前方的序列灰度图像，利用道路边界和车道标识线的灰度特征完成的对道路边界及车道标识线的识别；基于彩色特征的识别方法是利用获取的序列彩色图像，根据道路及车道标识线的特殊色彩特征来完成对道路边界和车道标识线的识别。目前应用较多的是基于灰度特征的识别方法。

基于道路特征的识别方法与道路形状无关，鲁棒性较好，但对阴影和水迹较为敏感，且计算量较大。

3. 基于道路模型的识别方法

基于道路模型的识别方法主要是基于不同的（2D 或 3D）道路图像模型，采用不同的检测技术（Hough 变换、模板匹配技术、神经网络技术等）对道路边界或车道线进行识别。

在道路平坦的假设前提下，道路图像中的车道线可以认为是在同一平面上，这时道路模型有直线模型、多项式曲线模型、双曲线模型以及样条曲线模型等。目前最常用的道路几何模型是直线道路模型。

为了更准确地描述道路形状，提出了曲线道路模型。常用的弯道模型有同心圆曲线模型、二次曲线模型、抛物线模型、双曲线模型、直线 - 抛物线模型、线性双曲线模型、广义曲线模型、回旋曲线模型、样条曲线模型、圆锥曲线模型和分段曲率模型等。

在道路不平坦的情况下，可以利用双目视觉系统获得立体道路图像，通过建立 3D 道路图像模型进行车道检测。

基于 2D 道路图像模型的识别方法便于采用，且不需要精确地标定或知道车辆的自身参数，其不利之处是很难对车辆位置进行估计。基于 3D 道路图像模型的识别方法主要用于对距离的分析不是要求很高的没有标识的道路识别，缺点是模型比较简单或噪声强度比较大时，识别精度比较低；模型比较复杂时，模型的更新比较困难。

由于道路模型在结构上有规律可循，从而可以利用少量信息求解出整个道路模型，进而对阴影、水迹等因素具有较高的抗干扰性。一般基于视觉的道路模型需要满足以下几个特点。

（1）准确度高　模型最基本的一个特点是要求准确地描述道路的实际特征。现实道路形状多样，为模型的建立增加了难度，所以如何根据实际的应用需求选择和求解模型是关键。

（2）鲁棒性高　模型的鲁棒性主要体现在对外界干扰因素的适应性。当由于外界干扰造成局部特征信息的获取失败或失效的时候，不会影响整体模型的求解。

（3）实时性好　基于视觉的导航系统中，实时性是一个重要因素。通常为了提高模型拟合的准确度，必须尽可能多的利用道路特征信息，并利用复杂的算法排除干扰，这将会大大增加运算。因此如何在保证模型有效性的情况下减少算法计算量，是影响模型是否高效的重要因素。

（4）灵活性好　为了适应显示道路形状多样性的特点，模型还需要具备构造和求解的灵活性。极少或不会因为道路相撞的变化，而造成模型求解方式的改变或失效。

基于模型的识别方法检测出的道路较为完整，只需较少的参数就可以表示整个道路，所以基于模型的方法对阴影、水迹等外界影响有较强的抗干扰性，不过在道路类型比较复杂的情况下，很难建立准确的模型，降低了对任意类型道路检测的灵活性。

4. 基于道路特征与模型相结合的识别方法

基于道路特征与模型相结合的识别方法的基本思想在于利用基于道路特征的识别方法在对抗阴影、光照变化等方面的鲁棒性，对待处理图像进行分割，找出其中道路区域，再根据道路区域与非道路区域的分割结果找出道路边界，并使用道路边界拟合道路模型，从而达到综合利用基于道路特征的识别方法与基于道路模型的识别方法的目的。

基于道路特征与模型相结合的识别方法能否取得好的识别效果，其关键之处在于分割与拟合这两个过程。基于特征的分割过程能否准确地分割待处理图像的道路区域与非道路区域，将直接影响拟合的准确性；道路模型的拟合过程能否排除分割过程残留的噪声的影响，能否适应复杂环境中道路形状的变化，将直接影响道路检测的最终结果。因此，能否找到一种鲁棒性强的分割方法以及一种能适应多种道路形状变化的道路模型，是算法成功的关键之处。

五、道路识别仿真技术

MATLAB 提供了多种道路检测函数。

1. 检测灰度图像中车道

segmentLaneMarkerRidge 为检测灰度图像中车道的函数,其调用格式为

```
birdsEyeBW=segmentLaneMarkerRidge(birdsEyeImage,birdsEyeConfig,aMarkerWidth)
birdsEyeBW=segmentLaneMarkerRidge(___,Name,Value)
```

其中,birdsEyeImage 为鸟瞰灰度图像;birdsEyeConfig 为将车道点从车辆坐标转换为图像坐标;aMarkerWidth 为车道近似宽度;Name 和 Value 为设置感兴趣区域(ROI)和灵敏度因子;birdsEyeBW 为检测的车道。

2. 抛物线车道边界模型

parabolicLaneBoundary 为创建抛物线车道边界模型的函数,其调用格式为

```
boundaries=parabolicLaneBoundary(parabolicParameters)
```

其中,parabolicParameters 为抛物线模型的系数;boundaries 为抛物线车道边界模型。

抛物线模型为 $y=Ax^2+Bx+C$,抛物线模型系数为 $[A,B,C]$。

3. 使用抛物线模型寻找车道边界

findParabolicLaneBoundaries 为使用抛物线模型寻找车道边界的函数,其调用格式为

```
boundaries=findParabolicLaneBoundaries(xyBoundaryPoints,approxBoundaryWidth)
[boundaries,boundaryPoints]=findParabolicLaneBoundaries(xyBoundaryPoints,approxBoundaryWidth)
[___]=findParabolicLaneBoundaries(___,Name,Value)
```

其中,xyBoundaryPoints 为候选车道边界点;approxBoundaryWidth 为车道近似宽度;Name 和 Value 为设置车道边界检测属性;boundaries 为车道边界模型;boundaryPoints 为车道边界点。

4. 三次方车道边界模型

cubicLaneBoundaryModel 为创建三次方车道边界模型的函数,其调用格式为

```
boundaries=cubicLaneBoundary(cubicParameters)
```

其中,cubicParameters 为三次方模型的系数;boundaries 为三次方车道边界模型。

三次方模型为 $y=Ax^3+Bx^2+Cx+D$,三次方模型系数为 $[A,B,C,D]$。

5. 用三次方模型寻找车道边界

findCubicLaneBoundaries 为用三次方模型寻找车道边界的函数,其调用格式为

```
boundaries=findCubicLaneBoundaries(xyBoundaryPoints,approxBoundaryWidth)
[boundaries,boundaryPoints]=findCubicLaneBoundaries(xyBoundaryPoints,appr
oxBoundaryWidth)
        [___] = findCubicLaneBoundaries(___,Name,Value)
```

其中，xyBoundaryPoints 为候选车道边界点；approxBoundaryWidth 为车道近似宽度；Name 和 Value 为设置车道边界检测属性；boundaries 为车道边界模型；boundaryPoints 为车道边界点。

6. 求车道边界坐标值

computeBoundaryModel 为已知车道边界 x 坐标求 y 坐标的函数，其调用格式为

```
yWorld=computeBoundaryModel(boundaries,xWorld)
```

其中，boundaries 为车道边界模型；xWorld 为车道边界的 x 坐标；yWorld 为车道边界的 y 坐标。

7. 在图像中插入车道边界

insertLaneBoundary 为在图像中插入车道边界的函数，其调用格式为

```
rgb=insertLaneBoundary(I,boundaries,sensor,xVehicle)
rgb=insertLaneBoundary(___,Name,Value)
```

其中，I 为输入图像；boundaries 为车道边界模型；sensor 为采集图像的传感器；xVehicle 为车道边界 x 轴位置；Name 和 Value 为设置车道边界的颜色和线宽；rgb 为带有边界线的图像。

车道检测仿真实例

【例 5-1】使用抛物线车道边界模型查找图 5-8 中的车道线；将检测出的车道标在鸟瞰图和原始图上。

图 5-8 车道线原始图

解： 在 MATLAB 命令行窗口输入以下程序。

1	`I=imread('road.png');`	% 读取道路图像
2	`bevSensor=load('birdsEyeConfig');`	% 加载鸟瞰图配置
3	`birdsEyeImage=transformImage(bevSensor.birdsEyeConfig,I);`	% 道路图像转换鸟瞰图像
4	`approxBoundaryWidth=0.25;`	% 车道近似宽度
5	`birdsEyeBW=segmentLaneMarkerRidge(rgb2gray(birdsEyeImage),` `bevSensor.birdsEyeConfig,approxBoundaryWidth);`	% 检测灰度图像中的车道
6	`[imageX,imageY]=find(birdsEyeBW);`	% 查找图像边界点
7	`xyBoundaryPoints=imageToVehicle(bevSensor.birdsEyeConfig,` `...[imageY,imageX]);`	% 图像坐标转换为车辆坐标
8	`boundaries=findParabolicLaneBoundaries(xyBoundaryPoints, ...` `approxBoundaryWidth);`	% 查找边界
9	`XPoints=3:30;`	% 设置 *x* 点范围
10	`BEconfig=bevSensor.birdsEyeConfig;`	% 定义传感器
11	`lanesBEI=insertLaneBoundary(birdsEyeImage,boundaries(1),` `BEconfig,XPoints);`	% 插入左车道
12	`lanesBEI=insertLaneBoundary(lanesBEI,boundaries(2),BEconfig,` `XPoints,'Color','green');`	% 插入右车道
13	`imshow(lanesBEI)`	% 显示检测结果
14	`figure`	% 设置图形窗口
15	`sensor=bevSensor.birdsEyeConfig.Sensor;`	% 定义传感器
16	`lanesI=insertLaneBoundary(I,boundaries(1),sensor,XPoints);`	% 插入左车道
17	`lanesI=insertLaneBoundary(lanesI,boundaries(2), ...` `sensor,XPoints,'Color','green');`	% 插入右车道
18	`imshow(lanesI)`	% 显示检测结果

输出结果如图 5-9 所示。

(a) 鸟瞰图　　　　　　(b) 原始图

图 5-9　使用抛物线模型寻找车道边界线

【例 5-2】 利用 MATLAB 的图像处理技术对图 5-10 中所示的两侧车道线进行检测。

解： 本例车道线检测步骤如下。

① 原始图像灰度变换。

② 图像滤波处理。

③ 图像二值化处理。

图 5-10　车道线原始图像

④ 图像边缘检测。

⑤ 霍夫变换提取直线段。

⑥ 车道线检测结果绘制。

在 MATLAB 命令行窗口输入以下程序。

1	ori=imread('roadline.jpg');	% 读取原始图像
2	pic_gray=rgb2gray(ori);	% 转换灰度图像
3	figure(1)	% 设置图形窗口 1
4	imshow(pic_gray)	% 显示灰度图形
5	filter1_pic=medfilt2(pic_gray);	% 图像中值滤波
6	filter2_pic=filter2(fspecial('average',3),filter1_pic)/255;	% 图像滤波
7	figure(2)	% 设置图形窗口 2
8	imshow(filter2_pic)	% 显示滤波图像
9	bw_pic=im2bw(filter2_pic);	% 图像二值化
10	figure(3)	% 显示图形窗口 3
11	imshow(bw_pic)	% 显示图像二值化
12	verge_pic=edge(bw_pic,'canny');	% 边缘检测
13	figure(4)	% 设置图形窗口 4
14	imshow(verge_pic)	% 显示边缘检测图像
15	[H,T,R]=hough(verge_pic);	% 霍夫变换
16	figure(5)	% 设置图形窗口 5
17	imshow(H,[],'XData',T,'YData',R,'InitialMagnification','fit')	% 显示霍夫变换
18	xlabel('\theta 轴')	% 设置 x 坐标轴
19	ylabel('\rho 轴');	% 设置 y 坐标轴
20	axis on	% 打开坐标轴标签
21	axis normal	% 调节坐标轴纵横比
22	hold on	% 保存图形
23	P=houghpeaks(H,2,'threshold',ceil(0.3*max(H(:))));	% 寻找霍夫变换峰值
24	x=T(P(:,2));y=R(P(:,1));	% 给 x、y 赋值
25	plot(x,y,'s','color','white')	% 绘制 x、y
26	lines=houghlines(verge_pic,T,R,P,'FillGap',50,'MinLength',50);	% 寻找直线
27	figure(6)	% 设置图形窗口 6
28	imshow(verge_pic)	% 显示车道线图像

```
29      hold on                                          % 保存图形
30      [h,w]=size(ori);                                 % 原始图像尺寸
31      for k=1:length(lines)                            % 循环开始
32         xy=[lines(k).point1;lines(k).point2];         % 取 xy 值
33      X=[xy(1,1),xy(2,1)];                             % X 坐标
34      Y=[xy(1,2),xy(2,2)];                             % Y 坐标
35         p=polyfit(X,Y,1);                             % 曲线拟合
36         t=0:0.01:w;                                   % 设 t 取值范围
37      n=polyval(p,t);                                  % 多项式曲线求值
38         plot(t,n,'LineWidth',5,'Color','green');      % 绘制车道线
39      end                                              % 循环结束
40      figure(7)                                        % 设置图形窗口 7
41      imshow(ori)                                      % 显示原始图像
42      hold on                                          % 保存图形
43      [h,w]=size(ori);                                 % 原始图像尺寸
44      for k=1:length(lines)                            % 循环开始
45         xy=[lines(k).point1;lines(k).point2];         % 取 xy 值
46      X=[xy(1,1),xy(2,1)];                             % X 坐标
47      Y=[xy(1,2),xy(2,2)];                             % Y 坐标
48         p=polyfit(X,Y,1);                             % 曲线拟合
49         t=0:0.01:w;                                   % 设 t 取值范围
50      n=polyval(p,t);                                  % 多项式曲线求值
51         plot(t,n,'LineWidth',5,'Color','green');      % 绘制车道线
52      end                                              % 循环结束
```

输出结果如图 5-11 所示。

(a) 灰度图像　　(b) 滤波图像

(c) 二值化处理图像　　(d) 边缘检测图像

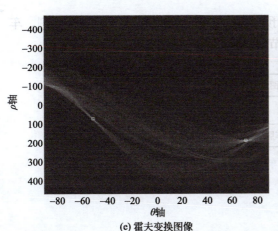
(e) 霍夫变换图像

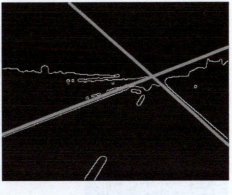
(f) 车道线绘制

(g) 原始图像标注车道线检测

图 5-11 车道线检测过程

通过 MATLAB 编程，也可以对视频中的车道线进行检测。

第三节　车辆识别技术及仿真

一、车牌识别技术

1. 车牌识别系统组成

车牌识别系统是一个基于数字图像处理和字符识别的智能化系统，该系统通过拍摄采集包含车牌的数字图像，对图像进行预处理以克服图像干扰，改善识别效果，接着在图像中自动找到车牌的位置也就是车牌定位，再分割出车牌字符形成一个个大小相同的单个字符，最后把大小归一化好的字符输入字符识别模块进行识别。它主要涉及图像采集、图像预处理、车牌区域定位、车牌字符分割、车牌字符识别、输出车牌号码等主要环节，其总体结构如图 5-12 所示。

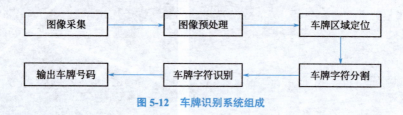

图 5-12　车牌识别系统组成

2. 车牌识别系统功能

车牌识别系统包括以下功能。

（1）图像预处理　车辆图像的采集主要是利用摄像机室外拍摄车牌图像，存在许多干扰，为了减小误差，必须对图像进行预处理（灰度化、图像滤波、图像增强等），为车牌定位做好准备。

（2）车牌区域定位　车牌区域定位包括车牌的粗定位和精确定位，以及从车辆图像中提取出车牌图像的功能。

（3）车牌字符分割　牌照中的字符可能出现一定的倾斜，故要对车牌倾斜进行校正。然后将车牌中的字符正确地分割成单个字符。

（4）车牌字符识别　对分割出的字符进行归一化处理，识别字符并显示车牌号码。

3. 车牌区域特征

不同国家中，车牌的特征是不一样的，我国车牌具有以下四种可用于定位的特征。

（1）颜色特征　颜色特征是一种全局特征，是基于像素点的特征。现有的车牌主要由四种类型组成——小型汽车的蓝底白字车牌、大型汽车的黄底黑字车牌、白底黑字的军警车、黑底白字的国外驻华使馆用车。车牌底色和字符颜色反差较大，由于颜色对图像区域的方向、大小等变化不敏感，所以颜色特征不能很好地捕捉图像中车牌的局部特征。另外，仅使用颜色特征，信息量过大，基本上是灰度信息的三倍大，处理时间太长。

（2）纹理特征　纹理特征描述了车牌区域的表面性质。车牌内有七个字符，大小统一、水平排列，有一部分会因为拍摄的原因存在一定程度的倾斜，字符和背景之间灰度值对比明显。但由于纹理只是物体表面的特性，并不能完全反映出物体的本质属性，所以仅仅利用纹理特征也是有问题的。与颜色特征不同，纹理特征不是基于像素点的特征，它需要在包含多个像素点的区域中进行统计计算。在模式识别中，这种区域性的特征具有较大的优越性。作为一种统计特征，纹理特征对于噪声有较强的抵抗能力。但是，纹理特征也有其缺点，容易受到光照强度、反射情况的影响。

（3）形状特征　形状特征通常有两类表示方法：一类是轮廓特征；另一类是区域特征。轮廓特征主要针对物体的外边界，而图像的区域特征则关系到整个形状区域。由于受到摄像头的安装位置和拍摄角度的限制，拍摄到的图像中车牌区域往往不是矩形，而是一个平行四边形。因为国家统一的车牌大小是标准的，宽高比是一定的，即使有所变形也在一定范围内，因此车牌在原始图像中的相对位置比较集中，偏差不会很大。

（4）灰度跳变特征　车牌的底色、边缘颜色和车身的颜色各不相同，表现在图像中就是灰度级互不相同，这样在车牌边缘形成灰度突变边界，形成灰度跳变特征。事实上，车牌边缘在灰度上的表现就是一种屋顶状边缘。在车牌区域内部，由于字符本身和牌照底色的灰度是均匀的，所以穿过车牌的水平直线呈连续的峰、谷、峰的分布。

4. 车牌定位算法

车牌定位算法很多，如基于灰度值的车牌定位算法、基于边缘检测技术的车牌定位算法、基于频谱分析的车牌定位算法、基于神经网络的车牌定位算法、基于遗传算法的车牌定位算法、基于模糊逻辑的车牌定位算法等。

（1）基于灰度值的定位算法　其基本原理是车牌底色、车牌边框颜色及背景颜色灰度化后灰度值不同，形成了灰度值突变的边界。车牌边框的灰度值高于背景灰度值，且车牌边框为平行四边形，通过边缘提取，进行定位。

（2）基于边缘检测技术的定位算法　根据车牌的特征和车牌内部字符的边缘特征，估计出最大车牌的区域。该方法可能会把干扰强的边缘误记为车牌窗口，需要大量的车牌字符区域和图像宽度比例的先验知识。

（3）基于频谱分析的定位算法　如小波变换，根据小波分析可以在不同的分辨率层次上对图像进行分割，在低分辨率层次上进行粗分割，可以节约时间并同时为细分割缩小检测范围。

（4）其他定位算法　基于神经网络、遗传算法、模糊逻辑算法等方法需要大量的先验知识，同时计算量巨大，但记忆性好。

任何算法都有其优劣，仅靠单一的算法是无法在多种情况下取得较好的定位效果的，可以采用结合多种算法的综合定位方法。

5. 字符识别算法

字符识别算法有很多，如基于模板匹配的字符识别算法、基于特征统计匹配法、基于边缘检测和水平灰度变化特征的方法、基于颜色相似度及彩色边缘的算法等。

（1）基于模板匹配的字符识别算法　模板匹配方法是一种经典的模式识别方法，是最直接的字符识别方法，其实现方式是计算输入模式与样本之间的相似性，取相似性最大的样本为输入模式所属类别。这种方法具有较快的识别速度，尤其对二值图像，速度更快，可以满足实时性要求。但它对噪声十分敏感，任何有关光照、字符清晰度的变化都会影响识别的正确率，且往往需要使用大量的模板或多个模板进行匹配。

（2）基于特征统计匹配法　针对字符图像的特征提取的方法多种多样，有逐像素特征提取法、垂直方向数据统计特征提取法、基于网格的特征提取法、弧度梯度特征提取法等很多方法。这种特征对一般噪声不敏感，选取的特征能够反映出图像的局部细节特征，方法相对简单，然而在实际应用中，由于外部原因的存在常常会出现字符模糊、字符倾斜等情况，从而影响识别效果，当字符出现笔画融合、断裂、部分缺失时，此方法更加无能为力。因此，实际应用效果不理想，抗干扰性不强。

（3）基于边缘检测和水平灰度变化特征的方法　这类方法是使用最多的，细分类也多，有用可变矩形模板检测的方法搜索符合条件的车牌矩形区域的方法，有记录灰度水平跳变频度的方法，速度快、漏检率低，但误检率高。

（4）基于颜色相似度及彩色边缘的算法　此类方法一般利用颜色模型转换，结合先验知识，进行定位和判断，不受大小限制，精度较高，缺点是对图像品质要求高，对偏色、牌照褪色及背景色干扰等情况无能为力，一般也不独立使用。

二、运动车辆识别技术

前方车辆检测是判断安全车距的前提，车辆检测的准确与否不仅决定了测距的准确性，而且决定了是否能够及时发现一些潜在的交通事故。

识别算法用于确定图像序列中是否存在车辆，并获得其基本信息，如大小、位置等。摄像机跟随车辆在道路上运动时，所获取道路图像中车辆的大小、位置和亮度等是在不断变化的。根据车辆识别的初始结果，对车辆大小、位置和亮度的变化进行跟踪。由于车辆识别时需要对所有图像进行搜索，所以算法的耗时较大。而跟踪算法可以在一定的时间和空间条件约束下进行目标搜索，还可以借助一些先验知识，因此计算量较小，一般可以满足预警系统的实时性要求。

目前用于识别前方运动车辆的方法主要有基于特征的识别方法、基于机器学习的识别方法、基于光流场的识别方法和基于模型的识别方法等。

1. 基于特征的识别方法

基于特征的方法是在车辆识别中最常使用的方法之一，又叫作基于先验知识的方法。

对于行驶在前方的车辆，其颜色、轮廓、对称性等特征都可以用来将车辆与周围背景区别开来。因此，基于特征的车辆检测方法就以这些车辆的外形特征为基础从图像中检测前方行驶的车辆。当前常用的基于特征的方法主要有使用阴影特征的方法、使用边缘特征的方法、使用对称特征的方法、使用位置特征的方法和使用车辆尾灯特征的方法等。

（1）使用阴影特征的方法　前方运动车辆底部的阴影是一个非常明显的特征。通常的做法是先使用阴影找到车辆的候选区域，再利用其他特征或者方法对候选区域进行下一步验证。

（2）使用边缘特征的方法　前方运动车辆无论是水平方向上还是垂直方向上都有着显著的边缘特征，边缘特征通常与车辆所符合的几何规则结合起来运用。

（3）使用对称特征的方法　前方运动车辆在灰度化的图像中表现出较为明显的对称特征。一般来说对称特征分为灰度对称和轮廓对称这两类特征。灰度对称特征一般指统计意义上的对称特征，而轮廓对称特征指的是几何规则上的对称特征。

（4）使用位置特征的方法　一般情况下，前方运动车辆存在于车道区域之内，所以在定位出车道区域的前提下，将检测范围限制在车道区域之内，不但可以减少计算量，还能够提高检测的准确率。而在车道区域内如果检测到不属于车道的物体，一般都是车辆或者障碍物，对于驾驶员来说都是需要注意的目标物体。

（5）使用车辆尾灯特征的方法　在夜间驾驶场景中前方运动车辆的尾灯是将车辆与背景区别出来的显著且稳定的特征。夜间车辆尾灯在图像中呈现的是高亮度、高对称性的红白色车灯对。利用空间以及几何规则能够判断前方是否存在车辆及其所在的位置。

因为周围环境的干扰和光照条件的多样性，如果仅仅使用一个特征实现对车辆的检测难以达到良好的稳定性和准确性。所以如果想获得较好的检测效果，目前都是使用多个特征相结合的方法完成对前方运动车辆的检测。

2. 基于机器学习的识别方法

前方运动车辆的检测其实是对图像中车辆区域与非车辆区域的定位与判断的问题。基于机器学习的检测方法一般需要从正样本集和负样本集提取目标特征，再训练出识别车辆区域与非车辆区域的决策边界，最后使用分类器判断目标。通常的检测过程是对原始图像进行不同比例的缩放，得到一系列的缩放图像，然后在这些缩放图像中全局搜索所有与训练样本尺度相同的区域，再由分类器判断这些区域是否为目标区域，最后确定目标区域并获取目标区域的信息。

机器学习的方法无法预先定位车辆可能存在的区域，因此只能对图像进行全局搜索，这样造成检测过程的计算复杂度高，无法保证检测的实时性。

3. 基于光流场的识别方法

光流场是指图像中所有像素点构成的一种二维瞬时速度场，其中的二维速度矢量是景物中可见点的三维速度矢量在成像表面的投影。通常光流场是由于摄像机、运动目标或两者在同时运动的过程中产生的。在存在独立运动目标的场景中，通过分析光流可以检测目标数量、目标运动速度、目标相对距离以及目标表面结构等。

光流分析的常用方法有特征光流法和连续光流法。特征光流法是在求解特征点处光流时，利用图像角点和边缘等进行特征匹配。特征光流法的主要优点是：能够处理帧间位移较大的目标，对于帧间运动限制很小；降低了对于噪声的敏感性；所用特征点较少，计算量较小。主要缺点是：难以从得到的稀疏光流场中提取运动目标的精确形状；不能很好地解决特征匹配问题。连续光流法大多采用基于帧间图像强度守恒的梯度算法，其中最为经典的算法是 L-K 法和 H-S 法。

光流场在进行运动背景下的目标识别时效果较好，但是也存在计算量较大、对噪声敏感等缺点。在对前方车辆进行识别尤其是当车辆距离较远时，目标车辆在两帧之间的位移非常小，有时候仅移动一个像素，因此这种情况下不能使用连续光流法。另外车辆在道路上运动时，车与车之间的相对运动较小，而车与背景之间的相对运动较大，这就导致了图像中的光流包含了较多的背景光流，而目标车辆光流相对较少，因此特征光流法也不适用于前方车辆识别。但是在进行从旁边超过的车辆识别时，由于超越车辆和摄像机之间的相对运动速度较大，所以在识别从旁边超过的车辆时采用基于光流的方法效果较好。

4. 基于模型的识别方法

基于模型的方法是根据前方运动车辆的参数来建立二维或三维模型，然后利用指定的搜索算法来匹配查找前方车辆。这种方法对建立的模型依赖度高，但是车辆外部形状各异，难以通过仅建立一种或者少数几种模型的方法来对车辆实施有效的检测，如果为每种车辆外形都建立精确的模型又将大幅增加检测过程中的计算量。

多传感器融合技术是未来车辆检测技术的发展方向。目前，在车辆检测中主要有两种融合技术，即视觉和激光雷达传感器的融合技术以及视觉和毫米波雷达传感器的融合。

三、车辆识别仿真技术

1. ACF 车辆检测器

聚合通道特征 (Aggregate Channel Features, ACF) 是将多个通道特征结合到一起形成一种聚合特征，结合多通道特征包含的信息，能够高效描述车辆特征。

vehicleDetectorACF 为基于聚合通道特性（ACF）的车辆检测器函数，其调用格式为

```
detector=vehicleDetectorACF
detector=vehicleDetectorACF(modelName)
```

其中，modeName 为模型名称；detector 为 AFC 车辆检测器。

模型名称分为全视图模型和前后视图模型，全视图（full-view）模型使用的训练图像是车辆的前、后、左、右侧的图像；前后视图（front-rear-view）模型仅使用车辆前后侧的图像进行训练。

2. RCNN 车辆检测器

RCNN（Region-based Convolutional Neural Networks）是一种结合区域提名（Region Proposal）和卷积神经网络（CNN）的目标检测方法。

vehicleDetectorFasterRCNN 为基于 RCNN 的车辆检测器函数，其调用格式为

```
detector=vehicleDetectorFasterRCNN
detector=vehicleDetectorFasterRCNN(modelName)
```

其中，modeName 为模型名称，模型名称为全视图（full-view）模型，即使用的训练图像是车辆的前、后、左、右侧的图像；detector 为 RCNN 车辆检测器。

车辆检测仿真实例

【例 5-3】利用 ACF 车辆检测器检测图 5-13 中的车辆。

解：在 MATLAB 命令行窗口输入以下程序。

1	`detector=vehicleDetectorACF('front-rear-view');`	%ACF 车辆检测器
2	`I=imread('cl1.png');`	% 读取原始图像
3	`[bboxes,scores]=detect(detector,I);`	% 检测图像中车辆
4	`I=insertObjectAnnotation(I,'rectangle',bboxes,scores);`	% 将检测结果标注在图像上
5	`imshow(I)`	% 显示检测结果

车辆检测结果如图 5-14 所示。图框中数字代表检测置信度。

图 5-13　ACF 车辆检测原始图像

图 5-14　ACF 车辆检测结果

可以采用 detector=vehicleDetectorACF 或者 detector=vehicleDetectorACF('full-view') 形式的车辆检测器，对不同图像中的车辆进行检测。

【例 5-4】利用 RCNN 车辆检测器检测图 5-15 中的车辆。

解：在 MATLAB 命令行窗口输入以下程序。

```
1  fasterRCNN=vehicleDetectorFasterRCNN('full-view');   %RCNN 车辆检测器
2  I=imread('c1.jpg');                                  % 读取原始图像
3  [bboxes,scores]=detect(fasterRCNN,I);                % 检测图像中车辆
4  I=insertObjectAnnotation(I,'rectangle',bboxes,scores); % 将检测结果标注在图像上
5  imshow(I)                                            % 显示检测结果
```

车辆检测结果如图 5-16 所示。

图 5-15 RCNN 车辆检测原始图像

图 5-16 RCNN 车辆检测结果

通过 MATLAB 编程，也可以对视频中的车辆进行检测。

第四节　行人识别技术及仿真

行人识别技术是智能网联汽车先进驾驶辅助系统的重要组成部分。行人是道路交通的主体和主要参与者，由于其行为具有非常大的随意性，再加上驾驶员在车内视野变窄以及长时间驾驶导致的视觉疲劳，使得行人在交通事故中很容易受到伤害。行人识别技术能够及时准确地检测出车辆前方的行人，并根据不同危险级别提供不同的预警提示（如距离车辆越近的行人危险级别越高，提示音也应越急促），以保证驾驶员具有足够的反应时间，能够极大地降低甚至避免撞人事故的发生。

一、行人检测类型

行人检测技术是利用安装在车辆前方的视觉传感器（摄像头）采集前方场景的图像信息，通过一系列复杂的算法分析处理这些图像信息实现对行人的检测。根据所采用摄像头的不同，又可以将基于视觉的行人检测方法分为可见光行人检测和红外行人检测。

(1) 可见光行人检测　可见光行人检测采用的视觉传感器为普通光学摄像头，

由于普通摄像头基于可见光进行成像，非常符合人的正常视觉习惯，并且硬件成本十分低廉；但是受到光照条件的限制，该方法只能在白天应用，在光照条件很差的阴雨天或夜间则无法使用。

（2）红外行人检测　红外行人检测采用红外热成像摄像头，利用物体发出的热红外线进行成像，不依赖于光照，具有很好的夜视功能，在白天和晚上都适用，尤其是在夜间以及光线较差的阴雨天具有无可替代的优势。红外行人检测相比可见光行人检测的主要优势包括：红外摄像头靠感知物体发出的红外线（与温度成正比）进行成像，与可见光光照条件无关，对于夜间场景中的发热物体检测有明显的优势；行人属于恒温动物，温度一般会高于周围背景很多，在红外图像中表现为行人相对于背景明亮突出；由于红外成像不依赖于光照条件，对光照明暗、物体颜色变化以及纹理和阴影干扰不敏感。随着红外成像技术的不断发展，红外摄像头的硬件成本也在慢慢降低，由原来的军事应用慢慢开始转向了民事应用。

二、行人识别特征

行人识别特征的提取就是利用数学方法和图像处理技术从原始的灰度图像或者彩色图像中提取表征人体信息的特征，它伴随着分类器训练和识别的全过程，直接关系到行人识别系统的性能，因此行人识别特征提取是行人识别的关键技术。在实际环境中，由于行人自身的姿态不同、服饰各异和背景复杂等因素的影响，使得行人特征提取比较困难，因此选取的行人特征要鲁棒性比较好。目前行人识别特征主要有 HOG 特征、Haar 小波特征、Edgelet 特征和颜色特征等。

1. HOG 特征

HOG 特征的主要思想是用局部梯度大小和梯度方向的分布来描述对象的局部外观和外形，而梯度和边缘的确切位置不需要知道。

梯度方向直方图描述符一般有三种不同形式，如图 5-17 所示，都是基于密集型的网格单元，用图像梯度方向的信息代表局部的形状信息，图 5-17（a）为矩形梯度直方图描述符；图 5-17（b）为圆形梯度方向直方图描述符；图 5-17（c）为单个中心单元的圆形梯度直方图描述符。

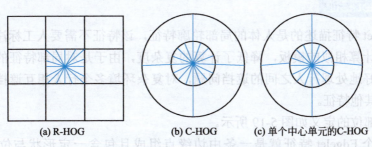

图 5-17　梯度方向直方图描述符变量

2. Haar 小波特征

Haar 小波特征反应图像局部的灰度值变化，是黑色矩形与白色矩形在图像子窗口中对应区域灰度级总和的差值。Haar 小波特征计算方便且能充分地描述目标特征，常与 Adaboost 级联分类器结合，识别行人目标。

常用的 Haar 小波特征主要分为八种线性特征、四种边缘特征、两种圆心环特征和一种特定方向特征，如图 5-18 所示。

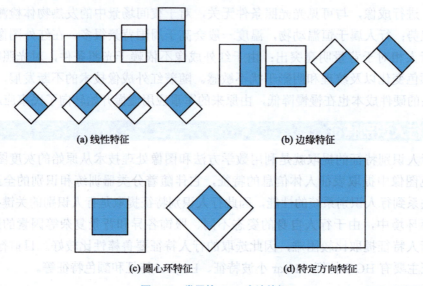

(a) 线性特征　　　　　　　　(b) 边缘特征

(c) 圆心环特征　　　　(d) 特定方向特征

图 5-18　常用的 Haar 小波特征

可以看出，Haar 小波特征都是由 2～4 个白色和黑色的矩形框构成。由该特征定义知，每一种特征都是计算黑色填充区域的像素值之和与白色填充区域的像素值之和的差值，这种差值就是 Haar 小波特征的特征值。实验表明，一幅很小的图像就可以提取成千上万的大量的 Haar 小波特征，这样就给算法带来了巨大的计算量，严重降低了检测 Haar 和分类器的训练的速度，为了解决这些问题，可以在特征提取中引入积分图的概念，并应用到实际的对象检测框架中。

3. Edgelet 特征

Edgelet 特征描述的是人体的局部轮廓特征，该特征不需要人工标注，从而避免了重复计算相似的模板，降低了计算的复杂度，由于是对局部特征的检测，该算法能较好地处理行人之间的遮挡问题，对复杂环境多个行人相互遮挡检测效果明显优于其他特征。

人体部位的定义如图 5-19 所示。

每一个 Edgelet 特征就是一条由边缘点组成且包含一定形状与位置信息的

小边,主要有直线型、弧型和对称型三种形式的 Edgelet 特征,该方法是通过 Adaboost 算法筛选出一组能力强的 Edgelet 特征进行学习训练,便能识别行人的各个部位,如头、肩、躯干和腿,最后分析各个局部特征之间相互的关系来进行整体的行人检测。

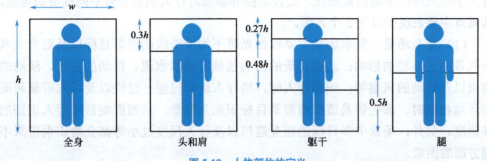

图 5-19 人体部位的定义

4. 颜色特征

颜色特征提取与颜色空间和颜色直方图有关。颜色空间包括 RGB、HSV 和 HIS 等。颜色直方图表示的是整幅图像中不同颜色所占的比例,并不关心每种颜色所处空间位置,即无法描述图像中的对象。在运动目标的检测与跟踪中,颜色直方图有其独特的优点,即物体形变对其影响较小,由于颜色直方图不表示物体的空间位置,仅表示颜色,跟踪目标的颜色不变,形体发生变化不会影响颜色直方图的分布,所以应用颜色直方图作为特征进行行人跟踪,很好地改善了行人动作随意和形变较大的缺点。

上述 4 种特征各有优缺点,概括如下。

① HOG 特征是比较经典的行人特征,具有良好的光照不变性和尺度不变性,能较强地描述行人的特征,对环境适应性较强,但它也有其自身的不足,如特征维数较高和计算量大,难以保证实时性。

② Haar 小波特征容易理解,计算简单,特别是引入积分图概念后,计算速度提高,实时性高,在稀疏行人且遮挡不严重的环境下检测效果较好,但是它对光照和环境遮挡等因素敏感,适应性差,不适合复杂易变的行人场景。

③ Edgelet 特征表征的是人体局部轮廓特征,可以处理一定遮挡情况下的行人检测,但是该算法要去匹配图像中所有相似形状的边缘,这样就需要耗费大量时间进行搜索,不能达到实时要求。

④ 颜色特征具有较强的鲁棒性,图像中子对象的方向和大小的改变对它影响不大,颜色给人以直观的视觉冲击,是最稳定、最可靠的视觉特征,常应用于行人跟踪领域,但是该特征容易受到背景环境的影响。

三、行人识别方法

从国内外当前的研究进展来看,行人识别的理论研究和实际应用已经取得了令人瞩目的成果,但仍然没有研发出一种广泛使用在各种场景下的通用识别方法,这主要是由行人的特性所决定的。行人属于非刚体,所以行人的姿态、穿着和尺度大小以及周围环境的复杂性、是否遮挡等都会对行人识别带来不同程度的难度,其难点主要表现在以下5个方面。

(1)复杂场景 复杂场景主要包括光照不均所造成的阴影目标以及雨雪大风天气等恶劣环境的影响;动态背景的影响包括波动的水流、摆动的树叶、涌动的喷泉以及转动的风扇等;识别行人时,当行人运动过慢、过快以及行人着装和周围环境相似时,都会容易造成将前景目标识别为背景,从而影响后续行人识别的准确度。另外,场景中多目标的相互遮挡以及行人尺度过小等都会给识别带来不同方面的困难。

(2)行人着装和姿态的多样化 人是属于非刚体,具有丰富的姿态特征,如坐下、站立、蹲下、骑车、躺下和拥抱等,针对不同姿态下的行人,识别算法都要具体分析,往往一个针对站立行人识别很有效的算法,可能就无法有效地识别出骑车的行人。有时候身材和着装的不同,行人的外观差异性也很大,如冬天和夏天,行人是否带围巾、眼镜、头盔和口罩,晴天和雨天,行人是否撑雨伞、穿雨衣等,一个人在不同年龄段的高矮胖瘦,衣服的颜色、穿裙子或穿裤子都会影响到头部、躯干、手部及腿部的外观。

(3)行人特征选取 常见的行人特征包括颜色特征、轮廓特征、HOG 特征、Haar 小波特征、Edgelet 特征等,行人识别往往利用其中的一种特征或者融合其中的多个特征来联合识别行人,增加识别的准确度。但是具体需要选择哪种特征能获得比较好的识别效果,不仅与选择的特征有关,还与采用的算法、场景的复杂性、行人运动的特性,甚至和摄像头获取视频序列的属性都有关,所以很难用某一种特征或通用的算法来解决行人识别问题。

(4)行人目标遮挡 行人目标遮挡是行人识别中比较难解决的问题,行人遮挡不仅表现在行人被场景内的静态物体部分遮挡或全遮挡,还表现在行人目标间的相互遮挡以及全遮挡等。遮挡极易造成行人目标信息的丢失,造成误检或漏检,从而影响识别的准确性,给后续的行人跟踪、识别带来巨大挑战。为了减少行人目标遮挡带来的歧义性,必须正确处理遮挡时所获取的特征与行人目标间的对应关系。

(5)行人识别窗口自适应调整问题 在摄像头所获取的视频帧中,当行人目标与摄像头的距离发生变化时,往往导致视场内行人的尺寸也会发生相应的变化。在识别过程中,如何有效地调整行人识别窗口的大小,使之更符合行人尺寸大小,是保证行人识别算法鲁棒性的重要指标，同时也是保证后续跟踪、识别算法提取更加准确信息的有力保障。

目前，行人识别方法主要有基于特征分类的行人识别方法、基于模型的行人识别方法、基于运动特性的方法、基于形状模型的方法、基于模板匹配的方法以及基于统计分类的方法等。

（1）基于特征分类的行人识别方法　基于特征分类的识别方法着重于提取行人特征，然后通过特征匹配来识别行人目标，是目前较为主流的行人识别方法，主要有基于 HOG 特征的行人识别方法、基于 Haar 小波特征的行人识别方法、基于 Edgelet 特征的行人识别方法、基于形状轮廓模板特征的行人识别方法、基于部件特征的行人识别方法等。

（2）基于模型的行人识别方法　基于模型的识别方法是通过建立背景模型识别行人，常用的基于背景建模的行人识别方法有混合高斯法、核密度估计法和 Codebook 法。

（3）基于运动特性的方法　基于运动特性的行人识别就是利用人体运动的周期性特性来确定图像中的行人。该方法主要针对运动的行人进行识别，不适合识别静止的行人。基于运动特性的识别方法中，比较典型的算法有背景差分法、帧间差分法和光流法。

（4）基于形状模型的方法　基于形状模型的行人识别主要依靠行人形状特征来识别行人，避免了由于背景变化和摄像机运动带来的影响，适合于识别运动和静止的行人。

（5）基于模板的匹配方法　基于模板匹配的行人识别是通过定义行人形状模型，在图像的各个部位匹配该模型以找到目标，建立的行人形状模型主要有线性模型、轮廓模型以及立体模型等。

（6）基于统计分类的方法　基于统计分类的行人识别是从样本中训练得到行人分类器，利用该分类器遍历图像各窗口进行判别，训练是离线进行的，不占用识别时间，分类器具有鲁棒性。

四、行人识别仿真技术

1. ACF 行人检测器

peopleDetectorACF 为基于聚合通道特性（ACF）的行人检测器函数，其调用格式为

```
detector=peopleDetectorACF
detector=peopleDetectorACF(name)
```

其中，name 为模型名称；detector 为 AFC 行人检测器。

2. 基于 HOG 特征检测行人

vision.PeopleDetector 为基于 HOG 特征检测行人的函数，其调用格式为

```
peopleDetector=vision.PeopleDetector
peopleDetector=vision.PeopleDetector(model)
peopleDetector=vision.PeopleDetector(Name,Value)
```

其中，model 为模型名称；Name 和 Value 用于设置属性；peopleDetector 为行人检测器。

与 vision.PeopleDetector 函数配套使用的命令格式为

```
bboxes=peopleDetector(I)
[bboxes,scores]=peopleDetector(I)
[___]=peopleDetector(I,roi)
```

其中，I 为输入图像；roi 为图像检测感兴趣区域；bboxes 为检测到的目标位置；scores 为检测置信度分数。

另外，MATLAB 也提供了人脸检测函数，其调用格式为

```
faceDetector=vision.CascadeObjectDetector
bboxes=faceDetector(I);
```

行人检测仿真实例

【例 5-5】利用 ACF 行人检测器检测图 5-20 中的行人。

解：在 MATLAB 命令行窗口输入以下程序。

1	`I=imread('xr1.jpg');`	% 读取原始图像
2	`[bboxes,scores]=detectPeopleACF(I);`	% 检测图像中行人
3	`I=insertObjectAnnotation(I,'rectangle',bboxes,scores);`	% 将检测结果标注在图像上
4	`imshow(I)`	% 显示检测结果

行人检测结果如图 5-21 所示。

图 5-20　ACF 行人检测原始图像

图 5-21　ACF 行人检测结果

【例 5-6】基于 HOG 特征检测图 5-22 中的行人。

解：在 MATLAB 命令行窗口输入以下程序。

1	`peopleDetector=vision.PeopleDetector;`	%HOG 行人检测器
2	`I=imread('xr2.jpg');`	% 读取原始图片
3	`[bboxes,scores]=peopleDetector(I);`	% 检测图像中行人
4	`I=insertObjectAnnotation(I,'rectangle',bboxes,scores);`	% 将检测结果标注在图像上
5	`imshow(I)`	% 显示检测结果

行人检测结果如图 5-23 所示。

图 5-22　HOG 行人检测原始图像

图 5-23　HOG 行人检测结果

通过 MATLAB 编程，也可以对视频中的行人进行检测。

第五节　交通标志识别技术及仿真

一、交通标志介绍

道路交通标志作为重要的道路交通安全附属设施，可向驾驶员提供各种引导和约束信息。驾驶员实时地、正确地获取交通标志信息，可保障行车更安全。

鉴于地区和文化差异，目前世界各个国家执行的交通标志标准有所不同。目前，我国道路交通标志的执行的标准是 GB 5768.2—2009《道路交通标志和标线 第 2 部分：道路交通标志》。由该标准可知，我国的交通标志分为主标志和辅助标志两大类，主标志又可以分为警告标志、禁令标志、指示标志、指路标志、旅游区标志、作业区标志、告示标志共 7 种，其中，警告标志、禁令标志和指示标志是最重要也是最常见的交通标志，直接关系到道路交通的通畅与安全，更与智能网联汽车的行车路径规划直接相关。为引起行人和车辆驾驶员的注意，交通标志都具有鲜明的颜色特征。我国警告标志、禁令标志和指示标志共计 131 种，这些交通标志由 5 种主要颜色（红、黄、蓝、黑和白色）组成。

（1）警告标志　警告标志主要用来警告车辆驾驶员、行人前方有危险，道路使用行动需谨慎。警告标志有明显的颜色特征,即黄色的底、黑色的边缘、黑色的内部图形,其形状大多数是顶角朝上的正三角形。部分警告标志样式如图 5-24 所示。

图 5-24　警告标志

(2) 禁令标志　禁令标志主要用来禁止或限制车辆、行人的交通行为及相应解除,道路使用者应严格遵守。禁令标志有明显的颜色特征,即白色的底、红色的边缘、红色的斜杠、黑色的内部图形,而且黑色图形在红色斜杠之上(解除速度限制和解除禁止超车除外),禁令标志的形状大多数是圆形,其中特殊的是正八边形和倒三角形,这两者的个数都是一个。部分禁令标志样式如图 5-25 所示。

图 5-25　禁令标志

(3) 指示标志　指示标志主要用来指示车辆、行人的行进。指示标志有明显的颜色特征,即蓝色的底、白色的内部图形,其形状多为圆形、矩形。部分指示标志样式如图 5-26 所示。

由国家标准对交通标志的规定可知交通标志的大小规格、制作材料、表面颜色、形状以及安装位置等信息,比如圆形交通标志的外径大小为 60cm、80cm 和 100cm 这三个规格,交通标志表面采用反光材料,交通标志一般安装在道路的右侧或者道路上方的悬臂或桥梁上,有固定高度。同时,交通标志的颜色与形状之间也有着一定的关系,如图 5-27 所示,禁令标志的颜色以红色为主,形状有倒三角形，正八边形和圆形；指示标志以蓝色为主，形状为圆形和矩形，警告标志以三角形为主。在交通标志的检测与识别过程中，应该充分利用这些颜色信息和形状信息，以及颜色与形状信息间的对应关系。

图 5-26　指示标志

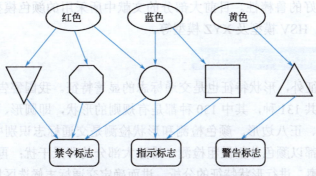

图 5-27　交通标志颜色与形状的关系

交通标志具有鲜明的色彩特征，因此要实现对交通标志图像的有效分割，颜色是一个重要信息，选择合适的颜色空间对其加以分析和提取，将有助于系统识别的实时性和准确性。

二、交通标志识别系统

在智能网联汽车中，交通标志的检测是通过图像识别系统实现的。交通标志识别系统如图 5-28 所示，首先使用车载摄像机获取目标图像，然后进行图像分割和特征提取，通过与交通标志标准特征库比较进行交通标志识别，识别结果可以与其他智能网联汽车共享。

三、交通标志识别方法

交通标志识别主要有基于颜色信息的交通标志识别、基于形状特征的交通标志识别、基于显著性的交通标志识别、基于特征提取和机器学习的交通标志识别等。

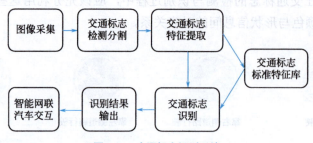

图 5-28　交通标志识别系统

1. 基于颜色信息的交通标志识别

颜色分割就是利用交通标志特有的颜色特征，将交通标志与背景分离。颜色特征具有旋转不变性，即颜色信息不会随着图像的旋转、倾斜而发生变化，与几何、纹理等特征相比，基于颜色特征设计的交通标志识别算法对图像旋转、倾斜的情况具有较好的鲁棒性。目前大部分的文献中所采用的颜色模型包括 RGB 模型、HSI 模型、HSV 模型及 XYZ 模型等。

2. 基于形状特征的交通标志识别

除颜色特征外，形状特征也是交通标志的显著特征。我国警告标志、指示标志、禁令标志共 131 种，其中 130 种都是有规则的形状，即圆形、矩形、正三角形、倒三角形、正八边形。颜色检测和形状检测是交通标志识别中的重要内容。检测方法通常都以颜色分割做粗检测，排除大部分的背景干扰；再提取二值图像各连通域的轮廓，进行形状特征的分析，进而确定交通标志候选区域并完成定位。

3. 基于显著性的交通标志识别

显著性作为从人类生物视觉中引入的概念，用来度量场景中具有最显眼的特征、最容易吸引人优先看到的区域。由于交通标志被设计成具有显眼的颜色和特定的形状，在一定程度上满足显著性的要求，可以采用显著性模型来识别交通标志。

4. 基于特征提取和机器学习的交通标志识别

无论是基于颜色和形状分析的算法，还是基于显著性的算法，由于它们能包含的信息有局限性，在背景复杂，或者出现与目标物十分相似的干扰物时，都不能很好地去除干扰，因此，通过合适的特征描述符更充分地表示交通标志，再通过机器学习方法区分标志和障碍物。

基于特征提取和机器学习的交通标志识别一般使用滑动窗口的方式或者使用

之前处理得到的感兴趣块进行验证的方式。前者对全图或者交通标志可能出现的感兴趣区域操作，以多尺度的窗口滑动扫描目标区域，对得到的每一个窗口均用训练好的分类器判断是否是标志。后者则认为经过之前的处理，如颜色、形状分析等，得到的感兴趣块已经是一整个标志或者干扰物，只需对其整体进行分类即可。

四、交通标志识别仿真技术

交通标志没有专门的检测函数，是通过训练目标检测器进行各种交通标志的检测。

1. ACF 目标检测器

trainACFObjectDetector 为训练 ACF 目标检测器的函数，其调用格式为

```
detector=trainACFObjectDetector(trainingData)
detector=trainACFObjectDetector(trainingData,Name,Value)
```

其中，trainingData 为地面真实训练数据（图像）；Name 和 Value 为指定的附加选项；detector 为 ACF 目标检测器。

2. 目标检测器训练数据

objectDetectorTrainingData 为目标检测器创建训练数据的函数，其调用格式为

```
[imds,blds]=objectDetectorTrainingData(gTruth)
trainingDataTable=objectDetectorTrainingData(gTruth)
___=objectDetectorTrainingData(gTruth,Name,Value)
```

其中，gTruth 为地面真实数据；imds 为图像数据存储的训练数据；blds 为盒式标签数据存储的训练数据；trainingDataTable 为训练数据表；Name 和 Value 为指定的附加选项。

交通标志检测仿真实例

【例 5-7】训练 ACF 目标检测器检测图 5-29 中的停车标志。

解：在 MATLAB 命令行窗口输入以下程序。

```
1   imageDir = fullfile(matlabroot, 'toolbox', 'vision',...    %定义文件路径
    'visiondata', 'stopSignImages');
2   addpath(imageDir);                                          %添加路径
3   load('stopSignsAndCars.mat');                               %加载停车标志训练数据
4   stopSigns=stopSignsAndCars(:,[1,2]);                        %提取图像文件名和停车标志
5   stopSigns.imageFilename=fullfile(toolboxdir('vision'), ...  %把图像文件添加到完整路径上
    'visiondata',stopSigns.imageFilename);
6   acfObjectDetector=trainACFObjectDetector(stopSigns, ...     %训练 ACF 停车标志检测器
    'NegativeSamplesFactor',2);
7   I=imread('tc1.jpg');                                        %读取图像
8   [bboxes,scores]=detect(acfObjectDetector,I);                %检测停车标志
9   I=insertObjectAnnotation(I,'rectangle',bboxes,scores);      %标志检测结果
10  imshow(I)                                                   %显示检测结果
```

输出结果如图 5-30 所示。

图 5-29　停车标志 1

图 5-30　使用 ACF 目标检测器检测停车标志

【例 5-8】创建训练数据检测图 5-31 中的停车标志。

解：在 MATLAB 命令行窗口输入以下程序。

```
1   imageDir = fullfile(matlabroot, 'toolbox', 'vision',...      % 定义文件路径
    'visiondata', 'stopSignImages');
2   addpath(imageDir);                                            % 添加路径
3   load('stopSignsAndCarsGroundTruth.mat', ...                   % 加载地面真实数据
    'stopSignsAndCarsGroundTruth')
4   stopSignGroundTruth=selectLabels(...                          % 选择停车标志数据
    stopSignsAndCarsGroundTruth,'stopSign');
5   trainingData=objectDetectorTrainingData(stopSignGroundTruth); % 创建训练数据
6   summary(trainingData)                                         % 汇总训练数据
7   acfDetector=trainACFObjectDetector(trainingData, ...          % 训练 ACF 目标检测器
    'NegativeSamplesFactor',2);
8   I=imread('tc3.jpg');                                          % 读取测试图像
9   bboxes=detect(acfDetector,I);                                 % 检测停车标志
10  annotation=acfDetector.ModelName;                             % 定义标签
11  I=insertObjectAnnotation(I,'rectangle',bboxes,annotation);    % 插入方框和标签
12  imshow(I)                                                     % 显示检测结果
```

输出结果如图 5-32 所示。

图 5-31　停车标志 2

图 5-32　创建训练数据检测停车标志

【例 5-9】利用 MATLAB 的图像处理技术对图 5-33 所示的限速 50km/h 的标志进行检测。

第五章　智能网联汽车环境感知技术　211

解： 本例交通标志检测步骤如下。

（1）读取原始图像和颜色空间转换　在 MATLAB 命令行窗口输入以下程序。

```
1  [filename,filepath]=uigetfile('.jpg','输入要检测的交通标志');
2  file=strcat(filepath,filename);
3  I=imread(file);
4  Hsv=rgb2hsv(I);
5  imshow(Hsv)
```

输出结果如图 5-34 所示。

图 5-33　限速标志

图 5-34　道路交通标志的 HSV 图像

（2）提取亮度和图像二值化　再在 MATLAB 命令行窗口输入以下程序。

```
1  I1=Hsv(:,:,1);
2  figure
3  imshow(I1)
4  BW=roicolor(I1,0.0277,0.032);
5  imshow(BW)
```

输出结果如图 5-35 和图 5-36 所示。

图 5-35　道路交通标志提取亮度后的图像

图 5-36　道路交通标志二值化图像

（3）图像优化处理　再在 MATLAB 命令行窗口输入以下程序。

```
1  se=strel('disk',10);
2  BW1=imclose(BW,se);
```

```
3    SE=ones(10);
4    PZ=imdilate(BW1,SE);
5    figure
6    imshow(PZ)
7    TC=bwfill(PZ,'holes');
8    figure
9    imshow(TC)
```

输出结果如图 5-37 所示。

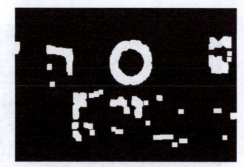
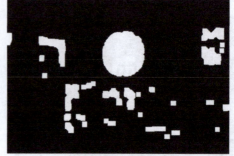

(a) 道路交通标志膨胀后图像　　　　　　　　(b) 道路交通标志充填后图像

图 5-37　图像优化处理

(4) 图像特征提取　再在 MATLAB 命令行窗口输入以下程序。

```
1    L=bwlabeln(TC);
2    S=regionprops(L,'Area','Centroid','BoundingBox');
3    cent=cat(1,S.Centroid);
4    boud=cat(1,S.BoundingBox);
5    Len=length(S);
6    t2=0;t4=0;t7=0;t8=0;
7    for i=1:3
8        Max(i)=0;
9        MR(i)=0;
10       MX(i)=0;
11       MY(i)=0;
12   end
13   Max1=0;Max2=0;Max3=0;ttq=0;
14   for i=1:Len
15       if (S(i).Area>=Max1)
16           Max3=Max2;Max(3)=Max(2);
17           Max2=Max1;Max(2)=Max(1);
18           Max1=S(i).Area;Max(1)=i;
19       else if(S(i).Area>=Max2)
20               Max3=Max2;Max(3)=Max(2);
21               Max2=S(i).Area;Max(2)=i;
22           else if(S(i).Area>=Max3)
23                   Max3=S(i).Area;Max(3)=i;
24               end
25           end
26       end
27   end
28   if((Max(1)&&Max(2)&&Max(3))==0)
```

```
29              imshowage=0;
30         errordlg(' 没有路标！！ ',' 基本信息 ');
31         else
32         imshowage=1;
33         for i=1:3
34              tz(i)=0;
35              Mblen(i)=0;
36              Mbwid(i)=0;
37         end
38         [hang,lie,r]=size(BW);
39         for i=1:3
40              X=cent(Max(i),1);Y=cent(Max(i),2);
41              MX(i)=round(X);MY(i)=round(Y);
42              bx=boud(Max(i),1);
43         by=boud(Max(i),2);
44         blen=boud(Max(i),4);
45         bwid=boud(Max(i),3);
46              bx1=round(bx);
47         by1=round(by);
48         Mblen(i)=round(blen);
49         Mbwid(i)=round(bwid);
50              if (blen>=bwid)
51                 MR=bwid;
52              else
53                 MR=blen;
54              end
55         if (MX(i)+round(MR/4)<=lie&&MY(i)+round(MR/6)<=hang&&TC(MY(i)+ ...
           round(MR/6),MX(i)+round(MR/4))==1)
56              t2=1;
57              end
58         if (MX(i)-round(MR/4)>0&&MY(i)-round(MR/6)>0&&TC(MY(i)- ...
           round(MR/6),MX(i)-round(MR/4))==1)
59              t4=1;
60              end
61         if (MY(i)+round(MR/6)<=hang&&MX(i)-round(MR/4)>0&&TC(MY(i)+ ...
           round(MR/6),MX(i)-round(MR/4))==1)
62              t7=1;
63              end
64         if (MY(i)-round(MR/6)>0&&MX(i)+round(MR/4)<=lie&&TC(MY(i)- ...
           round(MR/6),MX(i)+round(MR/4))==1)
65              t8=1;
66              end
67              if(t2&&t4&&t7&&t8&&S(Max(i)).Area/(hang*lie)>0.01)
68                 tz(i)=1;
69                 t2=0;t4=0;t7=0;t8=0;
70              end
71         end
72         end
73         if tz(3)==1
74              YC=bwareaopen(TC,Max3);
75         elseif tz(2)==1
76              YC=bwareaopen(TC,Max2);
77         elseif   tz(2)==0
78              YC=bwareaopen(TC,Max1);
79         imshow(YC)
80         else
```

```
 81         (((tz(1)+tz(2)+tz(3))==0));
 82         imshowage=0;
 83   errordlg('没有路标！！',' 基本信息');
 84   end
 85   flag=[0,0,0];
 86   for i=1:3
 87      if(tz(i)==1)
 88         high=Mblen(i);
 89         liezb=round(MX(i)-Mbwid(i)/2);
 90         hangzb=round(MY(i)-Mblen(i)/2);
 91         width=Mbwid(i);
 92         flag(i)=1;
 93   Iresult=imcrop(I,[liezb hangzb width high]);
 94         if(i==1)
 95   imwrite(Iresult,'result_1.bmp','bmp');
 96   elseif(i==2)
 97          imwrite(Iresult,'result_2.bmp','bmp');
 98   elseif(i==3)
 99          imwrite(Iresult,'result_3.bmp','bmp');
100   end
101   end
102   end
```

输出结果如图 5-38 所示。

（5）道路交通标志检测结果　再在 MATLAB 命令行窗口输入以下程序。

```
 1   if imshowage==1
 2      for i=1:3
 3         if(flag(1)==1)
 4            figure;imshow('result_1.bmp')
 5         end
 6         if(flag(2)==1)
 7            figure;imshow('result_2.bmp')
 8         end
 9         if(flag(3)==1)
10            figure;imshow('result_3.bmp')
11         end
12      end
13   else
14      imshow('err.jpg')
15   end
```

输出结果如图 5-39 所示。

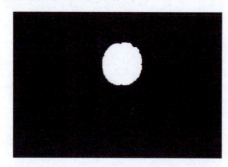

图 5-38　道路交通标志待测目标图像

图 5-39　道路交通标志检测结果

第五章 智能网联汽车环境感知技术 215

第六节 交通信号灯识别技术及仿真

一、交通信号灯介绍

不同国家和地区采用的交通信号灯式样各不相同，在国内，交通信号灯的设置都必须遵循 GB 14887—2011《道路交通信号灯》和 GB 14886—2016《道路交通信号灯设置与安装规范》。

从颜色来看，交通信号灯的颜色有红色、黄色、绿色这三种颜色，而且三种颜色在交通信号灯中出现的位置都有一定的顺序关系。

从功能来看，交通信号灯有机动车信号灯、非机动车信号灯、左转非机动车信号灯、人行横道信号灯、车道信号灯、方向指示信号灯、闪光警告信号灯、道口信号灯、掉头信号灯等。其中机动车信号灯、闪光警告信号灯、道口信号灯的光信号无图案；非机动车信号灯、左转非机动车信号灯、人行横道信号灯、车道信号灯、方向指示信号灯、掉头信号灯的光信号为各种图案。

从安装方式来看，交通信号灯的安装方式有横放安装和竖放安装两种，一般安装在道路上方。

信号灯发光单元、壳体、遮沿表面应平滑，无开裂、无银丝、无明显变形和毛刺等缺陷，信号灯壳体颜色应与光信号颜色有明显区别。

含有图案的信号灯，其图案形状和尺寸应满足图 5-40 所示的要求。信号灯各发光单元中心距不得大于发光单元透光面尺寸的 135%。

机动车信号灯由红、黄、绿三个几何位置分立单元组成一组，指导机动车通行。非机动车信号灯由红、黄、绿三个几何位置分立的内有自行车图案的圆形单元组成一组，指导非机动车通行。人行横道信号灯由几何位置分立的内有红色和绿色行人站立图案的单元组成一组，指导行人通行。机动车信号灯用于指导某一方向上机动车通行，箭头方向向左、向上和向右分别代表左转、直行和右转，绿色箭头表示允许车辆沿箭头所指的方向通行。

各种不同排列顺序的机动车信号灯如图 5-41 所示。

二、交通信号灯识别系统组成

交通信号灯识别系统包括检测和识别两个基本环节：首先是定位交通信号灯，通过摄像机，从复杂的城市道路交通环境中获取图像，根据交通信号灯的颜色、几何特征等信息，准确定位其位置，获取候选区域；然后是识别交通信号灯，检测算法中，已经获取交通信号灯的候选区域，通过对其分析及特征提取，运用分类算法，实现对其分类识别。

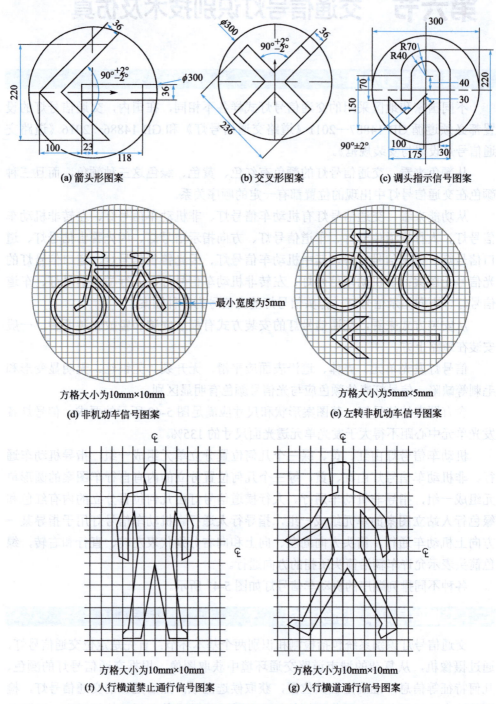

图 5-40 图案指示信号灯的外形和尺寸标准（单位：mm）

交通信号灯有各种识别系统。如图 5-42 所示为某交通信号灯识别系统，它主要由图像采集模块、图像预处理模块、检测模块、识别模块、跟踪模块和通信模块等组成。

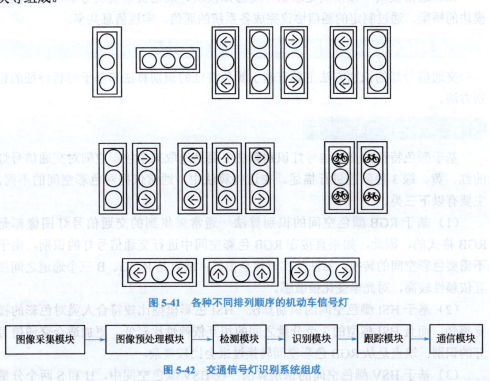

图 5-41　各种不同排列顺序的机动车信号灯

图 5-42　交通信号灯识别系统组成

（1）图像采集模块　摄像机成像质量好坏影响后续识别和跟踪的效果，一般采用彩色摄像机，其中摄像机的镜头焦距、曝光时间、增益、白平衡等参数的选择都对摄像机成像效果和后续处理有重要影响。

（2）图像预处理模块　图像预处理模块包括彩色空间选择和转换、彩色空间各分量的统计分析、基于统计分析的彩色图像分割、噪声去除、基于区域生长聚类的区域标记，通过图像预处理后得到交通信号灯的候选区域。

（3）检测模块　检测模块包括离线训练和在线检测两部分。离线训练通过交通信号灯的样本和背景样本的统计学习得到分类器，利用得到的分类器完成交通信号灯的检测。

（4）识别模块　通过检测模块在图像中的检测定位，结合图像预处理得出的信号灯色彩结果、交通信号灯发光单元面积大小和位置先验知识完成交通信号灯识别功能。

（5）跟踪模块　通过识别模块得到的结果可以得到跟踪目标，利用基于彩色的跟踪算法可以对目标进行跟踪，有效提高目标识别的实时性和稳定性。运动目标跟踪方法可分为四类，分别是基于区域的跟踪方法、基于特征的跟踪方法、基于主动轮廓线的跟踪方法和基于模型的跟踪方法。

（6）通信模块　该模块是联系环境感知模块、规划决策模块与车辆底层控制模块的桥梁，通过制定的通信协议完成各系统的通信，实现信息共享。

三、交通信号灯识别方法

交通信号灯的识别方法主要有基于颜色特征的识别算法和基于形状特征的识别方法。

1. 基于颜色特征的识别算法

基于颜色特征的交通信号灯识别算法主要是选取某个色彩空间对交通信号灯的红、黄、绿 3 种颜色进行描述。在这些算法中，通常依据对色彩空间的不同，主要有以下三类。

（1）基于 RGB 颜色空间的识别算法　通常采集到的交通信号灯图像都是 RGB 格式的，因此，如果直接在 RGB 色彩空间中进行交通信号灯的识别，由于不需要色彩空间的转换，算法的实时性会很好；缺点是 R、G、B 三个通道之间相互依赖性较高，对光学变化很敏感。

（2）基于 HSI 颜色空间的识别算法　HSI 色彩模型比较符合人类对色彩的视觉感知，而且 HSI 模型的 3 个分量之间的相互依赖性比较低，更加适合交通信号灯的识别；缺点是从 RGB 色彩空间转换过来会比较复杂。

（3）基于 HSV 颜色空间的识别算法　在 HSV 颜色空间中，H 和 S 两个分量是用来描述色彩信息的，V 则是表征对非色彩的感知。虽然在 HSV 颜色空间中进行交通信号灯的识别对光学变化不敏感，但是相关参数的确定比较复杂，必须视具体环境而定。

2. 基于形状特征的识别算法

基于形状特征的识别算法主要是利用交通信号灯和它的相关支撑物之间的几何信息。这一识别算法的主要优势在于交通信号灯的形状信息一般不会受到光学变化和天气变化的影响。

也可以将交通信号灯的颜色特征和形状特征结合起来，以减少单独利用某一特征所带来的影响。

四、交通信号灯识别仿真技术

利用视觉传感器进行交通信号灯检测的流程主要是"原始图像采集→图像灰度化→直方图均衡化→图像二值化→交通信号灯检测"，如图 5-43 所示。

(a) 原始图像采集

(b) 图像灰度化

(c) 直方图均衡化

(d) 图像二值化

(e) 交通信号灯检测

图 5-43　交通信号灯检测的流程

交通信号灯检测仿真实例

【例 5-10】利用 MATLAB 图像处理对图 5-44 所示的红灯、黄灯和绿灯进行检测。

(a) 红灯　　　　　　(b) 黄灯　　　　　　(c) 绿灯

图 5-44　交通信号灯

解：本例交通信号灯检测步骤如下。

① 读取原始图像。

② 颜色空间转换。

③ 绘制直方图。

④ 统计直方图中的红、绿、黄像素点。

⑤ 输出红黄绿像素点的个数。

⑥ 输出检测结果。

在 MATLAB 命令行窗口输入以下程序。

1	`[filename,filepath]=uigetfile('jpg','输入要检测的信号灯');`	%输入信号灯
2	`file=strcat(filepath,filename);`	%定义信号灯文件
3	`Image_f=imread(file);`	%读取信号灯文件
4	`subplot(2,2,1)`	%设置图像位置
5	`imshow(Image_f)`	%显示原始图像
6	`title('原始图像')`	%原始图像标注
7	`hsv_f=rgb2hsv(Image_f);`	%将 RGB 转换成 HSV
8	`H=hsv_f(:,:,1)*255;`	%提取 H
9	`S=hsv_f(:,:,2)*255;`	%提取 S
10	`V=hsv_f(:,:,3)*255;`	%提取 V
11	`subplot(2,2,2)`	%设置图像位置
12	`imshow(hsv_f)`	%显示 HSV 图像
13	`title('HSV 图像')`	%HSV 图像标注
14	`subplot(2,2,4)`	%设置图像位置
15	`imhist(uint8(H));`	%提取 H 直方图
16	`title('直方图')`	%直方图标注
17	`[y,x,z]=size(Image_f);`	%原始图像尺寸
18	`Red_y=zeros(y,1);`	%红色赋初值 0 矩阵
19	`Green_y=zeros(y,1);`	%绿色赋初值 0 矩阵
20	`Yellow_y=zeros(y,1);`	%黄色赋初值 0 矩阵
21	`for i=1:y`	%循环开始
22	`  for j=1:x`	%循环开始
23	`  if(((H(i,j)>=0)&&(H(i,j)<15))&&(V(i,j)>50)&&(S(i,j)>30))`	%判断红色条件
24	`      Red_y(i,1)=Red_y(i,1)+1;`	%计算红色像素
25	`  elseif(((H(i,j)>=66)&&(H(i,j)<130))&&(V(i,j)>50)&&(S(i,j)>30))`	%判断绿色条件
26	`      Green_y(i,1)=Green_y(i,1)+1;`	%计算绿色像素
27	`  elseif(((H(i,j)>=20&&(H(i,j,1)<65))&&(V(i,j)>50)&&(S(i,j)>30))`	%判断黄色条件
28	`      Yellow_y(i,1)=Yellow_y(i,1)+1;`	%计算黄色像素

29	end	% 判断结束
30	end	% 循环结束
31	end	% 循环结束
32	Max_Red_y=max(Red_y)	% 最大红色像素
33	Max_Green_y=max(Green_y)	% 最大绿色像素
34	Max_Yellow_y=max(Yellow_y)	% 最大黄色像素
35	if((Max_Red_y>Max_Green_y)&&(Max_Red_y>Max_Yellow_y))	% 判断红色
36	Result=1;	% 结果为 1
37	elseif((Max_Green_y>Max_Red_y)&&(Max_Green_y>Max_Yellow_y))	% 判断绿色
38	Result=2;	% 结果为 2
39	elseif((Max_Yellow_y>Max_Green_y)&&(Max_Yellow_y>Max_Red_y))	% 判断黄色
40	Result=3;	% 结果为 3
41	else	% 否则
42	Result=4;	% 其他为 4
43	end	% 结束
44	if(Result==1)	% 如果结果为 1
45	disp(' 检测结果为红灯 ');	% 检测结果为红灯
46	elseif(Result==2);	% 如果结果为 2
47	disp(' 检测结果为绿灯 ');	% 检测结果为绿灯
48	elseif(Result==3)	% 如果结果为 3
49	disp(' 检测结果为黄灯 ');	% 检测结果为黄灯
50	else	% 否则
51	disp(' 检测失败 ');	% 检测失败
52	end	% 结束

当输入为红灯时，输出图像如图 5-45 所示。

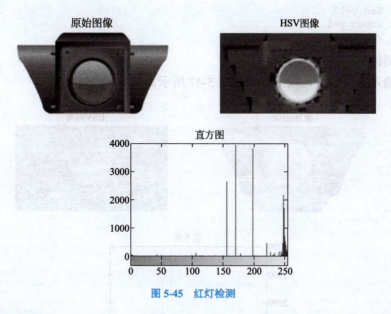

图 5-45　红灯检测

输出结果为

```
Max_Red_y=15
Max_Green_y=2
Max_Yellow_y=1
```

检测结果为红灯。

当输入为黄灯时，输出图像如图 5-46 所示。

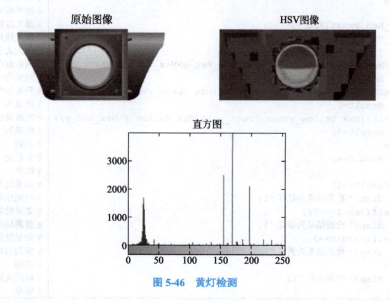

图 5-46　黄灯检测

输出结果为

```
Max_Red_y=13
Max_Green_y=1
Max_Yellow_y=95
```

检测结果为黄灯。

当输入为绿灯时，输出图像如图 5-47 所示。

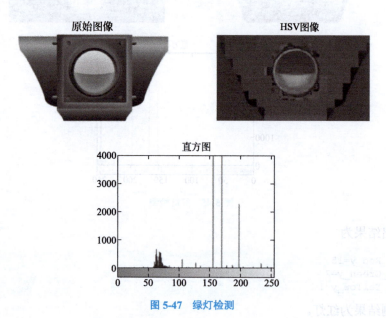

图 5-47　绿灯检测

输出结果为

```
Max_Red_y=0
Max_Green_y=93
Max_Yellow_y=78
```
检测结果为绿灯。

【例 5-11】利用例 5-10 的程序，检测图 5-48 所示的绿灯。

图 5-48 绿色信号灯

解：当图 5-48 作为输入图像时，输出图像如图 5-49 所示。

原始图像

HSV图像

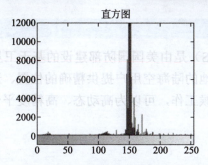

图 5-49 绿色信号灯检测

输出结果为

```
Max_Red_y=53
Max_Green_y=126
Max_Yellow_y=23
```
检测结果为绿灯。

第六章
智能网联汽车导航定位技术

智能网联汽车的导航定位技术是指通过全球导航卫星系统（GNSS）、惯性导航与航位推算技术、蜂窝无线定位技术等，获取智能网联汽车的位置和航向信息。

全球导航卫星系统（GNSS）包括美国的全球定位系统（GPS）、中国的北斗卫星导航定位系统（BDS）、俄罗斯的格洛纳斯（GLONASS）卫星定位系统以及欧洲空间局的伽利略（GALILEO）卫星定位系统。

第一节　全球导航卫星系统

一、全球定位系统

全球定位系统（GPS）是由美国国防部建设的基于卫星的无线电定位导航系统。它能连续为世界各地的陆海空用户提供精确的位置、速度和时间信息，最大优势是覆盖全球，全天候工作，可以为高动态、高精度平台服务，目前得到普遍应用。

1. GPS 的组成

GPS 是由导航卫星、地面监控设备和 GPS 用户组成的，如图 6-1 所示。

（1）导航卫星　导航卫星是由分布在 6 个地球椭圆轨道平面上的 21 颗工作卫星和 3 颗在轨备用卫星组成，相邻轨道之间的卫星彼此呈 30°，每个轨道面上都有 4 颗卫星，在距离地球 17700km 的高空上进行监测，如图 6-2 所示。这些卫星每 12h 环绕地球一圈，在地球上的任何地方、任何时间都可以观测到 4 颗以上的

GPS 卫星，保持定位的精度从而提供连续的全球导航能力。导航卫星的任务是接收和存储来自地面监控设备发送来的导航定位控制指令，微处理器进行数据处理，以原子钟产生基准信号和精确的时间为基准向用户连续发送导航定位信息。卫星信号的编码方式为码分多址（CDMA），根据调制码来区分不同卫星。

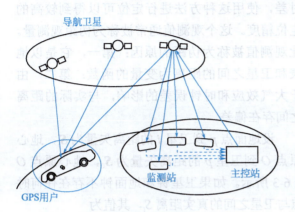

图 6-1　GPS 系统的组成

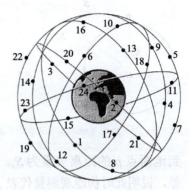

图 6-2　导航卫星

（2）地面监控设备　地面监控设备由 1 个主控站、4 个注入站和 6 个监测站组成，它们的任务是实现对导航卫星的控制。监测站跟踪所有可见的 GPS 卫星，并从卫星广播中收集测距信息等，并将收集到的信息发送至主控站。主控站拥有许多以计算机为主体的设备，用于数据收集、计算、传输和诊断等；编制导航定位指令发送到注入站，并调整卫星运行姿态，纠正卫星轨道偏差，进行卫星轨道和时钟校正参数计算，同时还协助、指挥、管理空间卫星和地面监控设备，监控卫星对用户的指令发送。注入站的任务是将主控站送来的导航、定位控制指令通过 S 波段发送至飞过头顶的卫星。

（3）GPS 用户　GPS 用户主要由 GPS 接收机和 GPS 数据处理软件组成。GPS 接收机的主要功能是接收、追踪、放大卫星发射的信号，获取定位的观测值，提取导航电文中的广播星历以及卫星时钟改正参数等。GPS 数据处理软件的主要功能是对 GPS 接收机获取的卫星测量记录数据进行预处理，并对处理的结果进行平差计算、坐标旋转和分析综合处理，计算出用户所在位置的三维坐标、速度、方向和精确时刻等。

GPS 可以提供两种类型的服务，即军用服务和民用服务，也称为精密定位服务和标准定位服务。精密定位服务只能由美国授权的军方用户和选定的政府机构用户使用，标准定位服务对于全世界的所有用户均可用，且免收直接费用。

2. GPS 的定位原理

GPS 定位原理是根据三角测量定位来实现的，并且同时利用相关技术获取观测值。在相关接收中，卫星钟用来控制卫星发射的伪随机信号，本地时钟用来控制用户接收机的伪随机信号，两者之间有比较大的时差。GPS用户终端可以同时跟踪4颗GPS卫星，并捕获其信号，这里，将两时钟之间的时差作为未知量，使其和观测点坐标共同组成一个四元方程组，所得的解就是观测点的经纬度坐标和时差，使用这种方法进行定位可以得到较高的定位精度。这个观测值通常被称为伪距观测量。此观测值被称为伪距的原因：第一，它是以地表和卫星之间的距离为变量的函数；第二，由于大气效应和时钟误差的影响，与实际的距离之间存在偏差。

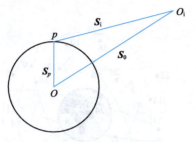

图 6-3　地面点与卫星的几何关系示意图

设地面点 p 到卫星 i 的距离矢量为 S_i，地心原点 O 到卫星 p 的距离矢量为 S_0，地心原点 O 到地面点 p 的距离矢量为 S_p，如图 6-3 所示。如果卫星钟和地面钟不存在任何时差，说明此时伪距观测量代表了 p 点与卫星之间的真实距离 S_i，其值为

$$S_i = c(t_i - t_j) - c\tau \tag{6-1}$$

式中，c 为光的传播速度；t_i 为地面接收机已同步的观测时刻；t_j 为卫星已同步的发射时刻；τ 为传播途径中的附加时延。

实际上卫星钟和地面钟之间的完全同步只存在理论上的可能性，实际上是通常存在一定的时钟差的，所以实际测量的并非真实距离，而是伪距，即

$$\rho_{pi} = c(t_{pi} - t_{pj}) \tag{6-2}$$

式中，ρ_{pi} 为地面点 p 到卫星 i 的伪距；t_{pi} 为含有时钟差的地面站接收时刻；t_{pj} 为含有时钟差的卫星发射时刻。

实际上接收时，地面站接收机的接收时刻要与 GPS 时间同步。这样，时钟差为两个微小量 Δt_i 和 Δt_j，即

$$t_{pi} = t_i + \Delta t_i \tag{6-3}$$

$$t_{pj} = t_j + \Delta t_j \tag{6-4}$$

$$\rho_{pi} = c(t_i - t_j) + c(\Delta t_i - \Delta t_j) = S_i + c\tau + c(\Delta t_i - \Delta t_j) \tag{6-5}$$

当接收机对卫星信号跟踪锁定后，可以从接收信号中提取，从而得到导航电文和伪距观测量。导航电文一般分为电离层修正数、卫星钟改正数和卫星星历参数三部分。进一步经过对卫星星历参数的统计计算，可求出发射时刻时卫星在地心坐标系中的三维坐标值 X_i、Y_i 和 Z_i。关于卫星时钟差的修正，利用卫星钟改正数依据式（6-6）给以适当的调整。

$$\Delta t_j = a_0 + a_1(t-t_0) + a_2(t-t_0)^2 \tag{6-6}$$

$$t = t_{pj} - \Delta t_j \tag{6-7}$$

式中，t 为观测时间；t_0 为卫星钟基准时间。

设 P 点的地心坐标为 X_p、Y_p 和 Z_p，则 P 点至卫星 i 的实际距离为

$$S_i = \sqrt{(X_i - X_p)^2 + (Y_i - Y_p)^2 + (Z_i - Z_p)^2} \tag{6-8}$$

将式（6-8）代入式（6-5）得

$$\rho_{pi} = \sqrt{(X_i - X_p)^2 + (Y_i - Y_p)^2 + (Z_i - Z_p)^2} + c\tau + c(\Delta t_i - \Delta t_j) \tag{6-9}$$

在式（6-9）中，τ 为大气修正，可参考空间大气模型进行修正。这时，式（6-9）中只有 4 个未知量，X_p、Y_p、Z_p、$\Delta t_i - \Delta t_j$。需要同时观测 4 颗卫星，可以得到式（6-9）的 4 个方程，这些非线性方程可以通过线性化方法或者卡尔曼滤波技术进行求解，得到 P 点的坐标 X_p、Y_p、Z_p。

以上即为 GPS 定位的原理分析，通常，由此得到的定位数据还需进一步进行差分运算，减小误差，从而得到更为准确的定位信息。

3. GPS 的特点

（1）全球全天候定位　因为 GPS 卫星的数目较多，且分布均匀，保证了地球上任何地方任何时间至少可以同时观测到 4 颗 GPS 卫星，确保实现全球全天候连续的导航定位服务。

（2）覆盖范围广　能够覆盖全球 98% 的范围，可满足位于全球各地或近地空间的军事用户连续精确地确定三维位置、三维运动状态和时间的需要。

（3）定位精度高　GPS 相对定位精度在 50km 以内可达 6～10m，100～500km 可达 7～10m，1000km 可达 9～10m。

（4）观测时间短　20km 以内的相对静态定位仅需 15～20min；快速静态相对定位测量时，当每个流动站与基准站相距 15km 以内时，流动站观测时间只需 1～2min；采取实时动态定位模式时，每站观测仅需几秒钟。

（5）提供全球统一的三维地心坐标　可同时精确测定测站平面位置和大地高程。

（6）测站之间无须通视　只要求测站上空开阔，这既可大大减少测量工作所需的经费和时间，也使选点工作更灵活，可省去经典测量中的传算点、过渡点等的测量工作。

4. GPS 的不足及解决方案

GPS 作为最常用的一种定位传感器，如果用于智能网联汽车的定位，也存在

以下不足。

① GPS 开放的民用精度通常为 10m 左右，不能满足 L4 和 L5 级别智能网联汽车定位的要求。

② 更新频率较低，通常只有 10Hz，当车辆在快速行驶时，GPS 不能提供实时的准确位置信息。

③ 受建筑物、树木的遮挡，如在天桥、隧道、地下车库等场景下，GPS 定位精度严重降低，甚至无法提供定位信息。

为解决 GPS 定位存在的问题，在实际应用中，常采用以下方案提高定位精度。

① 采用差分 GPS，利用基站的准确定位信息校正 GPS 的误差，其精度可提高到厘米级。

② 结合惯性测量单元（IMU）、里程计（Odometry）及推算定位（Dead Reckoning，DR）等技术，提高定位更新频率和精度。即使在 GPS 信号受建筑物遮挡时，仍能短时间内提供相对准确的定位信息。

③ 在地下车库等无法接收到 GPS 信号的场景下，利用视觉 SLAM、激光 SLAM 等定位手段，提供相对准确的定位信息。

5. GPS 的作用

车载 GPS 具有以下作用。

（1）车辆定位功能　GPS 通过接收卫星信号，能够准确定位车辆所在的位置，误差保持在 10m 以内。

（2）车辆跟踪功能　利用 GPS 和电子地图可以实时显示出车辆的实际位置，并可任意放大、缩小、还原、换图；可以随目标移动，使目标始终保持在屏幕上；还可实现多窗口、多车辆、多屏幕同时跟踪。利用该功能可对重要车辆和货物进行跟踪运输。

（3）提供出行路线规划和导航功能　提供出行路线规划是汽车导航系统的一项重要的辅助功能，它包括自动线路规划和人工线路设计。自动线路规划是由驾驶员确定起点和目的地，由计算机软件按要求自动设计最佳行驶路线，包括最快的路线、最简单的路线、通过高速公路路段次数最少的路线的计算。人工线路设计是由驾驶员根据自己的目的地设计起点、终点和途经点等，自动建立路线库。线路规划完毕后，显示器能够在电子地图上显示设计路线，并同时显示汽车运行路径和运行方法。

（4）信息查询功能　为用户提供主要物标，如旅游景点、宾馆、医院等数据库，用户能够在电子地图上显示其位置。同时，监测中心可以利用监测控制台对区域内的任意目标所在位置进行查询，车辆信息将以数字形式在控制中心的电子地图上显示出来。

(5) 话务指挥功能　指挥中心可以监测区域内车辆运行状况，对被监控车辆进行合理调度。指挥中心也可随时与被跟踪目标通话，实行管理。

(6) 紧急援助功能　通过 GPS 定位和监控管理系统可以对遇有险情或发生事故的车辆进行紧急援助。监控台的电子地图显示求助信息和报警目标，规划最优援助方案，并以报警声光提醒值班人员进行应急处理。

6. 差分全球导航定位系统

为了提高 GPS 定位精度，可以采用差分全球定位系统进行车辆的定位。差分全球导航定位系统（Differential Global Position System，DGPS）在 GPS 的基础上利用差分技术使用户能够从 GPS 系统中获得更高的精度。DGPS 系统由基准站、数据传输设备和移动站组成，如图 6-4 所示。

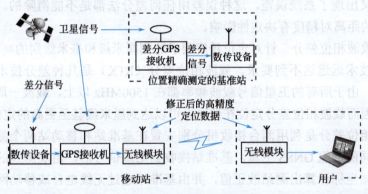

图 6-4　DGPS 系统的组成

DGPS 实际上是把一台 GPS 接收机放在位置已精确测定的点上，组成基准站。基准站接收机通过接收 GPS 卫星信号，将测得的位置与该固定位置的真实位置的差值作为公共误差校正量，通过无线数据传输设备将该校正量传送给移动站的接收机。移动站的接收机用该校正量对本地位置进行校正，最后得到厘米级的定位精度。附近的 DGPS 用户接收到修正后的高精度定位信息，从而大大提高其定位精度。

根据 DGPS 基准站发送的信息方式可将 DGPS 定位分为三类，即位置差分、伪距差分和载波相位差分。这三类差分方式的工作原理是相同的，都是由基准站发送改正数，由移动站接收并对其测量结果进行改正，以获得精确的定位结果。所不同的是，发送改正数的具体内容不一样，其差分定位精度也不同。

（1）位置差分　位置差分是最简单的差分方法，适合于所有 GPS 接收机。位置差分要求基准站和移动站观测同一组卫星。安装在基准站上的 GPS 接收机观测 4 颗卫星后便可进行三维定位，解算出基准站的观测坐标。由于存在着轨道误差、时钟误差、大气影响、多径效应以及其他误差等，解算出的观测坐标与基准站的已知坐标是不一样的，存在误差。将已知坐标与观测坐标之差作为位置改正数，通过基准站的数据传输设备发送出去，由移动站接收，并且对其解算的移动站坐标进行改正。最后得到的改正后的移动坐标已消去了基准站和移动站的共同误差，例如卫星轨道误差、大气影响等，提高了定位精度。位置差分法适用于用户与基准站间距离在 100km 以内的情况。

（2）伪距差分　伪距差分是目前用途最广的一种技术。几乎所有的商用 DGPS 接收机均采用这种技术。利用基准站已知坐标和卫星星历可计算出基准站与卫星之间的计算距离，将计算距离与观测距离之差作为改正数，发送给移动站，移动站利用此改正数来改正测量的伪距。最后，用户利用改正后的伪距来解出本身的位置，就可消去公共误差，提高定位精度。

与位置差分相似，伪距差分能将两站公共误差抵消，但随着用户到基准站距离的增加又出现了系统误差，这种误差用任何差分法都是不能消除的。用户和基准站之间的距离对精度有决定性影响。

（3）载波相位差分　针对定位精度要求达到厘米级和毫米级别的高精度定位，伪距差分技术远远达不到要求。载波相位差分（RTK）是几种差分技术中定位精度最高的。由于所有的卫星信号载波频率都在 1500MHz 以上，载波一周的长度为分米级，因而载波相位差分定位在理论上可以达到厘米级甚至更高的定位精度。

载波相位差分是利用两台接收机分别安置在基准站和移动站两个测站上，同步观测相同的一组 GNSS 卫星，基准站接收到卫星信号后，由观测到的卫星数据和测站已知坐标计算出测站改正值，并由基准站通过无线电台或移动网络将测站校正值和载波相位测量数据发送给移动站；移动站结合两个站的观测数据进行解算实现差分定位。若实现 RTK 定位，需要至少两个接收机分别作为基准站和移动站来接收卫星信号，此外还需数据通信链路和数据解算方法或软件来完成定位解算。

与伪距差分原理相同，由基准站通过数据传输设备实时将其载波观测量及站坐标信息一同传送给移动站。移动站接收 GPS 卫星的载波相位与来自基准站的载波相位，并组成相位差分观测值进行实时处理，能实时给出厘米级的定位结果。

实现载波相位差分 GPS 的方法有修正法和差分法。前者与伪距差分相同，基准站将载波相位修正量发送给移动站，以改正其载波相位，然后求解坐标；后者将基准站采集的载波相位发送给移动站，进行求差解算坐标。前者为准载波相位差分技术，后者为真正的载波相位差分技术。

随着智能网联汽车自动驾驶级别的提高，以 RTK 为代表的高精度定位技术的价值已日渐体现出来，但受制于成本、量产能力以及其他技术的发展进度，RTK 高精度定位技术在车载领域的应用仍存在多方挑战，但随着智能驾驶向 L3 级别迈进，未来 RTK 高精度定位技术有望实现在汽车领域的全面普及。

二、北斗卫星导航定位系统

北斗卫星导航定位系统（BDS）是中国自行研制开发的区域性有源三维卫星定位与通信系统，是继美国的 GPS、俄罗斯的 GLONASS 之后第三个成熟的卫星导航定位系统。北斗卫星导航定位系统致力于向全球用户提供高质量的定位、导航和授时服务，其建设与发展则遵循开放性、自主性、兼容性、渐进性这 4 项原则。

1. 北斗卫星导航定位系统的组成

北斗卫星导航定位系统由空间段、地面段和用户段三部分组成，如图 6-5 所示。

图 6-5　北斗卫星导航定位系统的组成

空间段包括 5 颗静止轨道卫星和 30 颗非静止轨道卫星；地面段包括主控站、注入站和监测站等若干个地面站；用户段由北斗用户终端以及与美国 GPS、俄罗斯的 GLONASS、欧洲的 GALILEO 等其他卫星导航系统兼容的终端组成。

北斗卫星导航定位系统与 GPS 具有以下差别。

① 北斗卫星导航定位系统是一个有源系统，用户在定位过程中必须发射信号，具备通信能力，这是它与 GPS 最大的不同。北斗系统具有低速通信功能，可

以在中心站与任意一个用户机之间或任意两个用户机之间一次发送包含 36 个汉字字符的信息，经过授权的用户一次可以发送包含 120 个汉字字符的信息，这个功能是 GPS 无法具备的。

② 北斗卫星导航定位系统每次定位作业都是由用户机发出请求，经过中心站解算出坐标，然后发给用户机。这种工作方式使得 BDS 存在用户容量限制，凡是未经授权的用户都无法利用北斗卫星导航定位系统进行定位作业，因而具备极好的保密性。

③ 北斗卫星导航定位系统一次定位需要测距信号经中心站 - 卫星 - 用户机往返两次，因此费时比较长，从用户机发出定位请求到收到定位数据大约需要 1s，因此它不适合飞机、导弹等高速运动的物体，而更适合船舰、车辆、人员等低速运动目标的定位。

2. 北斗卫星定位原理

北斗卫星导航定位系统的定位原理与 GPS 的定位原理基本相同。

北斗卫星导航定位系统在进行定位时，所采用的原理是通过对卫星信号站点之间的传播时间进行推算，进而确立相应的卫星站点距离，这样就能够对接收机进行较为准确的定位。一般采用载波相位测量法进行定位，其原理大致如下：首先用 a 来表示卫星所发射的载波信号相位数值，用 b 来表示地面基站所接收的载波信号相位数值，卫星站点之间的距离 $X=n(a+b)$，其中 n 指的是载波信号的波长。在实际操作中 a 值是无法进行测算的，往往是采用接收机所产生的基准信号来代替，由于该基准信号的频率与卫星所发射的载波信号相位是一致的，所以并不会影响到后续定位的精准程度。

通过载波相位测量法进行定位，在整个定位过程中，会受到多种误差因素的影响，进而降低定位精度。由于在相同时间点，不同观测站在观测同一卫星时，在进行信号接收时所受到的误差影响具有较强的关联性，通过不同方式对同步观测量进行差值计算，就能够最大化地减少误差。

3. 北斗卫星导航定位系统的特点

北斗卫星导航定位系统具有以下特点。

① 空间段采用三种轨道卫星组成的混合星座，与其他卫星导航系统相比，高轨卫星更多，抗遮挡能力强，尤其在低纬度地区性能优势更为明显。

② 提供多个频点的导航信号，能够通过多频信号组合使用等方式提高服务精度。

③ 创新融合了导航与通信功能，具备定位导航授时、星基增强、地基增强、精密单点定位、短报文通信和国际搜救等多种服务能力。

4. 北斗卫星导航定位系统的服务功能

（1）服务类型　北斗系统具备导航定位和通信数传两大功能，提供以下 7 种服务。

① 定位导航授时。定位是导航的基础，导航是定位的应用；定位是"告诉你在哪"，导航是"告诉你如何从现在所处的位置，去你想要去的地方"。授时就是给出准确的时间，对一些仪器设备来说就是进行时间的校准，北斗的授时精度可达到 10 纳秒级。

② 全球短报文通信。短报文功能是指卫星定位终端和北斗卫星或北斗地面服务站之间能够直接通过卫星信号进行双向的信息传递，GPS 只能单向传递（终端接收从卫星传来的位置信号）。

③ 国际搜救。北斗三号系统的 6 颗 MEO 卫星上，装有搜救载荷，可以与其他全球卫星搜救系统一起，为全球用户提供搜救服务。这项服务是按国际卫星标准，与其他国际卫星搜救系统联合开展的一项免费公益性服务，主要用于水上、陆地、空中遇险目标的定位和救援。

④ 星基增强。北斗星基增强系统也叫广域差分增强系统，通过地球静止轨道（GEO）卫星搭载卫星导航增强信号转发器，可以向用户播发星历误差、卫星钟差、电离层延迟等多种修正信息，实现对于原有卫星导航系统定位精度的改进。北斗星基增强系统由大量基准站对导航卫星进行监测，获得原始定位数据，并送至中央处理设施，计算得到各个卫星的各项误差改正信息，发给地球同步轨道 GEO 卫星，卫星将改正信息播发给用户终端，终端解算得到高精度定位结果。

⑤ 地基增强。北斗地基增强系统是一套可以使北斗定位精度达到厘米级的系统，它具备为用户提供广域实时米级、分米级、厘米级和后处理毫米级定位精度的能力。

⑥ 精密单点定位。精密单点定位是利用单台双频地球导航卫星系统 GNSS 接收机、基于载波相位观测值和国际 GNSS 服务组织 IGS 提供的卫星轨道和钟差产品进行单点定位的技术。

⑦ 区域短报文通信。北斗短报文可以看作是现在人们平时用的"短信息"，北斗短报文可以发布 140 个字的信息，既能够定位，又能显示发布者的位置。北斗的双向通信功能就是指用户与用户、用户与中心控制系统间可实现双向简短数字报文通信，GPS 只有单向，所以说这是北斗的优势。另外，在海洋、沙漠和野外这些没有通信和网络的地方，安装北斗系统终端的用户，可以定位自己的位置，并能够向外界发布文字信息。

其中①～③是面向全球范围，④～⑦是面向中国及周边地区。

（2）性能指标

① 定位导航授时服务性能指标。北斗系统利用 3 颗高轨道（GEO）卫星、3 颗倾斜地球同步轨道（IGSO）卫星、24 颗中轨道（MEO）卫星，向位于地表及其以上 1000km 空间的全球用户提供定位导航授时免费服务。主要性能见表 6-1。

表 6-1 定位导航授时服务性能指标

性能特征		性能指标
服务精度（95%）	定位精度	水平≤10m，高程≤10m
	授时精度	≤20nm
	测速精度	≤0.2m/s
服务可用性		≥99%

② 全球短报文通信服务性能指标。北斗系统利用 MEO 卫星，向位于地表及其以上 1000km 空间的特许用户提供全球短报文通信服务。主要性能见表 6-2。

表 6-2 全球短报文通信服务性能指标

性能特征		性能指标
服务成功率		≥95%
响应时延		一般优于 1min
终端发射功率		≤10W
服务容量	上行	30 万次/h
	下行	20 万次/h
单次报文最大长度		560bit（相当于约 40 个汉字）
使用约束及说明		用户需进行自适应多普勒补偿，且补偿后上行信号到达卫星频偏需小于 1000Hz

③ 国际搜救服务性能指标。北斗系统利用 MEO 卫星，按照国际搜救卫星组织标准，与其他搜救卫星系统联合向全球航海、航空和陆地用户提供免费遇险报警服务，并具备反向链路确认服务能力。主要性能见表 6-3。

表 6-3 国际搜救服务性能指标

性能特征	性能指标	性能特征	性能指标
检测概率	≥99%	地面接收误码率	≤5×10^{-5}
独立定位概率	≥98%	可用性	≥99.5%
独立定位精度（95%）	≤5km		

④ 星基增强服务性能指标。北斗系统利用 GEO 卫星，向中国及周边地区用户提供符合国际民航组织标准的单频增强和双频多星座增强免费服务，旨在实现一类垂直引导进近指标和一类精密进近指标。

⑤ 地基增强服务性能指标。北斗系统利用移动通信网络或互联网络，向北斗基准站网覆盖区内的用户提供米级、分米级、厘米级、毫米级高精度定位服务。

主要性能详见表 6-4。

表 6-4 地基增强服务性能指标

性能特征	性能指标				
	单频伪距增强服务	单频载波相位增强服务	双频载波相位增强服务	单频载波相位增强服务（网络RTK）	后处理毫米级相对基线测量
支持系统	BDS	BDS	BDS	BDS/GNSS	BDS/GNSS
定位精度	水平≤2m 高程≤3m（95%）	水平≤1.2m 高程≤2m（95%）	水平≤0.5m 高程≤1m（95%）	水平≤5cm 高程≤10cm（RMS）	水平≤5mm+10^{-6}×D 高程≤10mm+2×10^{-6}×D（RMS）
初始化时间	秒级	≤20min	≤40min	≤60s	

⑥ 精密单点定位服务性能指标。北斗系统利用 GEO 卫星，向中国及周边地区用户提供高精度定位免费服务。主要性能见表 6-5。

表 6-5 精密单点定位服务性能指标

性能特征	性能指标	
	第一阶段（2020年）	第二阶段（2020年后）
播发速率	500bit/s	扩展为增强多个全球卫星导航系统，提升播发速率，视情拓展服务区域，提高定位精度、缩短收敛时间
定位精度（95%）	水平≤0.3m，高程≤0.6m	
收敛时间	≤30min	

⑦ 区域短报文通信服务性能指标。北斗系统利用 GEO 卫星，向中国及周边地区用户提供区域短报文通信服务。主要性能见表 6-6。

表 6-6 区域短报文通信服务性能指标

性能特征		性能指标
服务成功率		≥95%
服务频度		一般 1 次/30s，最高 1 次/s
响应时延		≤1s
终端发射功率		≤3W
服务容量	上行	1200 万次/h
	下行	600 万次/h
单次报文最大长度		14000bit（相当于约 1000 个汉字）
定位精度（95%）	RDSS	水平 20m，高程 20m
	广义 RDSS	水平 10m，高程 10m
双向授时精度（95%）		10ns
使用约束及说明		若用户相对卫星径向速度大于 1000km/h，需进行自适应多普勒补偿

第二节　惯性导航与航位推算技术

一、惯性导航技术

1. 惯性导航的定义

GPS 可以为车辆提供精度为米级的绝对定位，差分 GPS 或 RTK GPS 可以为车辆提供精度为厘米级的绝对定位，然而并非所有的路段在所有时间都可以得到良好的 GPS 信号。因此，在自动驾驶领域，RTK GPS 的输出一般都要与惯性测量单元（IMU）、汽车自身的传感器（如轮速计、转向盘转角传感器等）进行融合。

惯性导航系统（INS）是一种利用惯性传感器测量载体的角速度信息，并结合给定的初始条件实时推算速度、位置、姿态等参数的自主式导航系统。具体来说，惯性导航系统属于一种推算导航方式。即从一已知点的位置根据连续测得的运动载体航向角和速度推算出下一点的位置，因而可连续测出运动体的当前位置。

惯性导航系统主要采用加速度传感器和陀螺仪传感器来测量载体参数，其原理如图 6-6 所示。

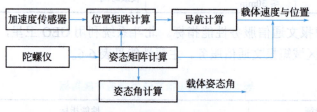

图 6-6　惯性导航系统的原理

加速度传感器和陀螺仪结合就是惯性测量单元（IMU），一个测量速度，一个测量方向。IMU 的一个重要特征在于它以高频率更新，其频率可达到 1000Hz，所以 IMU 可以提供接近实时的位置信息。

惯性导航系统可以看成是 IMU 与软件的结合。图 6-7 所示为 IMU 产品，通过内置的微处理器，能够以最高 200Hz 的频率输出实时的高精度三维位置、速度、姿态信息。

基于 GPS 或 BDS 和惯性传感器的融合是无人驾驶汽车一种重要的定位技术。

2. 惯性导航系统的作用

惯性导航系统主要有两个作用，一个是在 GPS

图 6-7　IMU 产品

信号丢失或很弱的情况下,暂时填补 GPS 留下的空缺,用积分法取得最接近真实的三维高精度定位。即便是北斗加 GPS 加 GLONASS,卫星导航信号还是有很多无法覆盖的地方,所以无人驾驶汽车必须配备惯性导航系统。

惯性导航系统另一个作用是与激光雷达组合定位。GPS+IMU 为激光雷达的空间位置和脉冲发射姿态提供高精度定位,建立激光雷达点云的三维坐标系。惯性导航系统可用于定位,与其他传感器融合时,也需要统一到一个坐标系下。定位是最常用的,通过惯性导航系统和 GPS 等,得到一个预测的全局位置。当激光雷达实时扫描单次的点云数据后,结合单次的点云数据进行匹配,并进行特征提取。这些特征包括路沿、车道线、高度等周围点线面的特征。对于高精度地图,提取过的特征与实时提取的特征进行匹配,最终得到精准的车辆位置,这是激光雷达的定位过程。

3. 惯性导航系统的特点

惯性导航系统具有以下主要优点。

① 由于它是不依赖任何外部信息,也不向外部辐射能量的自主式导航系统,故隐蔽性好,也不受外界电磁干扰的影响。

② 可全天候在全球任何地点工作。

③ 能提供位置、速度、航向和姿态角数据,所产生的导航信息连续性好而且噪声低。

④ 数据更新率高,短期精度和稳定性好。

惯性导航系统具有以下主要缺点。

① 由于导航信息经过积分而产生,定位误差随时间而增大,长期精度差。

② 每次使用之前需要较长的初始对准时间。

③ 不能给出时间信息。

二、航位推算定位技术

车辆航位推算(Dead Reckoning,DR)方法是一种常用的自主式车辆定位技术。相对于 GPS 系统,它不用发射接收信号,不受电磁波影响,机动灵活,只要车辆能达到的地方都能定位。但是由于这种定位方法的误差随时间推移而发散,所以只能在短时间内获得较高的精度,不宜长时间单独使用。

DR 是利用载体上某一时刻的位置,根据航向和速度信息,推算得到当前时刻的位置,即根据实测的汽车行驶距离和航向计算其位置和行驶轨迹。它一般不受外界环境影响,但由于其本身误差是随时间积累的,所以单独工作时不能长时间保持高精度。

DR 的主要原理是利用 DR 传感器测量位移矢量,从而推算车辆的位置。航位推算原理图如图 6-8 所示。其中,(x_i, y_i)($i=1, 2\cdots$)是车辆在 t_i 时刻的初始位置,

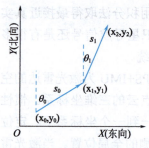

图 6-8　航位推算原理图

航向角 θ_i 和行驶距离 s_i 分别是车辆从 t_i 时刻到 t_{i+1} 时刻的绝对航向和位移矢量长度。

由图 6-8 可推得

$$x_k = x_0 + \sum_{i=0}^{k-1} s_i \sin\theta_i \quad (6\text{-}10)$$

$$y_k = y_0 + \sum_{i=0}^{k-1} s_i \cos\theta_i \quad (6\text{-}11)$$

式中，x_k 和 y_k（$k=1, 2\cdots$）是车辆在 t_k 时刻的位置。

由此可见，航位推算必须通过其他手段提供车辆初始位置和初始航向角，位移和航向角的变化量要实时采样，而且采样频率要足够高，这样就可以近似认为采样周期内车辆加速度为零。航位推算的误差随距离和时间积累，不能长期单独使用，可以借助于 GPS 系统对其定位误差进行补偿。

由于航迹推算是一个累积的过程，因此，所有的传感器误差均会造成位置误差的累积，产生定位误差累积的原因主要有：里程计误差；角速率陀螺漂移误差；航向误差。

减小航迹推算累积误差主要有以下方法。
① 利用 GPS 精准定位信息对导航传感器的误差进行校正。
② 采用卡尔曼滤波技术对陀螺仪信息进行滤波处理，减少干扰和漂移误差。

三、GPS/DR 组合导航定位系统

GPS/DR 组合导航定位系统由 GPS、电子罗盘、里程计和导航计算机等组成，如图 6-9 所示。

GPS 独立给出车辆所在位置的绝对经度、纬度和海拔高度；电子罗盘作为航向传感器测量车辆的航向；里程计测量汽车单位时间内行驶的里程；导航计算机采集各传感器数据并做航迹推算、GPS 坐标变换及相关数据预处理，由融合算法融合估计出车辆的动态位置。GPS/DR 组合导航定位系统是一种成本相对低的导航系统，在这个系统上进行 GPS/DR 数据融合，可以实现较高精度的导航定位。

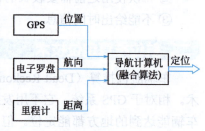

图 6-9　GPS/DR 组合定位系统的组成

要实现 GPS/DR 组合定位的关键在于如何将两者的数据融合以达到最优的定位效果。目前，关于 GPS/DR 组合的数据融合方法很多，最常见也是使用最广泛的就是卡尔曼滤波方法。将卡尔曼滤波应用于 GPS/DR 组合定位系统当中，就是将 GPS 和 DR 的定位信息综合用于定位求解，通过卡尔曼滤波来补偿修正 DR 系

统的状态，同时滤波之后的输出又能够为 DR 系统提供较为准确的初始位置和航向角，从而能够获得比单独使用任意一种定位方法都更高的定位精度和稳定性，其结构图如图 6-10 所示。

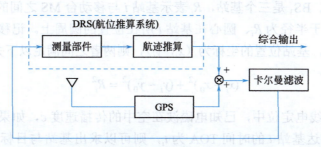

图 6-10 基于卡尔曼滤波的 GPS/DR 组合定位系统

第三节　蜂窝无线定位技术

蜂窝定位是一种无线电定位，使用无线电波进行传播。现有无线定位系统基本都是采用相同或相似的定位方法和技术，绝大多数都是通过计算目标移动台的位置来定位，计算位置时需要用到的定位参数是通过测量传播于多个基站和移动台之间的定位信号获得。常用的无线定位方法主要有 AOA 定位、TOA 定位、TDOA 定位等。

一、AOA 定位

信号到达角度（AOA）定位方法也称方位测量定位方法，是由两个或多个基站接收到移动台的角度信息，然后利用其计算移动台的位置，如图 6-11 所示。

假设有两个基站 BS_1 和 BS_2，α_1 和 α_2 分别是移动台 MS 到两个基站 BS_1 和 BS_2 的达到角度，则

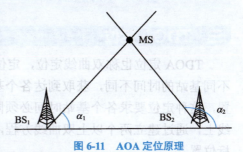

图 6-11 AOA 定位原理

$$\tan\alpha_i = \frac{x - x_i}{y - y_i} \tag{6-12}$$

求解式（6-12），可估算出移动台位置 (x, y)。

二、TOA 定位

TOA 是基于时间的定位方法，称为圆周定位。它是通过测量两点间电波传播

时间来计算移动台的位置。如果能够获取三个以上基站到移动台的传播时间，那么移动台在以（x_i, y_i）为圆心，以 ct_i 为半径的圆上，就能得出移动台的位置，如图 6-12 所示。

BS_1、BS_2、BS_3 是三个基站，R_i 表示基站 i 与移动台 MS 之间的直线距离，则移动台应该位于半径为 R_i、圆心在基站 i 所在位置的圆周上。记移动台的位置坐标为（x_0, y_0），基站位置的坐标为（x_i, y_i），则两者之间满足以下关系。

$$(x_i - x_0)^2 + (y_i - y_0)^2 = R_i^2 \qquad (6\text{-}13)$$

在实际无线电定位中，已知电磁波在空中的传播速度 c，如果能够测得电磁波从移动台到达基站 i 的时间 TOA 为 t_i，则可以求出基站与目标移动台的距离 $R_i=ct_i$，取 $i=1$，2，3，联立式（6-13）构成三个方程组，可以求得移动台位置坐标（x_0, y_0）。

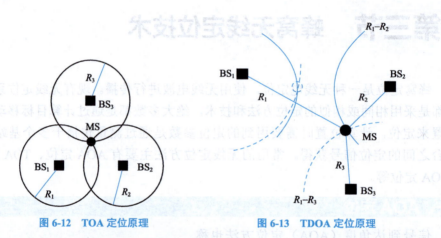

图 6-12　TOA 定位原理　　　　图 6-13　TDOA 定位原理

三、TDOA 定位

TDOA 定位也称双曲线定位，定位原理如图 6-13 所示。它是利用移动台到达不同基站的时间不同，获取到达各个基站的时间差，建立方程组，求解移动台位置，这种定位要求各个基站时间必须同步。移动台位于以两个基站为交点的双曲线上，通过建立两个以上双曲线方程，求解双曲线交点即可得到移动台的二维坐标位置。

基站与移动台之间距离差通过测量信号从两个基站同时出发到达移动台或从移动台出发到达两基站的时间差 t_{21} 和 t_{31} 来确定，即 $R_{21}=R_2-R_1=ct_{21}$，$R_{31}=R_3-R_1=ct_{31}$。移动台坐标（x_0, y_0）和基站坐标（x_i, y_i）（$i=1$，2，3）之间的关系为

$$\left[\sqrt{(x_0-x_2)^2+(y_0-y_2)^2} - \sqrt{(x_0-x_1)^2+(y_0-y_1)^2}\right]^2 = R_{21}^2 \qquad (6\text{-}14)$$

$$\left[\sqrt{(x_0-x_3)^2+(y_0-y_3)^2}-\sqrt{(x_0-x_1)^2+(y_0-y_1)^2}\right]^2 = R_{31}^2 \qquad (6\text{-}15)$$

求解式（6-14）和式（6-15）能获得移动台坐标，然后根据先验信息，消除位置的模糊性，求得移动台的真实位置。TDOA 定位法是目前各种蜂窝网络中主要采用的定位方法。

四、混合定位

混合定位技术就是把各种不同的测量信息和特征值进行融合，然后对移动台进行定位的技术。常见的混合定位技术有 TDOA/AOA、TDOA/TOA、TOA/AOA、TDOA/场强定位等。

场强定位的基本原理与到达时间定位原理相似，移动台利用接收到的场强值大小来求解移动台的位置。场强定位容易受到外界周围环境的影响，定位精度不高。

第四节 高精度地图

一、高精度地图的定义

高精度地图就是精度更高、数据维度更多的电子地图。精度更高体现在精确到厘米级别，数据维度更多体现在其包括了除道路信息之外的与交通相关的周围静态信息。

高精度地图将大量的行车辅助信息存储为结构化数据，这些信息可以分为以下两类。

（1）道路数据　比如车道线的位置、类型、宽度、坡度和曲率等车道信息。

（2）车道周边的固定对象信息　比如交通标志、交通信号灯等信息，车道限高、下水道口、障碍物及其他道路细节，高架物体、防护栏、道路边缘类型、路边地标等基础设施信息。

图 6-14 所示为一高精度地图。

高精度地图里的信息都有地理编码，导航系统可以准确定位地形、物体和道路轮廓，从而引导车辆行驶。其中最重要的是对路网精确的三维表征（厘米级精度），比如路面的几何结构、道路标示线的位置、周边道路环境的点云模型等。有了这些高精度的三维表征，自动驾驶系统可以通过比对车载的 GPS、IMU、激光雷达或视觉传感器的数据精确确认自己当前的位置。另外，高精度地图中包含有丰富的语义信息，比如交通信号灯的位置和类型、道路标示线的类型以及哪些路面可以行驶等。

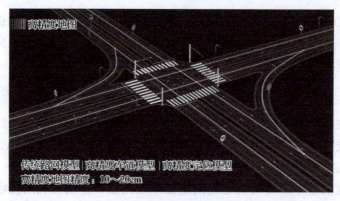

图 6-14　高精度地图

二、高精度地图与导航电子地图的区别

高精度地图与导航电子地图有以下区别。

（1）使用对象　导航电子地图的使用者是驾驶员，有显示；高精度地图的使用者是自动驾驶系统，无显示。

（2）精度　导航电子地图的精度在米级别，商用 GPS 精度为 5m；高精度地图的精度在厘米级别，可以达到 10~20cm 级别。

（3）数据维度　导航电子地图数据只记录道路级别的数据，如道路形状、坡度、曲率、铺设、方向等；高精度地图不仅增加了车道属性相关（车道线类型、车道宽度等）数据，更有诸如高架物体、防护栏、树、道路边缘类型、路边地标等大量目标数据，能够明确区分车道线类型、路边地标等细节。

（4）功能　导航电子地图起的是辅助驾驶的导航功能；高精度地图通过"高精度高动态多维度"数据，起的是为自动驾驶提供自变量和目标函数的功能。

（5）数据的实时性　无人驾驶时代所需的局部动态地图根据更新频率可将所有数据划分为 4 类：永久静态数据，更新频率约为 1 个月；半永久静态数据，更新频率为 1 小时；半动态数据，更新频率为 1 分钟；动态数据，更新频率为 1 秒。导航电子地图可能只需要前两者；高精度地图为了应对各类突发状况，保证自动驾驶的安全实现，需要更多的半动态数据以及动态数据，这大大提升了对数据实时性的要求。

（6）所属系统　导航电子地图属于信息娱乐系统；高精度地图属于车载安全系统。

三、高精度地图的作用

与驾驶员的驾驶过程一样，自动驾驶也需要经过感知、高精定位、决策、控制四个步骤。驾驶员的感知通过眼睛、耳朵，自动驾驶则通过激光雷达、毫米波雷达、摄像头、惯导系统等传感器。接着是高精定位，人将看到听到的环境信息与记忆中的信息对比，判断出自己的位置和方向；自动驾驶则需要将传感器搜集的信息与储存的高精度地图对比，判断位置和方向。最后驾驶员思考判断后操控汽车开向目的地，自动驾驶通过人工智能算法决策做出车道及路径规划，给制动、转向、加速等控制器下达指令，控制车辆开往目的地。

在自动驾驶过程中，高精度地图起到了高精度定位、辅助环境感知、路径规划等功能。

（1）高精度定位　导航电子地图的匹配依赖于 GPS 定位，定位准确性取决于 GPS 的精度、信号强弱以及定位传感器的误差；高精度地图相对于导航电子地图有着更多维度的数据，比如道路形状、坡度、曲率、航向、横坡角等，通过更高维数的数据结合高效率的匹配算法，高精度地图能够实现更高尺度的定位与匹配。利用高精度地图匹配可以将车辆位置精准地定位在车道上，从而提高车辆定位的精度。

（2）辅助环境感知　高精度地图可以看作是无人驾驶汽车的传感器，对车载传感器无法探测的部分进行补充，进行实时状况的监测及外部信息的反馈；车载传感器有其局限性，如易受恶劣天气的影响，此时可以使用高精度地图来获取当前位置精准的交通状况。

（3）路径规划　对于提前规划好的最优路径，由于实时更新的交通信息，最优路径可能也在随时发生变化。此时高精度地图在云计算的辅助下，能有效地为无人驾驶汽车提供最新的路况，帮助无人驾驶汽车重新制定最优路径。

总之，高精度地图可以解决环境感知中传感器在雨雪、大雾天气里不适用的问题，在规划和决策中对地理数据进行修正，提高准确度，并且大幅减少车载传感器的数目，降低整车成本，加快无人驾驶的商用化。

高精度定位是无人驾驶汽车的核心关键技术。所谓高精度是指定位精度要达到厘米级，任何一种单一方案都不能实现，必须采用组合定位方式。

百度 Apollo 系统使用了激光雷达、RTK（载波相位差分）技术与 IMU（惯性测量单元）融合的方案，多种传感器融合加上一个误差状态卡尔曼滤波器，使定位精度可以达到 5~10cm，且具备高可靠性和鲁棒性，市区允许最高行驶速度超过 60km/h。

第五节　导航中的路径规划技术

汽车导航中的路径规划是指在一定环境模型基础上，给定汽车起始点和目标点后，按照性能指标规划出一条无碰撞、能安全到达目标点的有效路径。路径规划主要包含两个步骤：建立环境模型，将现实的环境进行抽象后建立相关模型；路径搜索，即寻找符合条件的最优路径。不同的环境模型对路径搜索方法具有非常显著的影响。

一、环境模型建立方法

环境模型建立方法主要有可视图法、栅格法、自由空间法和拓扑法等。

1. 可视图法

在 C 空间（Configuration Space，位姿空间）中，运动物体缩小为一点，障碍物边界相应地向外扩展为 C 空间障碍。在二维的情况下，扩展的障碍物边界可由多个多边形表示，用直线将物体运动的起点 S 和所有 C 空间障碍物的顶点以及目标点 C 连接，并保证这些直线段不与 C 空间障碍物相交，就形成一张图，称为可视图。由于任意两直线的顶点都是可见的，因此，从起点 S 沿着这些直线到达目标点的所有路径均是运动物体的无碰撞路径。对图搜索就可以找到最短的无碰撞安全运动路径。搜索最优路径的问题就转化为从起点到目标点经过这些可视直线的最短距离问题。

可视图法的优点是概念直观，实现简单；缺点是缺乏灵活性，一旦车辆的起始点和目标点发生改变，就要重新构造可视图，而且算法的复杂性和障碍物的数量成正比，且不是任何时候都可以获得最优路径。

2. 栅格法

栅格法是用栅格单元表示整个的工作环境，将自主车辆的连续工作环境离散化分解成一系列的网格单元，一般情况下，栅格大小与自主车辆的尺寸相同，尽量把自主车辆的工作环境划分为尺寸大小相同的栅格，但是也有尺寸大小不同的情况，主要还是根据实际情况来定。自主车辆的整个工作环境划分后的栅格分为两种，即自由栅格和障碍栅格。自由栅格指的是某一栅格范围内不含有任何障碍物；障碍栅格指的是这个栅格范围内存在障碍物，有的时候可能整个栅格内都布满障碍物，有的时候可能只有栅格的一部分是障碍物，但是只要有障碍物的存在就被称为障碍栅格。

栅格的标识方法有直角坐标法和序号法两种。直角坐标法以栅格左上角第一个栅格为坐标原点，水平向右为 x 轴正方向，竖直向下为 y 轴正方向，每一个栅格区间对应于坐标轴上一个单位长度。序号法就是从栅格阵左上第一个栅格开始，按照先从左至右，从上至下的顺序给每一个栅格一个编号。

均匀分解法中栅格大小均匀分布，占据栅格用数值表示。均匀分解法能够快速直观地融合传感器信息，但是，它采用相同大小栅格会导致存储空间巨大，大规模环境下路径规划计算复杂度增加。

为了克服均匀分解法中存储空间巨大的问题，递阶分解法把环境空间分解为大小不同的矩形区域，从而减少环境模型所占空间。递阶分解法的典型代表为四叉树分解法和八叉树分解法。八叉树分解法是 2D 四叉树结构在 3D 空间的扩展，用层次式的 3D 空间子区域划分来代替大小相等、规则排列的 3D 栅格，能够较好地表示三维空间。

栅格法对环境空间的划分方法和操作都比较简单，有一致的规则，较容易实现。但由于连续的工作空间被划分为离散的栅格空间，没有考虑环境本身固有的一些特点，这就使得栅格属性代表的信息具有片面性，并且栅格法对栅格大小的划分有很大的依赖性，当栅格划分较小且当环境很复杂时，搜索空间会急剧增大，算法的效率就会相当低。

3. 自由空间法

自由空间法是采用预先定义的如广义锥形和凸多边形等基本形状构造自由空间，并将自由空间表示为连通图，然后通过搜索连通图来进行路径规划。

自由空间法比较灵活，起始点和目标点的改变不会造成连通图的重构，但算法的复杂程度与障碍物的多少成正比，且不是任何情况下都能获得最短路径。

4. 拓扑法

拓扑法基本思想是降维法，即将在高维几何空间中求路径的问题转化为低维拓扑空间中判别连通性的问题。将规划空间分割成具有一致拓扑特征的子空间，根据彼此连通性建立拓扑网络，在网络上寻找起始点到目标点的拓扑路径，最终由拓扑路径求出几何路径。

拓扑法中自主车辆所处的环境用图形来表示，不同的地点用点来表示，不同点的相邻可达性用弧来表示。拓扑法的优点是不管环境多么复杂，都能找到无碰撞路径；缺点是建立拓扑网络的过程相当复杂，计算量十分庞大。在障碍物数量增多或障碍物位置改变的时候，修改原来的拓扑网络是很棘手的问题。

总之，环境模型建立方法很多，可以根据具体情况选择，也可以把几种方法结合起来。

二、路径规划的经典算法

路径规划的经典算法主要有 Dijkstra 算法、A* 算法、D* 算法等。

1. Dijkstra 算法

Dijkstra 算法是最经典的路径搜索算法，寻找解的质量稳定，计算速度快。Dijkstra 算法使用全局搜索，不但能够保证在一个区域当中找到两个坐标之间的最短路径，而且能够找到区域中某一点到其他点中的最短路径。

Dijkstra 算法的基本思想：若每个点都设有一个坐标（d_j, p_j），其中 d_j 是原点 O 到某一点 j 的一条长度最短的路径；p_j 则是 d_j 的前一个点。求解从原点 O 到某一点 j 的路径中最短的一条路径，其算法步骤如下。

① 判断路径规划的可行性，即起始点和终点的选择是否可行和存储节点的容器是否正确，将存放节点的容器初始化，然后把所有节点粘贴到临时缓存。

② 首先查找离第一个节点最近的相关节点和两者之间的道路信息，并把它们都存储起来，然后查找与之距离最短的一个节点是不是终点，假如是终点，那么将节点存储起来，返回；若不是，则从暂时缓存中删除第一个节点，执行下一步操作。

③ 寻找离目前中间点最近的一个节点，将此节点存储起来。

④ 再次判断目前节点是不是线路规划的终点，假如是则返回节点，若不是则可以删除临时缓存中的已分析节点，重新回到步骤③。

Dijkstra 算法的核心方法就是对当前网络中存在的所有节点开始查找，找到第一个节点到任意一个节点的最短线路。这种方法并没有考虑到任何节点是否存在方向性，因此 Dijkstra 算法具有比较好的计算可靠性、稳定性，但同时也存在着缺点，在范围较大的路径规划中，Dijkstra 算法计算效果不是很好。

2. A* 算法

在静态路径下的规划算法中常用的算法为 A* 算法。它是一种启发式搜索策略，能根据求解问题的具体特征，控制搜索往最可能达到目的地方向前进。这种搜索策略针对问题本身特点进行，因而比完全搜索的方法效率要高很多，它往往只需要搜索一部分状态空间就可以达到目的地。

A* 算法是目前最为流行的最短路径启发式搜索算法，它充分运用问题域状态空间的启发信息，对问题求解选取比较适宜的估价函数，再利用估价函数的反馈结果，对它的搜索战略进行动态的调节，最终得到问题的最优解。A* 算法给出的估价函数为

$$f(j) = g(j) + h(j) \tag{6-16}$$

式中，$f(j)$ 为估价函数；$g(j)$ 为从原点到当前节点 j 的代价；$h(j)$ 为从当前节点 j 到目标节点之间的最小代价的估计函数。

当 $h(j)=0$ 时，即 $h(j)$ 没有用到任何启发式信息，此种情况下，A* 算法会演变衰退为一般的 Dijkstra 算法。因此，在一般情况下，$h(j)$ 到底为何种样式应该按照待求问题的实际情况而定，但是它务必要使估价函数中的 $h(j)$ 项小于等于点 j 到目标节点的实际最小代价，根据这样的搜索策略，就肯定可以找到最优解。

在最短路径问题中，$h(j)$ 可选择为当前顶点到目标顶点的直线距离 $d(j)$，而 $g(j)$ 则选择为原点到当前节点的实际距离 $d^*(j)$，则估价函数为

$$f(j) = d^*(j) + d(j) \tag{6-17}$$

A^* 算法步骤如下。

① 赋给初始值，初始化所有节点、临时缓存和关联容器。

② 计算初始节点和各个相关节点的权值 $f(j)$，然后保存起来，从中获得权值最小的节点，并保存该节点，最后把它从节点存储器中去掉。

③ 计算该节点是不是终点，假如是终点就返回节点，若不是终点就接着计算下一步。

④ 获得所有的中间节点与相关节点的权值 $f(j)$，然后开始判断，假如这个节点没有保存，那么把这个节点存储起来；假如这个节点已经保存，比较这个节点的权值和已保存节点的权值大小，如果不大于已保存权值，则开始更新替换。

⑤ 查找中间点的关联节点中权值最小的一个节点，将该节点保存，然后将其从节点缓存中去掉，并转到步骤③。

A^* 算法的独特之处在于使用估价模型函数，这种算法会自动使运算结果趋向于目的地，因此，它查找的节点越少，存储空间被占用得越少。与其他算法相比，如果它们的时间复杂度是一样的，A^* 算法在实际应用中效果会更优越。

3. D* 算法

A^* 算法主要是在静态的环境下进行最短路径规划，但在实际环境下，可能由于交通环境复杂，路面的行人、路障、非机动车辆、机动车辆以及其他各种动态障碍物都会影响车辆的行进，所以有必要进行路径的动态规划。典型的动态规划算法为 D^* 算法。

D^* 算法步骤如下。

① 利用 A^* 算法对地图上给定的起始点和目标点进行路径规划，建立 OPEN 表和 CLOSED 表，存储规划路径上的每一路点到目标路点的最短路径信息。

② 在车辆对规划出的路径进行跟踪时，当下一个路点没有障碍能够通行时，则对上面规划出的路径从起始路点向后追溯到目标路点，直至车辆到达目的地。当在跟踪到某一路点 Y 时，检测到在下一路点处有障碍发生时，则在当前路点处重新建立对后续路点的规划，保存障碍物之前的路点在 OPEN 表和 CLOSED 表里的信息和指针，删除障碍物之后路点在 OPEN 表和 CLOSED 表里的信息和后继指针。

③ 利用 A^* 算法从当前路点 Y 开始向目标路点进行规划，重新规划得到最短路径。回到步骤②。

三、路径规划的智能算法

路径规划的智能算法主要有遗传算法、模拟退火算法、蚁群算法等。

1. 遗传算法

遗传算法（Genetic Algorithm，GA）是目前自主车辆路径规划中常用的一种算法。它是利用达尔文的生物自然遗传选择和生物自然淘汰的进化来实现的数学模型。遗传算法源于自然进化规律和遗传基因学，并且拥有"生成"与"检测"这种迭加顺序的查询算法。遗传算法把整个蚁群当中每个成员作为研究对象，而且通过随机化方法去控制当前被编码的参数空间进行查询。遗传算法的主要流程是选择、交叉、变异。遗传算法可以直接对蚁群对象操作，没有必要考虑函数导数与连续性的限制。遗传算法内部存在良好并行处理能力和优秀的全局查询特色。遗传算法通过概率化的方法，能自动获得查询空间，自动地改变查询方向，不需要有明确的规定。遗传算法目前已成为较新颖的查询方法，它的计算方法不复杂、高效、实用，而且有较好的鲁棒性，适用于并行处理领域。

遗传算法步骤如下。

（1）初始化　设定起始群体 $P(0)$，生成 N 个个体，设定进化代数变量 $t=0$，设定 T 最大进化代数。

（2）个体评价　获得群体 $P(t)$ 中每个样本的适应度。

（3）选择计算　选择是为了把优秀的个体或通过交配产生新的个体传到下一代。

（4）交叉计算　将最核心的交叉算子作用于群体。

（5）变异计算　把总群中的每个个体的一些基因座上的基因值改动。种群 $P(t_1)$ 是种群 $P(t)$ 历经选择、交叉、变异产生的。

（6）结束判断　当 $t=T$ 时，停止计算，输出具有最大适应度的个体。

2. 模拟退火算法

模拟退火（Simulated Annealing，SA）算法是求解规划问题中的最优值，方法是利用热力学中经典粒子系统的降温过程。当孤立的粒子系统的温度缓慢降低时，粒子系统会保持在热力学平衡稳定的状态，最终体系将处于能量最低的情况，简称基态。基态是能量函数的最小点。模拟退火算法能够有效地解决复杂的系统优化问题，并且限制性约束较小。

模拟退火算法步骤如下。

① 设定初始值，包括温度 T_0 及函数值 $f(x)$。

② 计算函数差值 $\Delta f = f(x') - f(x)$。

③ 若 $\Delta f > 0$，可把新点作为下一次计算的初始值。

④ 若 $\Delta f<0$，则计算新接受概率：$p(\Delta f)=\exp\left(-\dfrac{\Delta f}{KT}\right)$，产生 [0，1] 区间上均匀分布的伪随机数 r，r 属于 [0，1]，根据 $p(\Delta f)$ 与 r 值的大小来判断下一次值的选取。

如果根据退火方案把温度进一步降低，循环执行上述步骤，这样就形成了模拟退火算法。假如此时系统的温度降到足够低，就会以为目前就是全局最优的状态。

3. 蚁群算法

蚁群算法（Ant Colony Algorithm，ACA）寻找最优解是效仿了真实蚂蚁的寻径行为，利用蚂蚁之间的相互通信与相互合作。蚁群算法与其他进化算法的相似之处：首先都是一种随机查找算法；其次，都是利用候选解群体的进化来寻找最优解，具有完善的全局优化能力，不依赖于特定的数学问题。

通过蚁群算法求解某些比较复杂的优化问题时，则将体现出该算法的优越性，同时蚁群算法自身也具有不少缺陷。蚁群算法具有以下优点。

① 蚁群算法在优化问题领域具有很强的搜索较优解的能力，因为它能够把一些常用的分布式计算、贪婪式搜索等特点综合起来，并且是一种正反馈机制的算法。想要快速地发现较优解，可利用正反馈机制得到；而过早收敛现象可由分布式计算来排除；这样在查找过程的前期，就会找到可实施的方法，同样，若要减少查找过程消耗的时间，可通过贪婪式搜索来实现。

② 蚁群算法具有很强的并行性。

③ 蚁群中蚂蚁之间通过信息素展开协同合作，则系统会有比较好的可扩展性。

蚁群算法也具有以下缺陷。

① 蚁群算法需要消耗比较多的时间来查找。尤其是在群体规模较大时，由于蚁群中的蚂蚁活动是任意的，即使利用信息交换都可以找到最优路径，但在不是很长的时间里，很难发现一条比较好的线路。由于在刚开始寻找路径时，各线路上的信息浓度大小几乎是相同的，这样就存在一定困难。虽然利用正反馈方法反馈信息，能够让好线路上的信息量越来越多，但是需要消耗很长的时间间隔，才能使较多的信息量出现在较好的路径上，伴随正反馈的不断进行，会产生明显的差别，从而得到最好的路径。这一过程需要较长时间。

② 当查找过程进行到一定阶段时，蚁群中蚂蚁查找到的解相同，很难能够再深层次去查找得到更好的解，使算法出现停滞现象。

除了上述算法之外，还有其他很多算法，如基于广度优先搜索、深度优先搜索、最小生成树、神经网络、层次空间推理等。

第七章
智能网联汽车先进驾驶辅助系统

先进驾驶辅助系统是智能网联汽车的重要组成部分，它除了帮助持续改进在驾驶过程中的安全性和舒适性以外，同时也在不断实现驾驶行为的最优化，如经济驾驶和智能化车流控制。随着先进驾驶辅助系统技术的快速发展，将帮助车辆逐步实现自动化驾驶，并最终达到无人驾驶的目标。

第一节 先进驾驶辅助系统定义和类型

一、先进驾驶辅助系统定义

先进驾驶辅助系统（Advanced Driver Assistance Systems，ADAS）是利用环境感知技术采集汽车、驾驶员和周围环境的动态数据并进行分析处理，通过提醒驾驶员或执行器介入汽车操纵以实现驾驶安全性和舒适性的一系列技术的总称，如图7-1所示。

二、先进驾驶辅助系统类型

先进驾驶辅助系统按照环境感知系统的不同可以分为自主式和网联式两种。自主式先进驾驶辅助系统是基于车载传感器完成环境感知，依靠车载中央控制系统进行分析决策，技术比较成熟，多数已经在量产车型上装备；网联式先进驾驶辅助系统是基于V2X通信完成环境感知，依靠云端大数据进行分析决策。本书提到的先进驾驶辅助系统主要是指自主式先进驾驶辅助系统。

先进驾驶辅助系统可以分为信息辅助类和信息控制类两种。

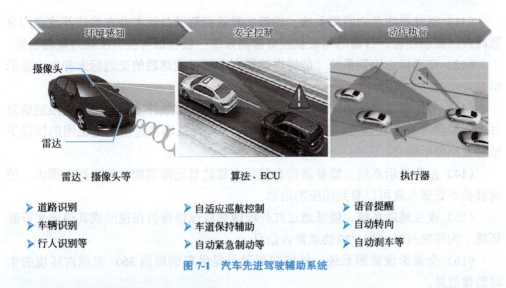

图 7-1　汽车先进驾驶辅助系统

1. 信息辅助类先进驾驶辅助系统

（1）前向碰撞预警系统　能够实时监测车辆前方行驶环境，并在可能发生前向碰撞危险时发出警告信息。

（2）后向碰撞预警系统　能够实时监测车辆后方环境，并在可能受到后方碰撞危险时发出警告信息。

（3）车道偏离预警系统　能够实时监测车辆在本车道的行驶状态，并在出现或即将出现非驾驶意愿的车道偏离时发出警告信息。

（4）变道碰撞预警系统　能够在车辆变道过程中，实时监测相邻车道，并在车辆侧方和/或侧后方出现可能与本车发生碰撞危险的其他道路使用者时发出警告信息。

（5）盲区监测系统　能够实时监测驾驶员视野盲区，并在其盲区内出现其他道路使用者时发出提示或警告信息。

（6）侧面盲区监测系统　能够实时监测驾驶员视野的侧方及侧后方盲区，并在其盲区内出现其他道路使用者时发出提示或警告信息。

（7）转向盲区监测系统　能够在车辆转向过程中，实时监测驾驶员转向盲区，并在其盲区内出现其他道路使用者时发出警告信息。

（8）后方交通穿行提示系统　能够在车辆倒车时，实时监测车辆后部横向接近的其他道路使用者，并在可能发生碰撞危险时发出警告信息。

（9）车门开启预警系统　能够在停车状态即将开启车门时，监测车辆侧方及侧后方的其他道路使用者，并在可能因车门开启而发生碰撞危险时发出警告信息。

（10）驾驶员疲劳监测系统　能够实时监测驾驶员状态并在确认其疲劳时发出提示信息。

(11) 驾驶员注意力监测系统　能够实时监测驾驶员状态并在确认其注意力分散时发出提示信息。目前的驾驶员疲劳监测系统一般包括驾驶员注意力监测功能。

(12) 交通标志识别系统　能够自动识别车辆行驶路段的交通标志并发出提示信息。

(13) 智能限速提示系统　能够自动获取车辆当前条件下所应遵守的限速信息并实时监测车辆行驶速度，当车辆行驶速度不符合或即将超出限速范围的情况下适时发出提示信息。

(14) 抬头显示系统　能够将信息显示在驾驶员正常驾驶时的视野范围内，使驾驶员不必低头就可以看到相应的信息。

(15) 夜视辅助系统　能够通过红外线或热成像摄像机在夜间或其他弱光行驶环境中为驾驶员提供视觉辅助或警告信息。

(16) 全景影像监测系统　能够向驾驶员提供车辆周围360°范围内环境的实时影像信息。

2. 信息控制类先进驾驶辅助系统

(1) 自动紧急制动系统　能够实时监测车辆前方行驶环境，并在可能发生碰撞危险时自动启动车辆制动系统使车辆减速，以避免碰撞或减轻碰撞后果。

(2) 紧急制动辅助系统　能够实时监测车辆前方行驶环境，在可能发生碰撞危险时提前采取措施以减少制动响应时间并在驾驶员采取制动操作时辅助增加制动压力，以避免碰撞或减轻碰撞后果。

(3) 紧急转向辅助系统　实时监测车辆前方和侧方行驶环境，在可能发生碰撞危险且驾驶员有明显的转向意图时辅助驾驶员进行转向操作。

(4) 智能限速控制系统　能够自动获取车辆当前条件下所应遵守的限速信息并实时监测车辆行驶速度，辅助驾驶员控制车辆行驶速度，以使其保持在限速范围之内。

(5) 车道保持辅助系统　能够实时监测车辆与车道边线的相对位置，持续或在必要情况下控制车辆横向运动，使车辆保持在原车道内行驶。

(6) 车道居中控制系统　能够实时监测车辆与车道边线的相对位置，持续自动控制车辆横向运动，使车辆始终在车道中央区域行驶。

(7) 车道偏离抑制系统　能够实时监测车辆与车道边线的相对位置，在车辆将发生车道偏离时控制车辆横向运动，辅助驾驶员将车辆保持在原车道内行驶。

(8) 自适应巡航控制系统　能够实时监测车辆前方行驶环境，在设定的速度范围内自动调整行驶速度，以适应前方车辆和/或道路条件等引起的驾驶环境变化。

(9) 全速自适应巡航控制系统　能够实时监测车辆前方行驶环境，在设定的速度范围内自动调整行驶速度并具有减速至停止及从停止状态自动起步的功能，以适应前方车辆和/或道路条件等引起的驾驶环境变化。

（10）交通拥堵辅助系统　能够在车辆低速通过交通拥堵路段时，实时监测车辆前方及相邻车道行驶环境，并自动对车辆进行横向和纵向控制，其中部分功能的使用需经过驾驶员的确认。

（11）智能泊车辅助系统　能够在车辆泊车时，自动检测泊车空间并为驾驶员提供泊车指示和/或方向控制等辅助功能。

（12）自适应前照明系统　能够自动进行近光/远光切换或投射范围控制，从而为适应车辆各种使用环境提供不同类型光束的前照灯。

（13）自适应远光灯系统　能够自动调整投射范围以减少对前方或对向其他车辆驾驶员眩目干扰的远光灯。

本书介绍的汽车先进驾驶辅助系统如图 7-2 所示。

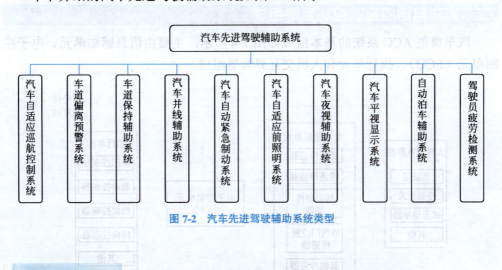

图 7-2　汽车先进驾驶辅助系统类型

第二节　汽车自适应巡航控制系统

一、汽车自适应巡航控制系统定义

汽车自适应巡航控制系统（Adaptive Cruise Control，ACC）是在定速巡航控制系统基础上发展起来的新一代汽车先进驾驶辅助系统。它将汽车定速巡航控制系统（Cruise Control System，CCS）和车辆前向撞击报警系统（Forward Collision Warning System，FCWS）有机结合起来，既有定速巡航控制系统的全部功能，还可以通过车载雷达等传感器监测汽车前方的道路交通环境，一旦发现当前行驶车道的前方有其他前行车辆，将根据本车和前车之间的相对距离及相对速度等信息，对车辆进行纵向速度控制，使本车与前车保持安全距离行驶，避免追尾事故发生，如图 7-3 所示。

图 7-3　汽车自适应巡航控制系统

二、汽车自适应巡航控制系统组成

汽车典型 ACC 系统的基本组成如图 7-4 所示，主要由信息感知单元、电子控制单元（ECU）、执行单元和人机交互界面等组成。

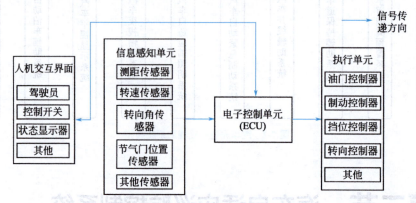

图 7-4　汽车典型 ACC 系统的基本组成

（1）信息感知单元　信息感知单元主要用于向电子控制单元（ECU）提供自适应巡航控制所需要的各种信息。它包括测距传感器、转速传感器、转向角传感器、节气门位置传感器、制动踏板传感器等。测距传感器用来获取车间距离信号，一般使用激光雷达或毫米波雷达；转速传感器用于获取实时车速信号，一般使用霍尔式转速传感器；转向角传感器用于获取汽车转向信号；节气门位置传感器用于获取节气门开度信号；制动踏板传感器用于获取制动踏板动作信号。

（2）电子控制单元（ECU）　ECU 根据驾驶员所设定的安全车距及巡航行驶速度，结合信息感知单元传送来的信息确定当前车辆的行驶状态，决策出车辆的控制作用，并输出给执行单元。例如当两车间的距离小于设定的安全距离时，

ECU 计算实际车距和安全车距之比及相对速度的大小，选择减速方式，同时通过报警器向驾驶员发出报警，提醒驾驶员采取相应的措施。

（3）执行单元　执行单元主要执行电子控制单元发出的指令，它包括油门控制器、制动控制器、挡位控制器和转向控制器等，油门控制器用于调整节气门的开度，使车辆作加速、减速及定速行驶；制动控制器用于紧急情况下的制动；挡位控制器用于控制车辆变速器的挡位；转向控制器用于控制车辆的行驶方向。

（4）人机交互界面　人机交互界面用于驾驶员设定系统参数及系统状态信息的显示等。驾驶员可通过设置在仪表盘或转向盘上的人机界面启动或清除 ACC 系统控制指令。启动 ACC 系统时，要设定当前车辆在巡航状态下的车速和与目标车辆间的安全距离，否则 ACC 系统将自动设置为默认值，但所设定的安全距离不可小于设定车速下交通法规所规定的安全距离。

三、汽车自适应巡航控制系统原理

在车辆行驶过程中，安装在车辆前部的车距传感器（雷达）持续扫描车辆前方道路，同时轮速传感器采集车速信号。当车辆前方无障碍物时，车辆按设定的速度巡航行驶；当行驶车道的前方有其他前行车辆时，ACC 系统电子控制单元将根据本车和前车之间的相对距离及相对速度等信息，通过与 ABS、发动机控制系统、自动变速器控制系统协调动作，对车辆纵向速度进行控制，使本车与前车始终保持安全距离行驶。

四、汽车自适应巡航控制系统状态

汽车 ACC 系统的状态可分为 ACC 关闭状态、ACC 等待状态和 ACC 工作状态三种。ACC 系统的状态及其转换如图 7-5 所示。

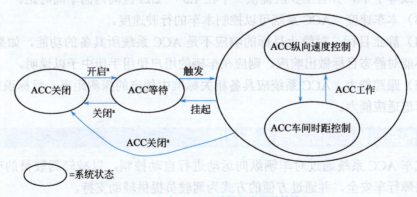

图 7-5　汽车 ACC 系统的状态及其转换

图 7-5 中，上角标 a 表示自检以后的手动和（或）自动操作。手动切换实现 ACC 的关闭与非关闭状态的转换，系统检测到错误后将自动关闭 ACC。

（1）ACC 关闭状态　直接的操作动作均不能触发 ACC 系统。

（2）ACC 等待状态　ACC 系统没有参与车辆的纵向控制，但可随时被驾驶员触发而进入工作状态。

（3）ACC 工作状态　ACC 系统控制本车的速度和（或）车间时距。车间时距是指本车驶过连续车辆的车间距所需的时间间隔，它等于车间距与车速之比。

五、汽车自适应巡航控制系统要求

汽车 ACC 系统要求包括基本控制策略要求和基本性能要求。

1. 汽车 ACC 系统基本控制策略要求

① 当汽车 ACC 系统处于工作状态时，本车通过对速度的自动控制来与前车保持一定的车间时距或预先的设定速度（以两者中速度低者为准）。这两种控制模式之间的转换可由 ACC 系统自动完成。

② 稳定状态的车间时距可由系统自动调节或由驾驶员调节。

③ 当本车的速度低于最低工作速度时，应禁止由"ACC 等待状态"向"ACC 工作状态"的转换。此外，如果系统处于"ACC 工作状态"并且速度低于最低工作速度时，自动加速功能应被禁止，此时 ACC 系统可由"ACC 工作状态"自动转换为"ACC 等待状态"。

④ 如果前方存在多辆车，则 ACC 系统应自动选择跟随本车道内最接近的前车。

2. 汽车 ACC 系统基本性能要求

（1）控制模式　控制模式（车间时距控制和车速控制）应自行转换。

（2）车间时距　可供选择的最小稳态车间时距应适应各种车速下的 ACC 控制，应大于或等于 1s，并且至少应提供一个在 1.5～2.2s 区间内的车间时距。

（3）本车速度　ACC 系统可以控制本车的行驶速度。

（4）静止目标　对静止目标的响应不是 ACC 系统所具备的功能，如果 ACC 系统不能对静态目标做出响应，则应在车辆的用户使用手册中予以说明。

（5）跟踪能力　ACC 系统应具备相关标准中规定的探测距离、目标识别能力以及弯道适应能力。

六、汽车自适应巡航控制系统作用

汽车 ACC 系统通过对车辆纵向运动进行自动控制，以减轻驾驶员的劳动强度，保障行车安全，并通过方便的方式为驾驶员提供辅助支持。

1. 汽车 ACC 系统的作用

① 汽车 ACC 系统可以自动控制车速，但在任何时候驾驶员都可以主动进行

加速或制动。当驾驶员在巡航控制状态下进行制动后，ACC系统控制单元就会终止巡航控制；当驾驶员在巡航控制状态下进行加速，停止加速后，ACC系统控制单元会按照原来设定的车速进行巡航控制。

② 通过测距传感器的反馈信号，ACC系统控制单元可以根据靠近车辆物体的移动速度判断道路情况，并控制车辆的行驶状态；通过反馈式加速踏板感知的驾驶员施加在踏板上的力，ACC系统控制单元可以决定是否执行巡航控制，以减轻驾驶员的疲劳。

③ 汽车ACC系统一般在车速大于25km/h时才会起作用，而当车速降低到25km/h以下时，就需要驾驶员进行人工控制。通过系统软件的升级，ACC系统可以实现"停车/起步"功能，以应对在城市中行驶时频繁的停车和起步情况。ACC系统的这种扩展功能，可以使汽车在非常低的车速时也能与前车保持设定的距离。当前方车辆起步后，ACC系统会提醒驾驶员，驾驶员通过踩油门踏板或按下按钮发出信号，车辆就可以起步行驶。目前奥迪和英菲尼迪等车型都已经可以通过ACC系统自适应巡航跟车至0km/h，实现全速自适应巡航。

④ 汽车ACC系统使车辆的编队行驶更加轻松。ACC系统控制单元可以设定自动跟踪的车辆，当本车跟随前车行驶时，ACC系统控制单元可以将车速调整为与前车相同，同时保持稳定的车距，而且这个距离可以通过转向盘上的设置按钮进行选择。

⑤ 带辅助转向功能的自适应巡航控制系统不仅可以使车辆自动与前车保持一定间距，而且车辆还能够自动转向，使得驾驶过程更加安全舒适。

2. 汽车ACC系统工作模式

汽车ACC系统工作示意图如图7-6所示，共有4种典型的操作，即巡航控制、减速控制、跟随控制和加速控制。图中假设当前车辆设定车速为100km/h，目标车辆行驶速度为80km/h。

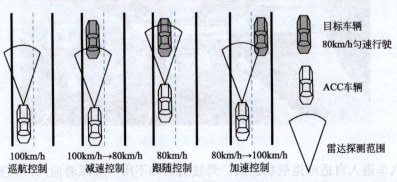

图7-6　汽车ACC系统工作示意图

（1）巡航控制　巡航控制是汽车ACC系统最基本的功能。当前车辆前方无行驶车辆时，当前车辆将处于普通的巡航行驶状态，ACC 系统按照设定的行驶车速对车辆进行巡航控制。

（2）减速控制　当前车辆前方有目标车辆，且目标车辆的行驶速度小于当前车辆的行驶速度时，ACC 系统将控制当前车辆进行减速，确保两车间的距离为所设定的安全距离。

（3）跟随控制　当 ACC 系统将当前车辆车速减至理想的目标值之后采用跟随控制，与目标车辆以相同的速度行驶。

（4）加速控制　当前方的目标车辆加速行驶或发生移线，或当前车辆移线行驶使得前方又无行驶车辆时，ACC 系统将对当前车辆进行加速控制，使当前车辆恢复到设定的车速。

在恢复行驶速度后，ACC 系统又转入对当前车辆的巡航控制。当驾驶员参与车辆驾驶后，ACC 系统自动退出对车辆的控制。

七、汽车自适应巡航控制系统设定

汽车 ACC 系统的指令通过控制开关由驾驶员设定，如图 7-7 所示为某汽车 ACC 系统的控制开关，操作 ACC 所需的按键位于转向盘上，使用很简单，只用左手大拇指就够了。另外，按键的功能不唯一，可复用，如 SET 键还能以 10 为单位调整速度。模式选择主要有限速巡航和自适应巡航；车速有设定区间，如 30～150km/h，在高速公路，设定的速度不要超过高速公路的限速，一般在 80～120km/h 之间；车距选择一般由远及近有 5 个挡位供选择，选择多大的车距，要根据车速和路况决定，比如在高速公路，建议距离设定在较远的两个挡位。这些参数设定完，ACC 系统就可以工作。

图 7-7　汽车 ACC 系统的控制开关

当汽车进入自适应巡航状态后，驾驶员右脚不用一直踩着油门，只要握好转向盘，控制行驶方向即可。如果驾驶员预见前方的路况比较复杂，担心 ACC 系统不能正确处理，只需轻踩刹车就可以解除 ACC 系统对车速的控制权。

对于带辅助转向功能的自适应巡航控制系统，当汽车进入自适应巡航状态后，驾驶员既不用踩着油门，也不用握转向盘，汽车能够自动跟随前车行驶。在遇到信号灯或者突发状态下，驾驶员踩下刹车/加速踏板，或者转动转向盘，车辆便会回到驾驶员的掌控中。

八、汽车自适应巡航控制系统应用实例

目前，汽车 ACC 系统在中高级轿车上得到了广泛的应用。

图 7-8　沃尔沃汽车 ACC 系统

沃尔沃汽车 ACC 系统如图 7-8 所示，通过设置在前风挡玻璃的摄像头以及隐藏在前格栅内的雷达来监测前方路况，在速度超过 30km/h 时，按下转向盘上的启动键，就可以激活 ACC 系统。当前面有车时，车辆自动跟着前车行驶，但不会超过设定的速度；如果前方没有车辆，就按设定的速度行驶。

沃尔沃汽车 ACC 系统具有以下功能。

① 它在 0～200km/h 的范围内都可以实现自动跟车。

② 对前车的识别能力强。当前车转弯或超过前车时，能快速捕捉到新的前车，继续自动跟车。

③ 如果有车辆插队驶入两车之间，ACC 系统会调节车速以保持之前设定的两车之间的安全距离。

④ 具有辅助超车功能。如果感觉前车较慢，当驾驶员打转向进入另外一条车道准备超车时，车辆会做瞬时加速以尽快超过前车。

未来汽车 ACC 系统将同其他的汽车电子电控系统相互融合，形成智能汽车电子控制系统，在卫星导航系统的指引下，利用环境感知技术和网络通信技术，实现自动驾驶功能。

第三节　车道偏离报警系统

一、车道偏离报警系统定义

车道偏离报警（Lane Departure Warning，LDW）系统是一种通过报警或振动等方式辅助驾驶员减少汽车因车道偏离而发生交通事故的系统。该系统通过摄像

头检测前方车道线,计算出车身与车道线之间的距离,判断汽车是否偏离车道;在驾驶员无意识(未打转向灯)偏离原车道时,系统能在偏离车道 0.5s 之前发出警告或转向盘开始振动,提示驾驶员回到本车道内,减少因汽车偏离车道引发的危险,如图 7-9 所示。

图 7-9 车道偏离报警系统

二、车道偏离报警系统组成

车道偏离报警系统主要由信息采集单元、电子控制单元和人机交互单元等组成,如图 7-10 所示。

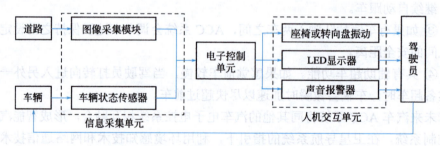

图 7-10 车道偏离报警系统组成

(1)信息采集单元 信息采集单元包括图像采集模块和车辆状态传感器,图像采集模块是利用视觉传感器(摄像头)完成车辆前方道路图像和环境信息的采集,并将模拟视频信号转换为数字视频信号;车辆状态传感器采集车速、车辆转向状态等车辆运动参数。

(2)电子控制单元 电子控制单元完成数字图像处理、车辆状态分析以及决策控制等功能,判断汽车是否偏离车道,如果发生偏离,就发出报警信息。

(3)人机交互单元 人机交互单元通过显示界面向驾驶员提示系统当前的状态,当存在危险情况时,报警装置可以发出声音、光的提示,也有座椅或转向盘振动的形式。

三、车道偏离报警系统工作原理

当车道偏离报警系统开启时,系统利用安装在汽车上的图像采集单元获取车辆前方的道路图像,控制单元对图像进行分析处理,从而获得汽车在当前车道中的位置参数,车辆状态传感器会及时收集车速、车辆转向状态等车辆运动参数,控制单元的决策算法判定车辆是否发生车道偏离。当检测到汽车距离当前车道线过近有可能偏入临近车道或驶离本车道而且驾驶员并没有打转向灯时,人机交互界面就会发出警告信息,提醒驾驶员注意纠正这种无意识的车道偏离,及时回到当前行驶车道上,为驾驶员提供更多的反应时间,从而尽可能地减少车道偏离事故的发生。如果驾驶员打开转向灯,正常进行变线行驶,则车道偏离报警系统不会做出任何提示。

四、车道偏离报警系统功能

报警临界线及其设置区域的概念示意图如图 7-11 所示。

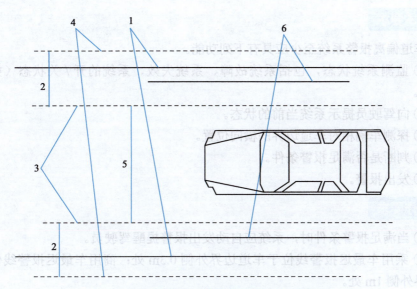

图 7-11　报警临界线及其设置区域的概念示意图
1—车道边界；2—报警临界线设置区域；3—最早报警线；
4—最迟报警线；5—非报警区域；6—报警临界线

车道偏离报警系统的功能构成如图 7-12 所示,其中抑制请求、车速测量、驾驶员优先选择以及其他附加功能是可选的。

抑制请求是指当探测到驾驶员有意要偏离车道时,能根据驾驶员请求或系统功能而禁止系统发出报警的能力。

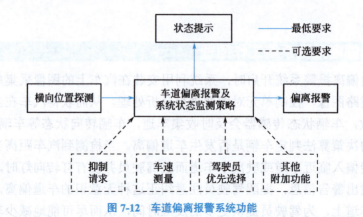

图 7-12 车道偏离报警系统功能

偏离报警是指在没有抑制请求的前提下，因满足车道偏离报警条件而向驾驶员发出的报警。

状态提示是对系统当前所处状态的提示，如开或关、故障、失效等。

五、车道偏离报警系统要求

1. 基本要求

车道偏离报警系统至少应具有下列功能。

① 监测系统状态，包括系统故障、系统失效、系统的开/关状态（如果有开关）。

② 向驾驶员提示系统当前的状态。

③ 探测车辆相对车道边界的横向位置。

④ 判断是否满足报警条件。

⑤ 发出报警。

2. 操作要求

① 当满足报警条件时，系统应自动发出报警提醒驾驶员。

② 乘用车最迟报警线位于车道边界外侧 0.3m 处；商用车最迟报警线位于车道边界外侧 1m 处。

③ 当偏离速度 $0<u\leqslant 0.5$m/s 时，最早报警线距车道边界内的最大距离为 0.75m；当偏离速度 $0.5<u\leqslant 1.0$m/s 时，最早报警线距车道边界内的最大距离为 $1.5u$m；当偏离速度 $u>1.0$m/s 时，最早报警线距车道边界内的最大距离为 1.5m。

④ 当车辆处于报警临界线附近时，系统应持续报警。

⑤ 尽可能减少虚警的发生。

⑥ 系统应在规定的最低车速下正常运行。

3. 可选功能

① 系统可配备开/关装置，以便驾驶员随时操作。

② 系统可检测抑制请求信号以尽可能减少不必要的报警。例如当驾驶员正在进行转向、制动或其他更高优先级的操作如避撞操作时，系统抑制请求生效。

③ 当报警被抑制时，系统可通知驾驶员。

④ 系统可对本车速度进行测量以便为其他功能提供支持，例如当本车速度低于规定的最低车速时抑制报警。

⑤ 当仅在车道的其中一侧存在可见标线时，系统可以利用默认车道宽度在车道的另一侧建立虚拟标线进行报警，或者直接提示驾驶员系统失效。

⑥ 报警临界线的位置可在报警临界线设置区域内调整。

⑦ 弯道行驶过程中，考虑到弯道切入操作行为，系统会将报警临界线位置外移，但绝不可越过最迟报警线。

⑧ 若仅采用触觉报警和（或）听觉报警方式，则报警可设计为具有车辆偏离方式提示的功能，如可采用生源位置、运动方向等手段，否则，就需要利用视觉信息以辅助报警。

⑨ 系统可抑制附加的报警，以避免因报警信息过多而烦扰驾驶员。

六、车道偏离报警系统应用实例

别克汽车的车道偏离报警系统如图 7-13 所示，用于实时监控车辆是否在车道线内，当车速大于 80km/h 时，驾驶员因疲劳或注意力不集中等原因，导致汽车轧线或即将轧线等车道跑偏时，系统通过仪表显示橙色报警图标，配合声音报警或座椅振动给出警告。以下情况系统不会工作：打转向灯、有意打转向盘、有意刹车、有意加速、弯道轧线不多时。

图 7-13 别克汽车的车道偏离报警系统

车道偏离报警系统对应用环境有较高的要求，如行车速度、路面宽度、车道标线的清晰程度、天气条件、光照变化等，都将影响车道偏离报警系统的应用效果。研究各种鲁棒性强、能适应各种天气条件、克服光照变化以及阴影条件影响的车道偏离评价算法是所有基于视觉的车道偏离报警系统的发展趋势。

第四节　车道保持辅助系统

一、车道保持辅助系统定义

车道保持辅助（Lane Keeping Assist，LKA）系统是在车道偏离报警系统的基础上对转向和制动系统协调控制，使汽车保持在预定的车道上行驶，减轻驾驶员负担，防止驾驶失误的系统，如图 7-14 所示。

图 7-14　车道保持辅助系统

车道保持辅助系统能够暂时接管并控制车辆主动驶回原车道，如果对车辆控制介入程度更高，还可以根据需要进行主动制动减速等一系列复杂的动作。自动化程度越高，功能越多，系统越复杂。

二、车道保持辅助系统组成

车道保持辅助系统是主要由信息采集单元、电子控制单元和执行单元等组成，如图 7-15 所示。

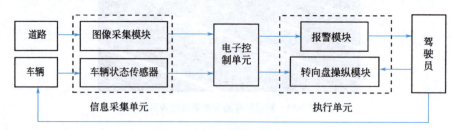

图 7-15　车道保持辅助系统组成

（1）信息采集单元　信息采集单元主要通过多功能摄像头采集道路信息，通过车载传感器采集车辆状态信息，并把这些信息传送给电子控制单元。

（2）电子控制单元　电子控制单元对采集的信息进行分析、计算、判断等，把控制指令传送给执行单元。

（3）执行单元　执行单元按照电子控制单元的指令实施报警或转向盘操作。

三、车道保持辅助系统原理

车道保持辅助系统利用视觉传感器采集道路图像，利用转速传感器采集车速信号，利用转向盘转角传感器采集转向信号，然后对车道两侧边界线进行识别，通过比较车道线和车辆的行驶方向，判断车辆是否偏离行驶车道。当车辆行驶可能偏离车道线时，发出报警；当行驶偏离车道线后，电子控制单元计算出辅助操舵力，对应偏离的程度来控制转向盘操纵模块，施加操舵力使车辆回到正常轨道；如果驾驶员打开转向灯，正常进行变线行驶，那么系统不会做出任何提示；如果驾驶员既没有打开转向灯，也没有主动减速、转动转向盘，则系统就会使用视觉、听觉甚至振动转向盘提醒驾驶员潜在的危险，但提醒不会直接影响车辆的行驶状态。

四、车道保持辅助系统应用实例

车道保持辅助系统已经在一些高级轿车上有实际应用。

新蒙迪欧 LKA 系统的控制按钮位于车灯控制器最左边，可以对提醒模式和强度进行调节，模式分为转向盘抖动警告、辅助修正以及二者叠加三种模式；强度提供了高、标准、低三个级别，如图 7-16 所示。

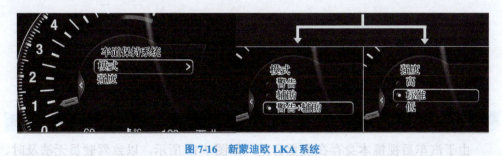

图 7-16　新蒙迪欧 LKA 系统

新蒙迪欧 LKA 系统工作过程如图 7-17 所示。它是通过车内后视镜附带的摄像头，提取车道标线的影像，计算车身与车道标线的接近速率，如果计算出车辆一定时间内将跨越标线，系统将会发出警告，同时在狭窄的道路上，系统也会允许驾驶员在转弯时轻微轧线，降低系统对驾驶员的干扰。

LKA 系统在每次启动后就会自动开启，但驾驶员也可手动关闭该功能。当系统判定驾驶员对于即将越过车道标线的情况没有采取任何修正的动作时，LKA 系统将会介入，会对转向系统下达修正方向的指令，仪表盘也会发出提醒，请驾驶员手握转向盘。同时，如果驾驶员开启转向灯变道，行驶偏离原有路线时，系统不会发出任何警告或修正动作。

图 7-17　新蒙迪欧 LKA 系统工作过程

新蒙迪欧所匹配的 LKA 系统将全程监视两侧车道的标记，如果车辆偏离行驶车道，系统将通过振动转向盘和仪表盘信息给予提醒，并辅助重回当前行驶车道。

恶劣的环境气候（下雪、大雾）、路面污损、前风挡脏污都会影响系统的工作效率，另外，各个国家的道路标线有所不同，也会影响系统的辨识率。

车道保持系统与自适应巡航控制系统集成是智能网联汽车向自动驾驶迈进的重要一步。

第五节　汽车并线辅助系统

一、汽车并线辅助系统定义

由于汽车后视镜本身存在视觉盲区，如图 7-18 所示，以致驾驶员无法及时、准确地获知盲区内车辆的动向，因此，车辆并线剐蹭或碰撞便成为常见的一种交通事故。

汽车并线辅助系统也称盲区监测系统，它是通过车载传感器检测后方来车，在左右两个后视镜内或者其他地方提醒驾驶员

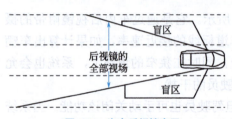

图 7-18　汽车后视镜盲区

后方安全范围内有无来车,从而消除视线盲区,提高行车安全,如图 7-19 所示。

图 7-19 汽车并线辅助系统

汽车盲区检测除检测车辆以外,还应包括城市道路上汽车盲区内行人、骑行者的检测,以及高速公路弯道的检测与识别等。

二、汽车并线辅助系统组成

汽车并线辅助系统一般由信息采集单元、电子控制单元和预警显示单元等组成,如图 7-20 所示。

图 7-20 汽车并线辅助系统组成

(1)信息采集单元 信息采集单元利用传感器检测汽车盲区里是否有行人或其他行驶车辆,并把采集到的有用信息传输给电子控制单元,传感器有超声波传感器、摄像头或探测雷达等。

(2)电子控制单元 电子控制单元对采集到的信息进行分析判断,向预警显示单元发送信息。

(3)预警显示单元 预警显示单元接收电子控制单元的信息,如果有危险,则发出预警显示,此时不可变道。

并线辅助系统的传感器一般安装在后保险杠两侧,可以实现盲区检测、并线辅助和倒车辅助。

三、汽车并线辅助系统原理

汽车并线辅助系统是通过安装在车辆尾部或侧方的传感器检测后方来车或行人,传感器有视觉传感器、激光雷达等,电子控制单元对于传感器采集的信息进行分析处理,如果盲区内有车辆或行人,预警显示单元发出报警。

对于智能网联汽车,也可以采用 V2V 和 V2I 之间通信,告知驾驶员盲区内是否有车辆或行人。

四、汽车并线辅助系统要求

汽车并线辅助系统具有以下要求。

（1）实时性　汽车并线辅助系统是一种以预防为主的车载装置，需要及时发现盲区内潜在的危险并发出警告，这无疑要求系统必须具有良好的实时性。尤其在高速公路上，车速快，如何实现实时检测是一个技术难点。实时性是整个系统具有实用价值的前提。

（2）有效性和可靠性　系统的功能由其有效性来实现，同时需要一定的可靠性来保障。由于实际道路的复杂性、多样性，系统的有效性和可靠性受到挑战。骑行者作为非刚性物体，由于各种因素导致其外形在不断变化，对检测的有效性造成干扰；车道线残缺、其他交通工具的遮挡以及建筑或桥梁的遮挡等都会使得弯道检测失真。

实时性要求对传感器获取的数据进行快速分析和处理，这将对准确性有所影响，从而使整个检测过程更加困难。

五、汽车并线辅助系统应用实例

图 7-21　沃尔沃汽车并线辅助系统

沃尔沃汽车的并线辅助系统（也称盲点监测系统）如图 7-21 所示。位于外后视镜根部的摄像头会对距离 3m 宽、9.5m 长的一个扇形盲区进行 25 帧/s 的图像监控，如果有速度大于 10km/h、且与车辆本身速度差在 20～70km/h 之间的移动物体（车辆或者行人）进入该盲区，系统对比每帧图像，当系统认为目标进一步接近时，A 柱上的警示灯就会亮起，防止出现事故。沃尔沃汽车盲点信息监测系统在左右两个反光镜下面内置有两个摄像头，将后方的盲区影响反馈到行车电脑的显示屏幕上，并在后视镜的支柱上有并线提醒灯提醒驾驶员注意以消除盲区。

第六节　汽车自动紧急制动系统

一、汽车自动紧急制动系统的定义

汽车自动紧急制动（Automatic Emergency Braking，AEB）系统是指实时监测

车辆前方行驶环境，并在可能发生碰撞危险时自动启动车辆制动系统使车辆减速，以避免碰撞或减轻碰撞的系统。它是基于环境感知传感器（如毫米波雷达或视觉摄像头）感知前方可能与车辆、行人或其他交通参与者所发生的碰撞风险，并通过系统自动触发执行机构来实施制动，以避免碰撞或减轻碰撞程度的先进驾驶辅助系统，如图7-22所示。

图7-22　汽车自动紧急制动系统

AEB不仅包含紧急制动功能，还包含前向碰撞预警（Front Collision Warning，FCW）以及紧急制动辅助（Emergency Braking Assist，EBA）。目前，市场上的AEB功能无论从名称还是技术实现形式上都分许多类型。

按功能名称划分，各大主机厂与零部件一级供应商对AEB的命名各有不同。如博世的预测性紧急制动系统（Predictive Emergency Braking System，PEBS）就包含了FCW、EBA以及AEB三个子功能，分别对应驾驶员注意力不集中、驾驶员制动力不足以及驾驶员无制动反应等三种不同工况。戴姆勒的Attention Assist、沃尔沃与吉利的City Safety，虽然名称相异，但也包含上述三个子功能。

按识别的交通参与者类型划分，市面上的AEB功能除了支持避免追尾工况的AEB车对车之外，还有支持识别行人的AEB-Pedestrian，和支持识别两轮车骑行人的AEB-Cyclist。

按支持的行驶速度段划分，欧洲新车评价规程（Euro NCAP）的AEB评测中，将针对城市内低速工况的AEB-City以及高速城市间道路工况的AEB-Interurban进行了区分，并针对不同工况设置了不同的测试项。

按技术实现形式划分，大多数AEB功能的实现形式是以毫米波雷达、单目摄像头、双目摄像头以及多传感器数据融合来实现的。

二、汽车自动紧急制动系统组成

汽车AEB系统主要由行车环境信息采集单元、电子控制单元和执行单元等组成，如图7-23所示。

（1）行车环境信息采集单元　行车环境信息采集单元由测距传感器、车速传感器、油门传感器、制动传感器、转向传感器、路面选择按钮等组成，对行车环境进行实时检测，得到相关行车信息。测距传感器用来检测本车与前方目标的相对距离以及相对速度，目前，常见的测距技术有超声波测距、毫米波雷达测距、激光测距、红外线测距和视频传感器测距等；车速传感器用来检测本车的速度；油门传感器用来检测驾驶员在收到系统提醒报警后是否及时松开油门，对本车实行减速措施；制动传感器用来检测驾驶员是否踩下制动踏板，对本车实行制动措施；转向传感器用来检测车辆目前是否正处于弯道路面行驶或者处于超车状态，系统凭此来判断是否需要进行报警抑制；路面选择按钮是为了方便驾驶员对路面状况信息进行选择，从而方便系统对报警距离的计算。需要采集的信息因系统不同而不同。所有采集到的信息都将被送往电子控制单元。

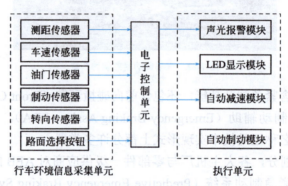

图 7-23　汽车 AEB 系统组成

（2）电子控制单元　电子控制单元接收行车环境信息采集单元的检测信号后，综合收集到的数据信息，依照一定的算法程序对车辆行驶状况进行分析计算，判断车辆所适用的预警状态模型，同时对执行单元发出控制指令。

（3）执行单元　执行单元可以由多个模块组成，如声光报警模块、LED 显示模块、自动减速模块和自动制动模块等，根据系统不同而不同。它用来接收电子控制单元发出的指令，并执行相应的动作，达到预期的预警效果，实现相应的车辆制动功能。当系统检测到存在危险状况时，首先进行声光报警，提醒驾驶员；当系统发出提醒报警之后，如果驾驶员没有松开油门，则系统会发出自动减速控制指令；在减速之后系统检测到危险仍然存在时，说明目前车辆行驶处于极度危险的状况，需要对车辆实施自动强制制动。

三、汽车自动紧急制动系统原理

汽车 AEB 系统利用测距传感器测出与前车或者障碍物的距离，然后利用电子控制单元将测出的距离与报警距离、安全距离等进行比较，小于报警距离时就进行报警提示，而小于安全距离时即使在驾驶员没来得及踩制动踏板的情况下，AEB 系统也会启动，使汽车自动制动，从而为安全出行保驾护航。

图 7-24 所示为某汽车 AEB 系统工作过程示意图。

碰撞前约2.6s
发出视觉和声音碰撞警告

碰撞前约1.6s
警告3次且驾驶员无反应时，启动自动制动程序

碰撞前约0.6s
如驾驶员仍无反应，制动系统制动力达到最大以降低碰撞的损害

图 7-24　汽车 AEB 系统工作过程

四、汽车自动紧急制动系统类型

欧洲新车星级评价（E-NCAP）以多年来统计的事故数据作为依据，对汽车 AEB 系统使用环境提出三种应用类型，即城市专用 AEB 系统、高速公路专用 AEB 系统和行人保护专用 AEB 系统。

（1）城市专用 AEB 系统　城市交通事故大多发生在路口等待、交通拥堵等情况下，因为驾驶员注意力分散，忽视了自身的车速和与前车的距离，造成碰撞事故。城市内驾驶特点是速度慢，易发生不严重的碰撞。城市专用 AEB 系统可以监测前方路况与车辆移动情况，如果探测到潜在的风险，它将采取预制动措施，提醒驾驶员风险的存在；如果在反应时间内未接到驾驶员的指令，该系统则会自动制动来避免事故。而在任何时间点内，如果驾驶员采取了紧急制动或猛打转向盘等措施，该系统将停止。

马自达阿特兹搭载的低速刹车辅助系统（SCBS）属于城市专用 AEB 系统的一种。SCBS 系统能够在车辆低速行驶时主动检测同前方车辆的距离，当车辆在 4～30km/h 车速时，SCBS 系统会自动打开，通过判断本车与前方车辆的距离，当监测到两辆车距离过近时，该系统会自动制动减速，避免或减轻伤害；在 20km/h 速度以下时，会自动停车，避免追尾前车或减轻对前车的伤害。有权威数据显示，在大城市的车辆追尾、剐蹭事故中，有 70% 以上的事故发生在车辆中低速行驶时，特别是在拥堵路况上车辆走走停停时，驾驶员走神更是追尾和剐蹭事故的主要原因。

（2）高速公路专用 AEB 系统　在高速公路上发生的事故与城市交通事故相比，其特点不同。高速公路上的驾驶员可能由于疲劳驾驶，当意识到危险时车速过快无法控制车辆。为了能保证这种行驶情况下的安全，AEB 系统必须能用相应的控制策略来应对。系统在车辆高速行驶状态下工作，首先通过报警来提醒驾驶员潜在的危险。如果在反应时间内,驾驶员没有任何反应,第二次警示系统将启动,比如突然的制动或安全带收紧,此时制动器将调至预制动状态;如果驾驶员依然没有反应,那么该系统将会自动实施制动。

(3) 行人保护专用 AEB 系统　除探测道路上的车辆外,还有一类 AEB 系统是用来检测行人和其他公路上弱势群体的。通过车上一个前置摄像头传来图像,可以辨别出行人的图形和特征,通过计算相对运动的路径,以确定是否有撞击的危险。如果有危险,系统可以发出警告,并在安全距离内,制动系统采用全制动使车辆停止行驶。实际情况下预测行人行为是比较困难的,系统控制的算法也非常复杂。该系统需要在危险发生前更迅速地做出正确判断,更有效地做出响应,防止危险事态发生,同时也需要避免系统在特定情况下发生误触发,如图 7-25 所示。

图 7-25　行人保护专用 AEB 系统

五、汽车自动紧急制动系统测试方法

E-NCAP 根据 AEB 系统工作形式不同,将其分为 AEB 结合碰撞预警功能 (FCW)、单独 AEB 以及单独 FCW 三种情况。E-NCAP 试验评价方法中将汽车 AEB 系统测试方法分为车与车工况(CCR)、车与行人工况(CP)。

1. 车与车工况

车与车工况主要分为以下三种情况。

(1) 车与车后方接近静态试验(CCRs)　前方目标车辆(EVT)静态下后方测试车辆(UVT)接近状况。根据实际调查情况,车辆事故的第一种普遍情况是前车静态下发生的。根据系统分类和工作形式分类,定义测试流程和方法见表 7-1,示意图如图 7-26 所示。

表 7-1　CCRs 试验速度参数表　　　　　　　　　　　　单位: km/h

工况	AEB+FCW		独立 AEB	独立 FCW
	AEB	FCW		
城市工况 AEB	10～50	—	10～50	—
郊区工况 AEB	—	30～80	30～80	30～80

第七章　智能网联汽车先进驾驶辅助系统　273

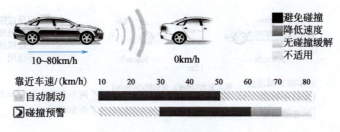

图 7-26　CCRs 试验示意图

（2）车与车后方接近移动试验（CCRm）　前方 EVT 匀速移动状态下后方 UVT 接近状况。根据实际调查情况，车辆事故的第二种情况是在前车匀速移动的状况下发生的。根据系统分类和工作形式分类，定义相应的测试流程和方法见表 7-2，示意图如图 7-27 所示。

表 7-2　CCRm 试验速度参数表　　　　　　　　　　　　单位：km/h

AEB+FCW		独立 AEB	独立 FCW
AEB	FCW		
30～70	50～80	30～80	50～80

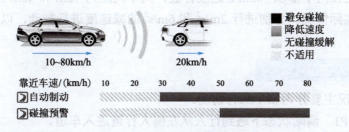

图 7-27　CCRm 试验示意图

（3）车与车后方接近制动试验（CCRb）　前方 EVT 匀速移动中突然制动状态下后方 UVT 接近状况。根据实际调查情况，车辆事故的第三种情况是在前车移动中突然制动的状况下发生的。根据系统分类和工作形式分类，定义相应的测试流程和方法见表 7-3，示意图如图 7-28 所示。

表 7-3　CCRb 试验速度参数表

工况	两车间距	AEB+FCW、独立 AEB、独立 FCW	
		制动减速度 2m/s²	制动减速度 6m/s²
城市工况 AEB	12m	10～50km/h	10～50km/h
郊区工况 AEB	40m	30～80km/h	30～80km/h

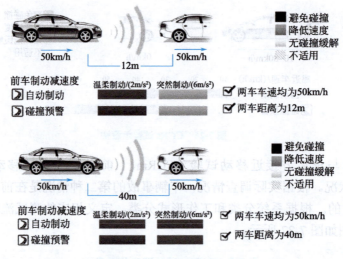

图 7-28　CCRb 试验示意图

以上三种测试方法是根据前方 EVT 的状态变化，后方 UVT 在不同车速下对 AEB 系统进行全面的性能测试。其中，CCRs 和 CCRm 试验根据表 7-1 和表 7-2 中提供的车速区间，从小到大用 5km/h 或者 10km/h 的车速间隔进行试验。CCRb 试验规则是在两车都以 50km/h 速度行驶，两车间距为 12m 和 40m 的两种情况下，前车模拟实际情况，分别进行 $2m/s^2$ 和 $6m/s^2$ 的减速度进行制动，以此来测试系统的性能。

2. 车与行人工况（CP）

CP 工况主要分为以下三种情况。

（1）CP1　清晰状态下遇到行人从左侧人行道进入车道。

（2）CP2　隐蔽状态下遇到行人从左侧人行道进入车道。

（3）CP3　清晰状态下遇到行人从右侧人行道快步进入车道。

目前，车与行人工况还未正式加入测试规范中，试验方法和规范也正在研究过程中。

目前，美国、日本、欧盟等国家和地区已纷纷将 AEB 纳入新车安全性评价项目中，为自动驾驶和无人驾驶打下基础。

六、汽车自动紧急制动系统应用实例

斯巴鲁 Eye Sight 系统主要是通过前风挡玻璃的两个立体摄像头，模拟人类的立体视觉，来判断车辆前方的路口，探测范围为 79m，可以识别汽车、行人、摩托车，如图 7-29 所示。

斯巴鲁 Eye Sihgt 系统在前后车速不同的情况下采取不一样的措施。当车速差

第七章 智能网联汽车先进驾驶辅助系统

低于 30km/h 时，系统能识别车辆、行人的路径，如检测到危险时，驾驶员没有及时刹车，系统可以自动协助制动，甚至完全把车制动停止，避免发生碰撞。而在一些野外路段，也可以将系统关闭。而车速差在 30km/h 以上时，系统采取的不是紧急制动的方式而是适当减速，以最大限度降低碰撞速度。

图 7-29　斯巴鲁 Eye Sight 系统

沃尔沃 CWAB 系统以摄像头、雷达同时探测，雷达负责探测车辆前方 150m 内的范围，摄影镜头则负责前方 55m 内的车辆动态，如图 7-30 所示。当与前车距离过近或路中间有行人时，会通过类似于刹车灯的警示灯亮起的方式，提醒驾驶员注意。如果发出警示后碰撞的风险仍然在增加，制动支持功能会被激活。刹车片能缩短响应时间，预充液压增强制动压力，确保驾驶员在没用力踩刹车的情况下也能实现有效制动。如果驾驶员没有实施制动而系统预见碰撞即将发生，制动器将被激活，自动采取制动措施。

图 7-30　沃尔沃 CWAB 系统

除了 CWAB 系统外，沃尔沃还研发了城市安全系统与之相配合，该系统在车速 30km/h 以下时启动，自动探测前方 10m 内是否有静止或移动中的车辆。如果前车突然刹车，而驾驶员系统发出的警告未采取任何行动，车辆就会自动刹车。

如果两车的相对速度差低于 15km/h，该系统启动后可以使车辆自动紧急制动，避免碰撞的发生。当两车的相对速度差在 15～30km/h 之间时，该系统可在碰撞发生前将速度降至最低，最大限度地减少本车与前车乘员及车辆因碰撞而产生的损伤。

随着汽车安全技术涉及的范围越来越广、越来越细，现代汽车正朝着更加智能化、自动化和信息化的机电一体化方向发展。汽车自动紧急制动系统应和其他控制系统相结合，采用智能型传感器、快速响应的执行器、高性能电控单元、先进的控制策略、无线通信等技术以提高汽车的主动安全性，使车辆从被动防撞减少伤害向主动避撞减少事故的方向发展。

第七节　汽车自适应前照明系统

一、汽车自适应前照明系统定义

汽车自适应前照明系统（Adaptive Front Lighting System，AFS）是一种照明装置，它能够根据天气情况、外部光线、道路状况以及行驶信息来自动改变前照明系统的工作模式，调整照射光线的光形，消除因为夜间或者能见度低时转弯或者其他特殊行驶条件下带来的视野暗区，能够为驾驶员提供更宽范围更为可靠的照明视野，保证驾驶员和道路行人的安全。汽车 AFS 是未来汽车前照明系统的主要发展方向。

图 7-31 所示为有无 AFS 照明效果比较。可以看出，AFS 的转向灯能够根据转向盘的角度转动，把有效的光束投射到驾驶员需要看清的前方路面上。

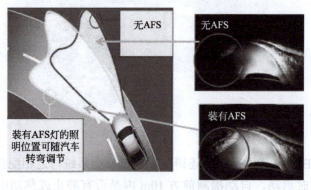

图 7-31　汽车有无 AFS 照明效果比较

二、汽车自适应前照明系统组成

汽车自适应前照明系统主要由传感器单元、CAN 总线传输单元、控制单元（ECU）和执行单元等组成，如图 7-32 所示。

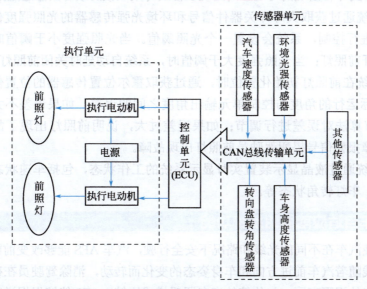

图 7-32 汽车自适应照明系统组成

（1）传感器单元　传感器单元是采集车辆当前信息（如车速、车辆姿态、转向角度等）和外部环境（如弯道、坡度和天气等）的变化信息，包括汽车车速传感器、转向盘转角传感器、环境光强传感器、车身高度传感器、位置传感器等。

（2）CAN 总线传输单元　CAN 总线传输单元负责把各种传感器采集的信息传输给控制单元，实现内部控制与各种传感器检测以及执行机构之间的数据通信。

（3）控制单元（ECU）　控制单元需要对车辆行驶状态做出综合判断，输出脉冲变量给执行单元。

（4）执行单元　控制单元输出的信号给执行单元的执行电动机，调节前照灯的照射距离和角度，为驾驶员提供更广阔的视野，保障行车安全。

三、汽车自适应前照明系统原理

汽车自适应前照明系统实现的基本原理是，通过安装在车辆上的车速、姿态、转角、位置等传感器采集汽车动态信号参数，经过控制单元的分析判断和算法运算并产生控制信号，执行单元控制前照明系统运转。

系统主要功能按以下方法实现。

① 系统通过开关器件获取功能开关信号，通过轮速传感器获取车速信号，通过转向盘转角传感器获取转角信号，通过车身高度传感器获取姿态信号等。经过

巡检算法判断，如果前照灯需要转动，系统会根据角度算法计算出需要转动的角度，通过控制单元输出控制信号控制水平和垂直安装的步进电机转动，最后再通过机械传动机构实现前照灯转动，让照明光束始终与道路保持一致，这样驾驶员能够清楚地看到即将出现的弯道上的路况以便及时采取预防或者紧急避险措施。

② 系统通过获取大灯开关器件信号和环境光强传感器的光照强度信号，对前照灯开关进行控制，系统会设置一个光照阈值。当光照强度小于阈值时，系统自动延时打开前照灯；当光照强度大于阈值时，系统自动延时关闭前照灯。

③ 系统在前照灯初始化置位时，通过获取霍尔位置传感器的位置信号，判断前照灯实际运行的角度与控制单元输出角度之间的误差。如果误差不大，通过角度 PD 调节算法对误差进行调节；如果误差过大，说明前照灯出现了故障，系统会产生故障报警信号提醒驾驶员前照灯出现故障。

④ 系统通过液晶显示装置实时显示系统的工作状态，包括车速状态、转向盘转角状态、车灯转角状态等。

四、汽车自适应前照明系统功能

为了使汽车在不同的光线和路况下安全行驶，汽车 AFS 能够改变前照灯照射方向，使光线随着汽车前进方向和车身姿态的变化而转动，消除驾驶员在夜间或恶劣天气下行车的视野盲区。与传统的汽车照明模式比较，AFS 能够根据道路和天气环境的变化适时地开启相应的照明模式，图 7-33 所示为不同工作模式下的照射光形。

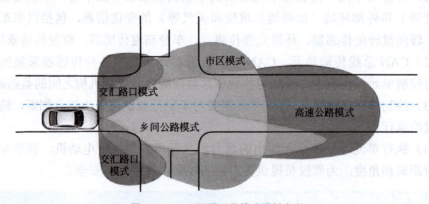

图 7-33 AFS 不同工作模式照射光形

汽车 AFS 照明模式主要有基础照明模式、弯道照明模式、城市道路照明模式、高速公路照明模式、乡村道路照明模式和恶劣天气照明模式等。

1. 基础照明模式

车辆在行驶过程中，当道路状况及环境气候均处于正常状况时，前照明系统的工作模式相当于传统的汽车照明系统，其照明模式为基础照明模式。在基础照明模式下,前照明系统不做任何调整。

当环境光强传感器检测到外界光线变化时,系统就会执行相应的动作。例如天黑或者汽车进入隧道后,环境光强传感器检测到外界光线下降,系统自动开启前照灯并且根据感知的光线强度来补充光照强度以满足驾驶要求;当传感器检测到外界光线强度能够达到照明要求,例如白天或者汽车出隧道后,系统就自动关闭汽车前照灯。有时候,车辆停止后,驾驶员下车后仍然需要灯光照明来观察停车情况,所以,系统可以设置灯光延时功能。

汽车经常会行驶在坡路上,有时即使是在平坦的道路上,由于汽车载重或者突然的加速或刹车,都会导致车身发生俯仰,车身的俯仰就一定会造成前照灯照射的角度发生变化,如图 7-34 所示。

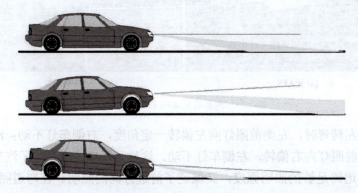

图 7-34　汽车俯仰灯光照射图

汽车正常行驶过程中,前照灯光轴在水平位置。当车身发生后仰时,前照灯的照射光线就会抬高,光线抬高造成远处的照射光线发散,造成驾驶员视野模糊,不能清晰地辨认远处的行人和物体,一旦发生紧急情况,就没有足够的时间来保证行车安全。当车身发生前仰时,前照灯的照射光线降低,从而导致照明范围缩小,驾驶员不能及时地发现前方路况,严重影响了行车安全。在这种行车条件下,车身高度传感器能够检测到汽车前后高度的变化,结合车速传感器采集到的车速信息,系统根据汽车前后高度的变化量以及轴距计算出车身俯仰角的差值,从而调整汽车前照灯纵向角度,使前照灯光轴恢复到水平位置以提供最佳的照明条件,确保驾驶员在该情况下有足够视野来判断前方的路况,保证行车安全。

2. 弯道照明模式

汽车在夜间转弯行驶时,传统汽车前照灯的照射光线与车身前进方向平行,所以在车身的两侧就会出现暗区,驾驶员无法及时地发现弯道上的路况,容易导致交通事故的发生。在这种情况下,AFS 可以开启弯道照明模式。当汽车进入弯道时,转向盘转角传感器和车速传感器共同作用采集数据。例如当转向角大于 12°

并且车速大于 30km/h 时，系统开始工作；当转向角小于 9° 或车速小于 5km/h 时，系统不工作或停止工作。在弯道模式下，控制单元根据传感器采集的数据计算出车灯需要偏转的角度，驱动步进电机转动以使大灯转动。

AFS 能够使车辆在进入弯道时产生旋转的光型，给弯道以足够的照明，如图 7-35 所示。

(a) 无 AFS (b) 有 AFS

图 7-35　汽车有无 AFS 转弯道路照明

汽车向左转弯时，左侧前照灯向左偏转一定角度，右侧车灯不动；汽车向右转弯时，右侧前照灯向右偏转，左侧车灯不动。这种照明模式既提供了汽车在弯道上行驶时侧面道路足够的照明强度，又保证了前进方向的照明。在弯道照明模式下，左右车灯最大偏转角度也是不一样的，右侧道路行驶国家的交通法规规定右侧近光灯变化角度最大为 5°，左侧近光灯变化角度最大为 15°。为保证弯道照明模式下的行车安全，车灯偏转角度依据的原则是尽可能地保证照明距离大于安全刹车距离。

3. 城市道路照明模式

城市道路行车的特点是车速较低，车流量和人流量都很大，外界照明条件好，十字路口多，发生随机性事故的可能性较大。在这样的道路上行车要求视野清晰，防止眩光。

资料表明，对向行车时，驾驶员接收到的照射光强如果达到 1000cd 就会产生眩晕。当环境光强传感器检测到光强达到阈值、车速小于 60km/h 时，车辆进入城市照明模式，系统使左右近光灯的功率减小，降低灯光亮度，同时驱动控制车灯的电机转动，使前照灯略向下偏转，进一步降低射向车和行人的光照强度，防止眩光现象的发生。

在市区车辆行驶速度较为缓慢的前提下，AFS 使用比较宽阔的光型，以便在道路边缘和交叉路口都能获得较好的照明，有效地避免了与岔路中突然出现的行人、车辆可能发生的交通事故，如图 7-36 所示。

第七章　智能网联汽车先进驾驶辅助系统　281

(a) 无AFS

(b) 有AFS

图 7-36　汽车有无 AFS 城市道路照明

4. 高速公路照明模式

高速公路上行车特点是车速快，车流量相对较小，侧向干扰少。这样的行车特点要求前照灯光线照射距离足够远，以保证前方出现状况时驾驶员有足够的时间采取措施。在高速公路上行车，汽车灯光的照射距离应该与车速成正比的关系，汽车灯光的照射距离要大于驾驶员的反应距离和刹车距离的总和。

汽车行驶在高速公路时，当车速传感器检测到车速大于 70km/h，并根据 GPS 判断其为高速行驶模式时，系统自动开启高速公路照明模式。汽车前照灯照射光线随着车速的增加在垂直方向上抬高，以使光线能够照射得更远，保证驾驶员能够在安全距离之外发现前方的车辆，如图 7-37 所示。

(a) 无AFS

(b) 有AFS

图 7-37　汽车有无 AFS 高速公路照明

5. 乡村道路照明模式

乡村道路外界照明条件差，岔路口多，路况复杂，路边障碍物不容易被发现；道路狭窄，起伏不平，造成行车时车身倾斜从而导致前照灯俯仰角发生变化，容易引发交通事故。

AFS 在乡村道路照明模式工作时，通过环境光强传感器、车速传感器和 GPS 用来判断外界行驶条件，决定是否开启乡村道路照明模式。在乡村道路照明模式下，系统增大左右前照灯的输出功率，增强光照亮度来补充照明。依据右侧行车的交通法规，车辆在乡村道路行驶时，右侧的前照灯照射光线要向右偏转一些，拓宽右侧道路的照明范围以使灯光能够照射到路面边缘，如图 7-38 所示。

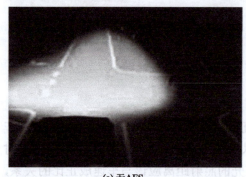

图 7-38　汽车有无 AFS 乡村道路照明

6. 恶劣天气照明模式

恶劣天气照明模式主要针对的是阴雨天气，此时地面的积水会将前照灯打在地面上的光线反射至对面会车驾驶员的眼睛中，使其眩目，进而可能造成交通事故。在阴雨天气下行驶的车辆，AFS 根据检测路面湿度、轮胎滑移以及雨量传感器判断系统状态为雨天模式，AFS 驱动垂直调高电动机，降低前照灯垂直输出角，并调节其照射强度，避免反射眩光在 60m 范围内对迎面行车驾驶员造成眩目，如图 7-39 所示。

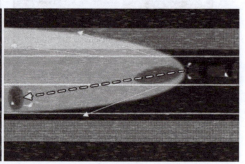

图 7-39　汽车有无 AFS 恶劣天气道路照明

当车辆行驶在雾天或者是沙尘暴天气时，AFS 根据感知雾、风速传感器、颗粒物传感器以及环境光强传感器感知光线强弱，判断是否遇到雾天或是沙尘暴天气，从而驱动垂直调高电机，增大前照灯垂直输出角，使得照明光线有所提升，同时，开启车灯清洗装置，尽可能地使驾驶员获得较好的视觉，可以安全地行驶在可见度较低的恶劣天气中。

在汽车 AFS 实际开发和使用中，根据实际情况，可以对上述功能进行取舍。

五、汽车自适应前照明系统应用实例

奔驰公司智能前照明系统采用 LED 光源，如图 7-40 所示。

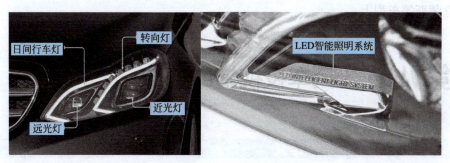

图 7-40　奔驰 E 级 LED 智能照明系统

奔驰 E 级 LED 智能照明系统具有 5 种发光模式，分别是乡村道路照明、高速公路照明、增强型雾灯、主动转弯照明和弯道辅助照明。

（1）乡村道路照明　能够照亮驾驶员一侧更加宽阔的路面，从而使驾驶员在黑暗中更容易判断前方路况，并能够在其他车辆或人员穿越其行车路径时，使驾驶员更容易做出反应。

（2）高速公路照明　夜间在高速公路上行驶时，车速达到预设的速度时，LED 大灯的亮度会比传统模式近光灯增加 60% 的照明度。并且划分出了两挡：在车速为 90km/h 时，一挡自动激活，可有效改善夜间高速公路行车的远距离视野；当车速超过 110km/h 时，二挡启用，照明范围进一步增强，识别距离再次加大，近光灯照射距离比普通模式增加 50m。

（3）增强型雾灯　在浓雾、霾等天气下行驶，该功能在 70km/h 速度以内且后雾灯打开时被激活，驾驶员一侧的 LED 大灯可向外转动约 8° 并降低大灯照射高度，以便更好地照亮近侧路面，同时还可减轻在雾天的反射灯眩光。当车速超过 100km/h 时，该模式便会自动关闭。

（4）主动转弯照明　根据不同的车速和转向角，主动转弯照明会自动开启。此时主动大灯可迅速向转弯方向转动（最大可达 15°），增强转角方向的照明效果约 90%。

（5）弯道辅助照明　当车速低于 40km/h 行驶时，转动转向盘或是使用转弯信号灯时，弯道照明功能会被自动激活。此时会照亮汽车前方侧面约 65°、30m 远的照射区域。对比传统车灯技术，能够更早地发现横穿道路的行人。

除以上 5 种照明模式外，奔驰还为新 E 级推出了增强型自适应远光灯的功能。该系统可实现远光灯在持久照明的同时，能有效避免对其他车辆或行人造成的眩光干扰。通过车前立体多功能摄像头探测，LED 灯组会在 ECU 的控制下自动把光线压低至前方同向或对向车辆之下，使其他车辆不受远光灯影响。根据交通流量及道路照明条件的不同，远光照射距离可以从 65m 一直延伸至 300m。

目前，汽车自适应前照明系统主要用在豪华轿车上，如奔驰、奥迪、宝马、雷克萨斯等车型上。

第八节 汽车夜视辅助系统

一、汽车夜视辅助系统定义

汽车夜视辅助系统是一种利用红外成像技术辅助驾驶员在黑夜中看清道路、行人和障碍物等，减少事故发生，增强主动安全的系统，如图 7-41 所示。

图 7-41 汽车夜视辅助系统

二、汽车夜视辅助系统类型

按照工作原理不同，汽车夜视辅助系统可以分为主动夜视辅助系统和被动夜视辅助两种。

（1）主动夜视辅助系统　主动夜视辅助系统采用主动红外成像技术，把目标物体反射或自身辐射的红外辐射图像转换成人眼可观察的图像，这种系统本身必须具备光源，不发出热量的物体也可以看到，通过图像处理提高清晰度，道路标志清晰可见。

（2）被动夜视辅助系统　被动夜视辅助系统采用热成像技术，基于目标与背景的温度和辐射率差别，利用辐射测温技术对目标逐点测定辐射强度而形成可见的目标热图像，这种系统本身没有光源，仅依靠对物体本身发出的光线进行识别，不发出热量的物体看不清或看不到。图像清晰度取决于天气条件和时间段，图像与实际景象不完全符合。

三、汽车夜视辅助系统组成

汽车主动夜视辅助系统主要由红外发射单元、红外成像单元、电子控制单元（ECU）和图像显示单元等组成，如图7-42所示。

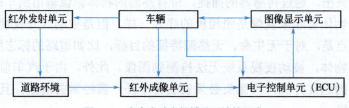

图7-42　汽车主动夜视辅助系统的组成

（1）红外发射单元　红外发射单元位于两个前照灯内，当它被激活时，产生的红外线用于照射车辆前方区域，相应的夜视图等同于在远光灯下透过风挡玻璃所见到的情景。

（2）红外成像单元　红外成像单元主要是红外图像摄像头，记录车辆前方区域内的图像，并提供其探测范围内是否存在行人或障碍物的信息，然后通过数字视频线将数据发送给ECU。

（3）电子控制单元　ECU分析红外成像单元传来的数据，再通过集成化数据处理，将画面传输给图像显示单元，其中识别的行人和动物以高亮度显示。一般对于数字化的CCD摄像头，采集到信号后，会进行必要的去噪声、信号增强等处理，然后再送给图像显示单元。

（4）图像显示单元　图像显示单元接收控制单元传来的信号并显示，驾驶员就可以清晰地看到前大灯照射范围之外的景物，避免出现意外。

汽车被动夜视辅助系统没有红外发射单元，主要由红外成像单元、电子控制单元（ECU）和图像显示单元等组成

四、汽车夜视辅助系统原理

1. 汽车主动夜视辅助系统原理

汽车主动夜视辅助系统将摄像头安装到汽车前大灯，通过卤素灯泡照射，使

用多套照射系统和摄像机来识别红外反射波,利用目标反射红外光源。红外光源发出的短红外线是主动照射目标,红外 CCD 探测器接收的目标再反射短红外光线,通过 ECU 处理后,可以把图像信息传递给驾驶员。主动夜视系统对比分辨度高,且图像较清晰、可靠。由于不依靠物体的热源,即使不发热的物体也能清晰可见,比如道路上的行人、车辆、道路标志牌等都可以被发现。

2. 汽车被动夜视辅助系统原理

汽车被动夜视辅助系统利用热成像摄像头接收人、动物等发热物体发出的不同的红外热辐射原理(远红外线)映射出不同的图像,并对图像进行放大和处理后输出。由于不同物体对红外线反射强弱不同,行人、动物等可以发热的物体在反射中特别突出,通过传感器的捕捉,带有热源的物体影像输出到车载显示屏上。被探测到的物体看起来就像是照相机的底片一样。但是被动红外夜视系统本身无法克服的缺点是,对于无生命、无热源特征的目标,比如道路的标志牌、车道线、车道护栏等物体,被动夜视系统无法检测到图像。此外,由于汽车前风挡玻璃不能传输长波的远红外线,摄像头必须安装在车外,需经常去清洁,且在汽车前端碰撞时易受损。

在被动夜视辅助系统中,关键零部件是红外摄像头,它与主动夜视辅助系统的红外摄像头原理相同,但接收对象存在差异,因此其软硬件设计也有不同。主动夜视辅助系统红外摄像头主要接收物体对红外光源的反射光线,而被动夜视辅助系统红外摄像头主要接收物体本身发出的红外辐射。被动夜视辅助系统红外摄像头主要装配于车辆前保险杠,一般安装在一个防撞击的盒子里,风挡玻璃清洗系统同时负责相机的清洁。当外界气温低于 5℃时,镜头盖则被加热,拍摄距离 300m,部分车型红外摄像头也可以随着车速的增加,通过镜头焦距的改变使得远距离的目标放大,使目标更清晰。

五、汽车夜视辅助系统应用实例

目前,在奥迪、宝马、奔驰等车型上,都装备了夜视辅助系统。

奥迪 A8L 夜视辅助系统主要元件是控制单元和摄像头。控制单元是夜视辅助系统的核心,位于左前座椅前方的汽车底板内,装在那里的一个塑料盒内,如图 7-43 所示。

汽车夜视辅助系统控制单元主要完成以下任务:处理夜视辅助系统摄像头的原始图像;识别出热敏图像上的人并将其做上标记;持续不断地对摄像头图像进行分析,并测算车辆与识别出的行人的碰撞可能性;在识别出有碰撞危险时发出警告;将已处理完的热敏图像传送给组合仪表;使用 CAN 扩展总线接收并处理夜视辅助系统功能所需要的数值和信息;为摄像头供电(蓄电池电压);持续地对系统进行诊断，并将识别出的故障记录到故障存储器内；通过测量数据块、自适应和执行元件诊断来帮助查找夜视辅助系统故障；通过软件对售后中和生产中的系统进行校准；行车中在某些条件下进行动态校准；存储用户对夜视辅助系统所做的设置。

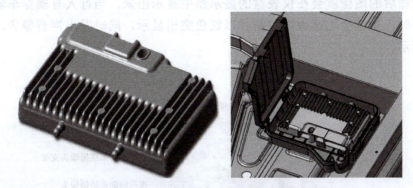

图 7-43　奥迪 A8L 夜视辅助系统控制单元

奥迪 A8L 夜视辅助系统的摄像头是一种红外热敏图像摄像头，如图 7-44 所示。为防止石击，摄像头的镜头前有一个锗制成的保护窗；摄像头有加热元件，防止结冰，加热电流可根据温度来调节。

图 7-44　奥迪 A8L 夜视辅助系统摄像头

奥迪 A8L 夜视辅助系统的摄像头安装在车辆散热器隔栅的奥迪环中，如图 7-45 所示。

该摄像头配有自己的运算器，除了录下原始图像并把图像传给控制单元，还要储存校准数据。这些校准数据并不是存储在控制单元内，而是存储在摄像头内，这样，在更换损坏的夜视辅助系统控制单元后，就不必重新进行校准。该摄像头的图像是黑白图像，其分辨率水平为 320 像素，垂直为 240 像素，每秒 20 帧照片。夜视辅助系统的探测范围约 300m，摄像头的水平探测张角约为 24°。

奥迪 A8L 夜视辅助系统除了可以让驾驶员看清近光灯照不到的黑暗中的交通

标牌、弯道、车辆、障碍物等会造成危险的事物，正确判断出前方道路的情况，还可以通过远红外热成像摄像头捕捉到车辆前方 0～24°、0～300m 范围内的热源（包括人和动物），让驾驶员提前做出反应，避免交通事故的发生。当热源（人或者动物）出现在捕捉范围内时，系统会将拍摄到的热信号送交电控单元处理，处理后的图像就会在仪表盘的显示器中显示出来。当行人有横穿车辆前方的意图时，系统会迅速做出判断并以红色突出显示，同时发出声音警告，如图 7-46 所示。

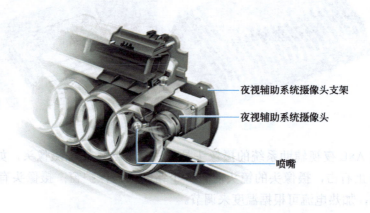

图7-45　奥迪A8L夜视辅助系统摄像头安装位置

图 7-46　奥迪 A8L 夜视辅助系统

奥迪 A8L 夜视辅助系统是全天候的电子眼，在雨雪、浓雾天气公路上的物体及路旁的一切也都能尽收眼底，大大提高汽车行驶的安全性。

目前，越来越多的汽车厂家开始开发和使用汽车夜视辅助系统，这不仅能够提高驾驶安全性，还能够提高其豪华程度。随着科技的发展和夜视辅助系统生产成本的降低，汽车夜视辅助系统将会全面普及。

第九节　汽车平视显示系统

一、汽车平视显示系统定义

汽车平视显示（Head Up Display，HUD）系统也称抬头显示系统，它是利用光学反射原理，将汽车驾驶辅助信息、导航信息、检查控制信息以及 ADAS 信息等以投影方式显示在风挡玻璃上或约 2m 远的前方、发动机罩尖端的上方，阅读起来非常舒适，同时还可以显示来自各个驾驶辅助系统的警告信息，例如车道偏离警告、来自带行人识别功能的夜视辅助系统的行人避让警告等，避免驾驶员在行车过程中频繁低头看仪表或车载屏幕，对于行车安全起着很好的辅助作用，如图 7-47 所示。图中 72km/h 表示当前车速，60 表示限速。

图 7-47　汽车平视显示系统

二、汽车平视显示系统组成

汽车平视显示系统主要由图像源、光学系统和图像合成器等组成，如图 7-48 所示。

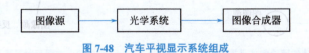

图 7-48　汽车平视显示系统组成

（1）图像源　图像源一般采用液晶显示屏，实现 HUD 系统的各种功能，并输出视频信号。

（2）光学系统　光学系统将视频信号投射出去，并且可以调节大小、位置等参数。

（3）图像合成器　一般将前风挡玻璃作为图像合成器，把外部景物信息和内部投影信息合成到一起。投射的图像在风挡玻璃上发生反射，以达到和前方路况信息叠加、融合的效果。

因此，带平视显示系统的车辆安装的是特设的前风挡玻璃，其与传统前风挡玻璃的区别在于前风挡玻璃的两侧扁平玻璃中间的 PVB（聚乙烯醇缩丁醛）膜的厚度不是恒定不变的，而是略微呈楔形，这样的结构使驾驶员不会看到重影。

三、汽车平视显示系统原理

汽车平视显示系统原理与使用的光线系统结构密切相关。根据光学系统结构不同，汽车平视显示系统可以分为风挡玻璃映像式平视显示系统、前置反射屏式平视显示系统、自由曲面平视显示系统、菲涅尔透镜平视显示系统、与仪表盘相结合的平视显示系统等。

1. 风挡玻璃映像式平视显示系统

风挡玻璃映像式平视显示系统是最基本也是使用最为广泛的结构，如图 7-49 所示。

从图像源发出的光经投影透镜折射和风挡玻璃反射与外部的景物光一同进入人眼，人眼沿着光线的反向延长线观察到位于风挡玻璃左侧的虚像，从而保证驾驶员能够在观察前方路况信息的同时也能观察到仪表盘上的信息。风挡玻璃一方面能透射外部景物光，另一方面又能反射图像源经过投影透镜的光。这种系统的优点是驾驶员在能够观察到投影像的同时还允许一定范围的头部移动；缺点是图像小，亮度低，视场角小，质量和体积都较大。

2. 前置反射屏式平视显示系统

前置反射屏式平视显示系统也是较为普遍的结构形式，如图 7-50 所示。

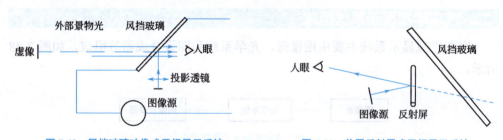

图 7-49　风挡玻璃映像式平视显示系统　　图 7-50　前置反射屏式平视显示系统

在驾驶室内设置独立的半反射半透射的反射屏，图像源发射出的光线经过反射屏反射进入人眼，驾驶员沿着该反射光线反向延长线方向能够观察到悬浮在前方的虚像。在这种结构中，反射屏与风挡玻璃是相互独立的两个部分，并不需要对风挡玻璃做镀膜等其他处理。此外，反射屏可以前后转动，投影角度比较灵活。使用时可以将反射屏竖起，不使用时将反射屏放平。但是反射屏的设置会使车内空间变得狭小，且结构复杂。图像源发射出的光线透射过反射屏后会被风挡玻璃反射，部分反射光线会进入人眼对驾驶员形成干扰。

3. 自由曲面平视显示系统

汽车的风挡玻璃不是一个平面，而是带有一定弧度的曲面，因此可以用自由曲面来代替传统结构中风挡玻璃所在的面。自由曲面平视显示系统原理如图 7-51 所示，系统包括两个自由曲面和一个折叠反射镜，实现对图像源成像。

图像源发射出的光线先经过折叠反射镜反射，再经过初级自由曲面反射，最后经过自由曲面像合成器反射进入人眼，其中，自由曲面像合成器是风挡玻璃所在的面。这种结构形式简单灵活，像差平衡能力强，成像质量较好，但制造成本较高。人眼直接通过风挡玻璃观察外界景物时，风挡玻璃可能会产生一定的像差。

4. 菲涅尔透镜平视显示系统

在平视显示系统中，为了获得较大的观察图像范围，通常需要较大口径的光学透镜。光学透镜的口径越大，透镜的体积越大，质量越重，透镜越不易加工，且成本越高，因而难以大批量生产。为了在保证透镜口径的前提下减小透镜厚度，可以使用菲涅尔透镜。菲涅尔透镜平视显示系统如图 7-52 所示。

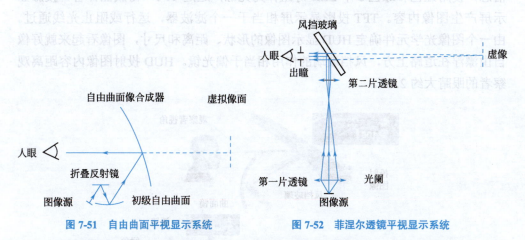

图 7-51　自由曲面平视显示系统　　　　图 7-52　菲涅尔透镜平视显示系统

菲涅尔透镜平视显示系统有两片菲涅尔透镜，图像源位于第一片菲涅尔透镜下方，先经过第一片透镜再经过第二片菲涅尔透镜放大，最后经风挡玻璃的反射进入人眼。菲涅尔透镜系统结构形式简单，透镜的体积小，质量轻，同时，菲涅尔透镜还可以校正风挡玻璃所产生的像差，但是系统的轴外视场像差较大。

5. 与仪表盘相结合的平视显示系统

在上述平视显示系统中，汽车前方仪表盘的存在限制了平视显示系统的可用

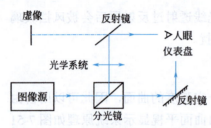

图 7-53 与仪表盘相结合的平视显示系统

空间范围。与仪表盘相结合的平视显示系统如图 7-53 所示，包含一个图像源、一个分光镜、多个平面反射镜和一组光学系统。

图像源发出的光经过分光镜分成透射部分和反射部分，透射部分的光经过平面反射镜反射，将透射图像反射到仪表盘上作为显示信息；反射部分的光经过光学系统折射和风挡玻璃反射进入人眼。仪表盘系统和平视显示系统采用同一个图像源，可以保证二者显示信息的实时性，而且使用这种包含分光镜在内的系统，可以去除掉一些不必要的结构，充分利用驾驶台前方的可用空间，减小系统的体积。

四、汽车平视显示系统应用实例

宝马 7 系平视显示系统可提供多种有助于提高交通安全性和驾驶舒适性的功能。平视显示系统可显示定速巡航控制系统、导航系统、检查控制信息以及车速等方面的信息。

宝马 7 系平视显示系统工作原理如图 7-54 所示。需要一个光源来投射 HUD 信息，使用红色和绿色 2 个 LED 灯组作为光源，通过 TFT（薄膜晶体管）投影显示屏产生图像内容。TFT 投影显示屏相当于一个滤波器，运行或阻止光线通过。由一个图像光学元件确定 HUD 显示图像的形状、距离和尺寸，图像看起来就好像自由漂浮在道路上方，风挡玻璃的作用相当于偏光镜。HUD 投射图像内容距离观察者的眼睛大约 2.7m。

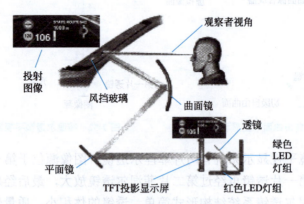

图 7-54 宝马 7 系平视显示系统工作原理

宝马 7 系平视显示系统显示效果如图 7-55 所示。

目前，汽车平视显示系统也不仅仅局限于高档轿车和跑车，奔驰、本田、奥迪、日产等多个汽车厂家都有车型装备了平视显示系统。随着技术的进步，汽车平视显示系统的应用将会越来越多。

图 7-55　宝马 7 系汽车平视显示系统

第十节　自动泊车辅助系统

一、自动泊车辅助系统定义

自动泊车辅助（Park Assist，PA）系统是利用车载传感器探测有效泊车空间并辅助控制车辆完成泊车操作的一种汽车先进驾驶辅助系统，如图 7-56 所示。

图 7-56　自动泊车辅助系统

相比于传统的电子辅助功能，比如倒车雷达、倒车影像显示等，自动泊车辅助系统智能化程度更高，减轻了驾驶员的操作负担，有效降低了泊车的事故率。

二、自动泊车辅助系统组成

自动泊车辅助系统主要由信息检测单元、电子控制单元和执行单元等组成，如图 7-57 所示。

（1）信息检测单元　信息检测单元是自动泊车系统的耳目，利用摄像头或雷达传感器等对路面环境和车辆位置等进行检测，可采集图像数据及周围物体距车身的距离数据，并通过数据线传输给电子控制单元。

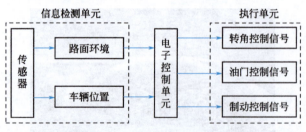

图 7-57　自动泊车辅助系统组成

（2）电子控制单元　电子控制单元是自动泊车辅助系统的核心，将信息检测单元上传的数据进行分析处理后，得出汽车的当前位置、目标位置以及周围的环境参数，依据这些参数做出自动泊车策略，并将其转换成电信号。

（3）执行单元　执行单元接收电子控制单元的指令，精确控制转向盘的转动、油门和刹车的运动，以使汽车能准确跟踪路径，并随时准备接收中断以紧急停车。

三、自动泊车辅助系统原理

自动泊车辅助系统工作原理是通过车载传感器扫描汽车周围环境，通过对环境区域的分析和建模，搜索有效泊车位，当确定目标车位后，系统提示驾驶员停车并自动启动自动泊车程序，根据所获取的车位大小、位置信息，由程序计算泊车路径，然后自动操纵汽车泊车入位。

从机理上分析，自动泊车辅助系统的运行过程如图 7-58 所示。

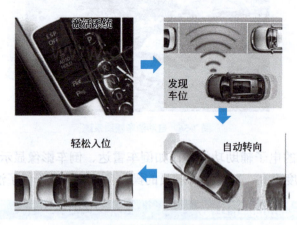

图 7-58　自动泊车辅助系统工作过程

（1）激活系统　汽车进入停车区域后缓慢行驶，人工开启自动泊车辅助系统，或者根据车速自动启动自动泊车辅助系统。

（2）车位检测　通过车载传感器获取环境信息，传感器主要采用测距传感器

（如雷达）和视觉传感器（如摄像头），然后识别出目标车位。

（3）路径规划　根据所获取的环境信息，电子控制单元对汽车和环境建模，计算出一条能使汽车安全泊入车位的路径。

（4）路径跟踪　通过转角、油门和制动的协调控制，使汽车跟踪预先规划的泊车路径，实现轻松泊车入位。

四、全自动泊车技术

自动泊车辅助系统在泊车过程中，驾驶员需要控制制动踏板、加速踏板及排挡杆，转向盘操作由电脑完成，目前已装备在量产车型上；全自动泊车技术在泊车过程中，不需要驾驶员控制汽车任何操作，所有泊车过程全部由电脑控制。

1. 奥迪全自动泊车技术

奥迪全自动泊车技术通过智能手机上的应用程序"一键自动停车"来完成。当驾驶员将车辆开到停车场的入口附近时，驾驶员下车拿出手机，然后只是简单地点一下屏幕，就可转身离去，随后车辆开始自行启动，进入停车场寻找停车位，如图7-59所示。

图7-59　奥迪全自动泊车技术

虽然奥迪确实实现了全自动泊车，但是车辆并不是依靠自己的力量，在演示的场地中布满了激光扫描设备来帮助车辆定位，也就是说只有在与奥迪合作安装了激光扫描设备的停车场，这项技术才能得以真正的使用。

2. 沃尔沃全自动泊车技术

沃尔沃开发的全自动泊车系统是与无人驾驶技术、网络技术与无线通信技术的进一步结合。在基础设施建设方面，沃尔沃全自动泊车系统并不算复杂，只需要在停车场出入口以及停车场内部设置传感器，用于引导车辆进出停车场以及寻找车位。沃尔沃的这项技术，可以让驾驶员不在车内，便可实现车辆的自动泊车和锁闭，并且它还能让车辆自己从泊车位来到驾驶员的身边。这些操作都可以用手机端的自动停车APP，只需轻点按钮，车辆便会自动寻找车位，当车辆完成泊车后，也会在手机上接收到泊车完毕的信息。同样，如果想让车自己来到驾驶员身边,也只需在手机上进行简单操作,如图 7-60 所示。

图 7-60　沃尔沃全自动泊车技术

沃尔沃的这项技术还可以在自动泊车的过程中实时监测车辆周围的各种障碍物,以便随时调整行车路线。

3. 宝马远程代客泊车技术

远程代客泊车技术是在 360° 防碰撞系统的基础上,借助其激光扫描仪获得的数据,实现车辆自动泊车。驾驶员只需将车辆开到停车场入口处,即可通过智能手表启动远程代客泊车系统,如图 7-61 所示。

图 7-61　宝马远程代客泊车技术

在车辆进行自动泊车的过程中,系统可以自动识别周围物体,避开意外出现的障碍物,比如行人、其他车辆以及未完全入位的车辆。

相比沃尔沃的全自动泊车技术,由于宝马借助了 360° 防碰撞系统的激光扫描仪,而减少了对于 GPS 卫星定位系统的依赖,使得该系统的使用范围不仅局限于无遮蔽的露天停车场。即便是地下停车场或立体停车场,搭载这项技术的宝马车型都可以畅通无阻。除了配备激光扫描仪之外,这款试验用车还配备了处理系统与运算系统,这意味着车辆可以独立完成楼内定位、周围环境监测,并进行独立的自动导航。这样,停车场便不需要配备自动驾驶所需要的复杂基础设施。

全自动泊车技术是实现汽车无人驾驶的重要环节,目前还处于试验阶段,真正达到全自动泊车的应用,还有很多技术需要解决完善。

五、自动泊车辅助系统应用实例

雪佛兰科鲁兹配备的自动泊车辅助系统可以实现水平和垂直两种方式的自动泊车,如图 7-62 所示。在泊车入位过程中,驾驶员仅需要控制制动踏板、加速踏板及排挡杆,转向盘操作由电脑完成,帮助驾驶员准确地将车停到指定位置,方便驾驶员操控车辆。

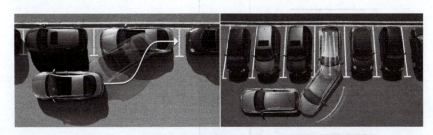

图 7-62 水平和垂直两种方式的自动泊车

该自动泊车辅助系统组成如图 7-63 所示,图中 1 代表带自动转向功能的电动转向机;2 代表 8 个驻车辅助传感器(UPA),用于测量泊车过程中与障碍物的距离,探测距离为 1.5m;3 代表 4 个泊车辅助传感器(APA),用于测量寻车过程中车位的长短,探测距离为 1.5m;4 代表 APA 模块,位于后备厢左侧衬板内,是驻车辅助、自动泊车辅助、侧盲区报警功能的主控模块,此模块在底盘拓展网络和低速网络上通信,向电动转向、仪表、收音机等模块发送控制指令和信息;5 代表启用 / 关闭按钮,共有 2 个,分别打开和关闭 UPA 和 APA 功能;6 代表仪表。

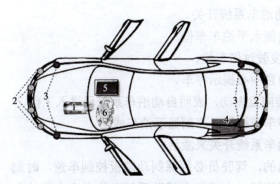

图 7-63 雪佛兰自动泊车辅助系统组成

自动泊车辅助系统控制框图如图 7-64 所示,图中实线表示专线信号,虚线表示网络信号。系统进入工作状态时,通过 APA 传感器监测与路边车辆的相对位置来搜索车位。搜索到合适的车位以后,APA 模块通过仪表和收音机扬声器向驾驶员提示停车并挂入倒挡。驾驶员按指令操作后,APA 模块向 EPS(电动助力转向)模块发出转向控制指令,并通过持续的 APA 和 UPA 传感器信号来判定车辆实际位置,通过仪表向驾驶员发出指示,直到完全停车入位。

自动泊车辅助系统水平泊车时,参照车辆与本车的距离应控制在 0.3～1.5m 范围内,最小车位长度为车身长度加 0.8m,最大车位长度为 12m;垂直泊车时,参照车辆与本车的距离应控制在 0.3～1.5m 范围内,最小车位宽度为车身宽度加

0.8m，最大车位宽度为 12m。

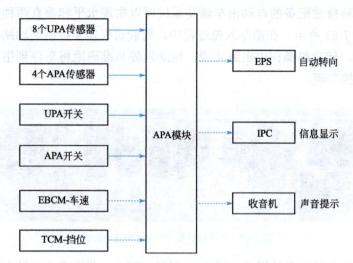

图 7-64　雪佛兰自动泊车辅助系统控制框图

自动泊车操作步骤如下。
① 在车辆处于 D 挡时，按下自动泊车系统开关。
② 按下开关后，系统默认寻找右侧水平泊车车位。
③ 驾驶车辆以低于 30km/h 的速度驶过停车位。
④ 系统找到车位后，在驾驶员信息中心提示停车。
⑤ 踩下制动踏板，挂入 R 挡，转向盘振动，表明自动泊车系统已进入工作。
⑥ 按驾驶员信息中心提示信息停车或换挡，直到显示泊车成功。
⑦ 如需要垂直泊车，需要长按泊车系统开关来激活。

自动泊车辅助系统都不是全自动的，驾驶员必须踩制动踏板控制车速，时刻盯紧汽车的倒车雷达显示屏和左右后视镜。自动泊车辅助系统必将向全自动泊车系统发展，全自动泊车是实现无人驾驶汽车关键技术之一。

第十一节　驾驶员疲劳预警系统

一、驾驶员疲劳预警系统定义

驾驶员疲劳预警系统是指驾驶员精神状态下滑或进入浅层睡眠时，系统会依据驾驶员精神状态指数分别给出语音提示、振动提醒、电脉冲警示等，警告驾驶员已经进入疲劳状态，需要休息，如图 7-65 所示。其作用就是监视并提醒驾驶员自身的疲劳状态，减少驾驶员疲劳驾驶的潜在危害。

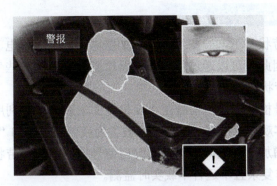

图 7-65　驾驶员疲劳预警系统

驾驶员疲劳预警系统也称防疲劳预警系统、疲劳识别系统、注意力警示辅助系统、驾驶员安全警告系统等。

二、驾驶员疲劳预警系统组成

驾驶员疲劳预警系统一般由信息采集单元、电子控制单元和预警显示单元等组成，如图 7-66 所示。

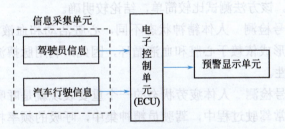

图 7-66　疲劳驾驶预警系统组成

（1）信息采集单元　信息采集单元主要利用传感器采集驾驶员信息和汽车行驶信息：驾驶员信息包括驾驶员的面部特征、眼部信号、头部运动性等；汽车行驶信息包括转向盘转角、行驶速度、行驶轨迹等，这些信息的采集取决于系统的设计。

（2）电子控制单元　ECU 接收信息采集单元传送的信号，进行运算分析，判断驾驶员疲劳状态；如果经计算分析发现驾驶员处于一定的疲劳状态，则向预警显示单元发出信号。

（3）预警显示单元　预警显示单元根据 ECU 传递的信息，通过语音提示、振动提醒、电脉冲警示等方式对驾驶员疲劳进行预警。

三、驾驶员疲劳检测方法

驾驶员疲劳检测方法主要有基于驾驶员自身特征（包括生理信号和生理反应）

的检测方法、汽车行驶状态的检测方法和多特征信息融合的检测方法等。

1. 基于驾驶员生理信号的检测方法

驾驶员在疲劳状态下，一些生理指标如脑电、心电、肌电、脉波、呼吸等会偏离正常状态，因此，可以通过生理传感器检测驾驶员的这些生理指标来判断驾驶员是否处于疲劳状态。

（1）脑电信号检测　脑电信号是人脑机能的宏观反应，利用脑电信号反映人体的疲劳状态，客观并且准确，脑电信号被誉为疲劳监测中的"金标准"。人在疲劳状态下，慢波增加，快波降低。利用脑电信号检测驾驶疲劳状况，判定的准确率较高，但是操作复杂且不适合车载实时监测。

（2）心电信号检测　心电图指标主要包括心率及心率变异性等。其中，心率信号综合反映了人体的疲劳程度与任务和情绪的关系。心率变异性是心脏神经活动的紧张度和均衡度综合体现。心电信号是判定驾驶疲劳的有效特征，准确度高。利用心电信号检测人体疲劳状况需要将电极与人身体相接触，会给驾驶员的正常驾驶带来不便。

（3）肌电信号检测　通过肌电信号的分析，反映人体的疲劳程度。肌电图的频率随着疲劳的产生和疲劳程度的加深呈现下降趋势，而肌电图的幅值增大则表明疲劳程度增大。该方法测试比较简单，结论较明确。

（4）脉搏信号检测　人体精神状态不同，心脏活动和血液循环也会有差异，而人体脉搏波的形成依赖于心脏和血液循环，因此，利用脉搏波监测驾驶员的疲劳状态具有可行性。

（5）呼吸信号检测　人体疲劳状态的一个重要表现就是呼吸频率降低，呼吸变得平稳。在正常驾驶过程中，驾驶员精神集中，呼吸的频率相对较高，如果驾驶期间与他人交谈，呼吸波的频率变得更高，同时呼吸的周期性变差。当驾驶员疲劳驾驶时，注意力集中程度降低，思维不活跃，此时呼吸变得平缓。因此，通过检测驾驶员的呼吸状况来判定疲劳驾驶也成为研究疲劳驾驶预警系统的一个重要方面。

基于驾驶员生理信号的检测方法客观性强，准确性高，但与检测仪器有较大关系，而且都是接触式检测，会干扰驾驶员的正常操作，影响行车安全。而且，由于不同人的生理信号特征有所不同，并与心理活动关联较大，在实际用于驾驶员疲劳检测时有很大的局限性。

2. 基于驾驶员生理反应特征的检测方法

基于驾驶员生理反应特征的检测方法一般采用非接触式检测途径，利用机器视觉技术检测驾驶员面部的生理反应特征，如眼睛特征、视线方向、嘴部状态、头部位置等来判断驾驶员疲劳状态。

（1）眼睛特征检测　驾驶员眼球的运动和眨眼信息被认为是反映疲劳的重要特征，眨眼幅度、眨眼频率和平均闭合时间都可直接用于检测疲劳。目前被认为是最有应用前景的实时疲劳检测方法——PERCLOS（Percent of Eye Closure，指在一定的时间内眼睛闭合时所占的时间比例）检测，指出 PERCLOS 的 P80（单位时间内眼睛闭合程度超过 80% 的时间占总时间的百分比）与驾驶疲劳程度的相关性最好。为了提高疲劳检测准确率，可以综合检测平均睁眼程度、最长闭眼时间的特征作为疲劳指标，可以达到较高的疲劳检测准确率。通过眼睛特征检测驾驶员的疲劳程度，不会对驾驶员行为带来任何干扰，因此它成为这一领域现行研究的热点。

（2）视线方向检测　把眼球中心与眼球表面亮点的连线定为驾驶员视线方向。正常状态下，驾驶员正视车辆运动前方，同时视线方向移动速度比较快；疲劳时，驾驶员视线方向的移动速度会变慢，表现出迟钝现象，并且视线轴会偏离正常的位置。通过摄像头获取眼睛的图像，对眼球建模，把视线是否偏离正常范围作为判别驾驶员是否疲劳的特征之一。

（3）嘴部状态的检测　人在疲劳时往往有频繁的哈欠动作，如果检测到哈欠的频率超过一个预定的阈值，则判断驾驶员已处于疲劳状态。基于此原理，可以完成对驾驶员的疲劳检测。

（4）头部位置检测　在驾驶过程中，驾驶员正常和疲劳时的头部位置是不同的，可以利用驾驶员头部位置的变化检测疲劳程度。利用头部位置传感器，对驾驶员的头部位置进行实时跟踪，并且根据头部位置的变化规律判定驾驶员是否疲劳。

基于驾驶员生理反应特征的检测方法的优点是表征疲劳的特征直观、明显，可实现非接触测量；缺点是检测识别算法比较复杂，疲劳特征提取困难，且检测结果受光线变化和个体生理状况的变化影响较大。

3. 基于汽车行驶状态的检测方法

基于汽车行驶状态的疲劳检测方法，不是从驾驶员本人出发去研究，而是从驾驶员对汽车的操控情况去间接判断驾驶员是否疲劳。该种检测方法主要利用 CCD 摄像头和车载传感器检测汽车行驶状态间接推测驾驶员的疲劳状态。

（1）基于转向盘的疲劳检测　基于转向盘的检测包括转向盘转角信号检测和转向盘力信号检测。

驾驶员疲劳时对汽车的控制能力下降，转向盘转角左右摆动的幅度会较大，然后在一段时间内其值没有明显变化，同时操纵转向盘的频率会下降。通过对转向盘转角时域、频域和幅值域的分析，转向盘转角的方差或平方差可以作为疲劳驾驶评价指标。通过检测驾驶员驾驶过程中转向盘的转角变化情况来检测驾驶员的疲劳情况是疲劳预警系统研究的热点方向。这种方法数据准确，算法简单并且该信号与驾驶员疲劳状况联系紧密。

驾驶员疲劳时，其对转向盘的握力逐渐减小。通过传感器实时检测驾驶员把握转向盘的力，通过一系列分析，判断驾驶员的疲劳程度。

驾驶员对转向盘的操纵特征能间接、实时地反映驾驶员的疲劳程度，具有可靠性高、无接触的优点，由于传感器技术的限制，其准确度有待提高。

（2）汽车行驶速度检测　通过实时检测汽车的行驶速度，判断汽车是处于有效控制状态还是处于失控状态，从而间接判断驾驶员是否疲劳。

（3）车道偏离检测　驾驶员疲劳驾驶时，由于注意力分散，反应迟钝，汽车可能偏离车道。

基于汽车行驶状态的检测方法优点是非接触检测，信号容易提取，不会对驾驶员造成干扰，以汽车的现有装置为基础，只需增加少量的硬件，具有很高的实用价值。其缺点是受到汽车的具体型号、道路的具体情况和驾驶员的驾驶习惯、驾驶经验和驾驶条件等限制，目前此方法测量的准确性不高。

4. 基于多特征信息融合的检测方法

依据信息融合技术，将基于驾驶员生理特征、驾驶行为和汽车行驶状态相结合是理想的检测方法，大大降低了采用单一方法造成的误警或漏警现象。信息融合技术的应用，使疲劳检测技术得到更进一步的发展和提高，能客观、实时、快捷、准确地判断出驾驶员的疲劳状态，避免疲劳驾驶所引起的交通事故，是疲劳检测技术的发展方向。

四、驾驶员疲劳预警系统应用实例

比亚迪公司开发的防疲劳预警系统是基于驾驶员生理图像反应，利用驾驶员的面部特征、眼部信号、头部运动性等推断驾驶员的疲劳状态，并进行提示报警和采取相应措施的装置。同时具备对环境的强抗干扰能力，对驾驶行车安全给予主动智能的安全保障。

比亚迪防疲劳预警系统主要由摄像头和ECU两大模块组成，如图7-67所示。

（1）摄像头模块　摄像头模块主要由镜头、CMOS图像传感器、近红外LED灯、图像信号采集电路及电源电路组成。CMOS图像传感器将通过镜头的光信号转换为电信号，实时拍摄驾驶员的头、肩部姿态，并通过连接线将信号输送至ECU进行处理。近红外LED灯在必要时点亮，进行补光，使得系统无论在白天、夜晚都能正常工作。

（2）ECU模块　ECU模块主要由视频解码电路、运算单元、疲劳程度检测与报警信号输出单元、蜂鸣器组成。视频解码电路接收由摄像头模块发出的视频图像信号，解码后送入运算单元进行处理，如果经计算发现驾驶员处于一定的疲劳程度，则由报警单元驱动蜂鸣器进行报警。

随着汽车市场的发展，社会对生命关怀程度的加深，政府对交通安全的重视，技术的进一步成熟，硬件成本的逐渐降低，驾驶员疲劳检测产品被越来越多的企业和个人接受与应用，它必将会有极佳的市场应用前景。

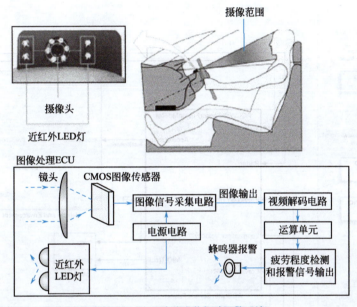

图 7-67　比亚迪防疲劳驾驶预警系统

第十二节　先进驾驶辅助系统仿真实例

一、自适应巡航控制系统

【例 7-1】基于传感器融合的自适应巡航控制（ACC）系统仿真。

利用视觉传感器和毫米波雷达融合的自适应巡航控制系统具有以下优点。

① 它将视觉传感器获得的位置和速度的横向测量与毫米波雷达测量的距离和速度测量结合起来。

② 视觉传感器可以检测车道，提供车道相对于主车的横向位置估计，以及场景中其他车辆相对于主车车道的位置。

本实例介绍了如何使用传感器融合和基于模型预测控制（MPC）来实现汽

自适应巡航控制系统仿真。

1. 自适应巡航控制系统测试平台模型

使用以下命令,打开自适应巡航控制系统测试平台模型。

```
1    addpath(fullfile(matlabroot,'examples','mpc','main'));
2    open_system('ACCTestBenchExample')
```

输出结果如图 7-68 所示。

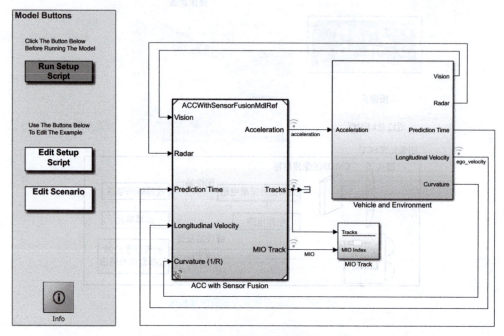

图 7-68　自适应巡航控制系统测试平台模型

自适应巡航控制系统测试平台由基于传感器融合的 ACC 模块、车辆与环境模块、模型按钮组成。

基于传感器融合的 ACC 模块模拟传感器融合并控制车辆的纵向加速度;车辆与环境模块对主车辆的运动和环境进行建模,毫米波雷达和视觉传感器为控制系统提供综合数据;模型按钮打开后,会显示初始化模型使用的数据脚本,该脚本加载 Simulink 模型所需的某些常量,例如车辆模型参数、跟踪与传感器融合参数、ACC 控制器参数、驾驶员转向控制参数、道路场景等。

(1)基于传感器融合的 ACC 模块　基于传感器融合的 ACC 模块如图 7-69 所示。

基于传感器融合的 ACC 模块又由跟踪与传感器融合和自适应巡航控制器模块组成。

第七章　智能网联汽车先进驾驶辅助系统　305

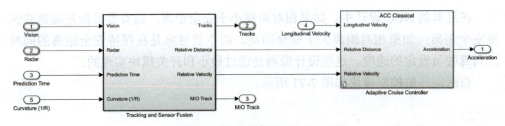

图 7-69　基于传感器融合的 ACC 模块

① 跟踪与传感器融合模块如图 7-70 所示，它处理来自车辆与环境模块的视觉传感器和毫米波雷达的检测，生成主车周围环境的综合态势图。此外，它还向 ACC 提供主车前方车道上最近的车辆的估计值。

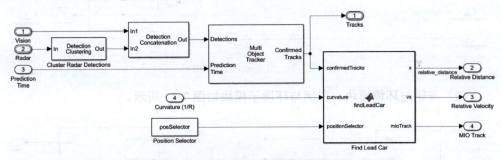

图 7-70　跟踪与传感器融合模块

跟踪与传感器融合模块主要由多目标跟踪模块、检测连接模块、检测聚类模块、寻找引导车辆模块组成。多目标跟踪模块的输入的是所有传感器检测的组合列表和预测时间，输出的是已确认轨迹的列表；检测连接模块将视觉传感器和雷达检测连接起来，预测时间由车辆和环境子系统中的时钟驱动；检测聚类模块将多个雷达检测进行聚类，因为跟踪器要求每个传感器对每个目标至多进行一次检测；寻找引导车辆模块使用已确认的轨道列表和道路曲率来查找哪个车辆最接近主车，并在同一车道上位于主车前面，这辆车被称为引导车。当车辆驶入和驶出主车前方的车道时，引导车可能会发生变化。该模块提供了引导车相对于主车的位置和速度，以及最重要物体的轨迹。

② 自适应巡航控制器有两种：经典设计（默认）和基于 MPC 的设计。两种设计均采用以下设计原则。装备 ACC 的车辆（主车）使用传感器融合来估计与引导车的相对距离和相对速度。ACC 使主车以驾驶员设定的速度行驶，同时保持与引导车的安全距离。

ACC 基于以下输入为主车生成纵向加速度：汽车纵向速度；来自跟踪与传感器融合系统的引导车与主车的相对距离；来自跟踪与传感器融合系统的引导车与主车的相对速度。

在经典的 ACC 设计中，如果相对距离小于安全距离，则首要目标是减速并保持安全距离；如果相对距离大于安全距离，则主要目标是在保持安全距离的同时达到驾驶员设定的速度。这些设计原则是通过最小和开关模块实现的。

自适应巡航控制模块如图 7-71 所示。

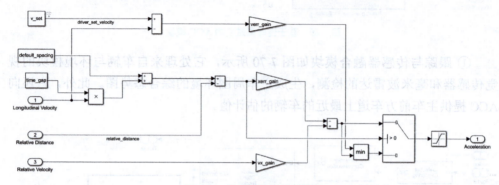

图 7-71　自适应巡航控制模块

（2）车辆与环境模块　车辆与环境子模块如图 7-72 所示。

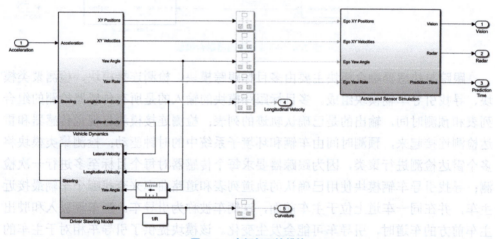

图 7-72　车辆与环境模块

车辆与环境子模块又由车辆动力学、对象和传感器模拟、驾驶员转向模块组成。

① 车辆动力学模块利用自动驾驶工具箱中的单轨汽车模型力输入模块对车辆动力学进行建模。车辆动力学模块如图 7-73 所示。

② 对象和传感器模块生成跟踪和传感器融合所需的数据。在运行此示例之前，驱动场景设计器应用程序用于创建一个场景，其中有一条弯曲的道路，多个对象在道路上移动。对象和传感器模块仿真模型如图 7-74 所示。

第七章　智能网联汽车先进驾驶辅助系统　307

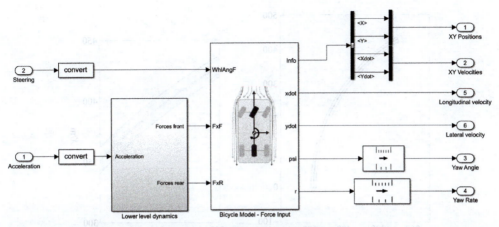

图 7-73　车辆动力学模块仿真模型

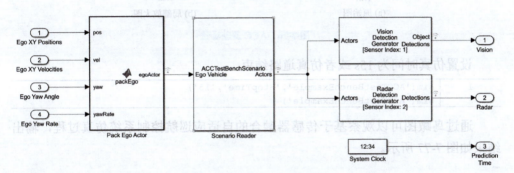

图 7-74　对象和传感器模块

③ 驾驶员转向模块如图 7-75 所示。

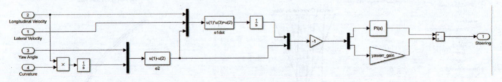

图 7-75　驾驶员转向模块

2. 自适应巡航控制系统仿真

本实例驾驶场景是两条具有恒定曲率的平行道路。车道上有四辆车：一辆在左边车道上的快车；一辆在右边车道上的慢车；一辆从道路对面驶来的车；以及一辆从右边车道上起步，然后向左边车道行驶的车，以通过慢车。

可以绘制 ACC 驾驶场景。

| 1 | plotACCScenario |

输出结果如图 7-76 所示。

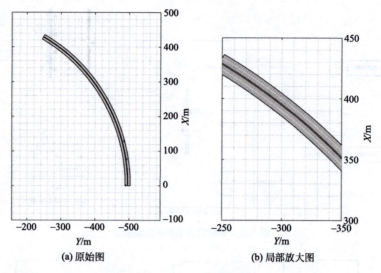

(a) 原始图　　　　　　　　(b) 局部放大图

图 7-76　ACC 驾驶场景

设置仿真时间为 15s 或者仿真道路结束。

```
1  sim('ACCTestBenchExample','StopTime','15')
2  sim('ACCTestBenchExample')
```

通过鸟瞰图可以观察基于传感器融合的自适应巡航控制系统仿真过程,输出结果如图 7-77 所示。

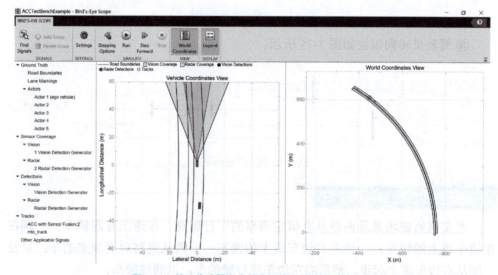

图 7-77　基于传感器融合的自适应巡航控制系统仿真

3. 更改仿真条件方法

利用自适应巡航控制系统测试平台模型,可以仿真任意的自适应巡航控制系统。

（1）更换驾驶场景　驾驶场景可自行设计。双击模型中的 Vehicle and Environment 子系统，再双击 Actors and Sensor Simulation 子系统，然后双击 Scenario Reader 模块，如图 7-78 所示。

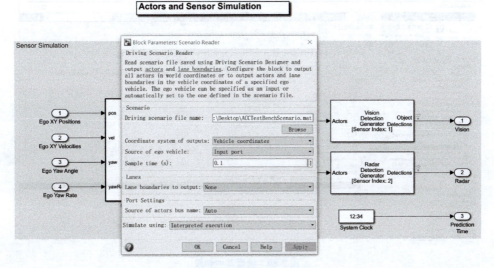

图 7-78　更换驾驶场景

在窗口中的 Driving scenario file name 中点击 Browse，打开 ACC 文件夹中的驾驶场景（Scenario）子文件夹，然后选择所需要的驾驶场景文件，如图 7-79 所示。

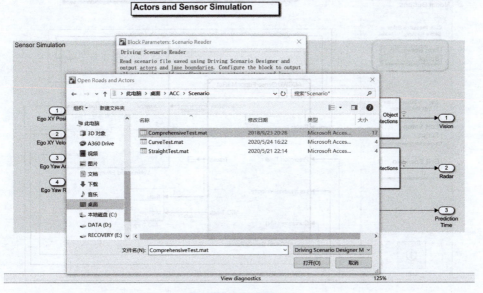

图 7-79　选择驾驶场景

点击窗口中的 Apply 即可完成驾驶场景的更换。

（2）设置其他参数　在模型中单击 Edit Setup Script 按钮，进入 setup 脚本文件，可以对 ACC 系统的各个参数进行设置，如车辆参数、传感器参数、控制器参数、初始车速等，如图 7-80 所示。

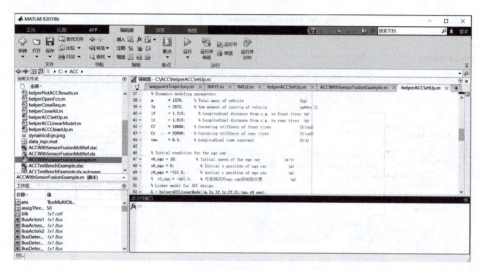

图 7-80　设置其他参数

（3）运行仿真　在模型中单机 Run Setup Script 按钮，设置好仿真时间即可运行仿真，如图 7-81 所示。

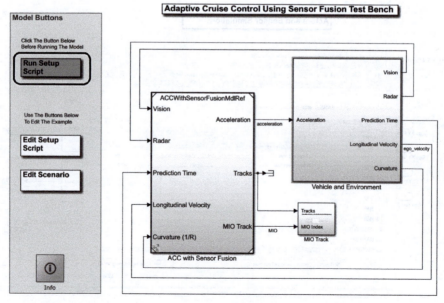

图 7-81　运行仿真

图 7-82 所示为基于 PID 控制的自适应巡航控制系统仿真图；图 7-83 所示为基于 PID 控制的自适应巡航控制系统仿真曲线。

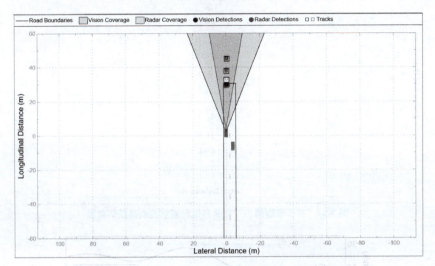

图 7-82　基于 PID 控制的自适应巡航控制系统仿真图

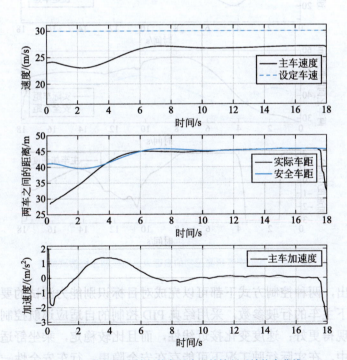

图 7-83　基于 PID 控制的自适应巡航控制系统仿真曲线

图 7-84 所示为基于模型预测控制的自适应巡航控制系统仿真图；图 7-85 所示为基于模型预测控制的自适应巡航控制系统仿真曲线。

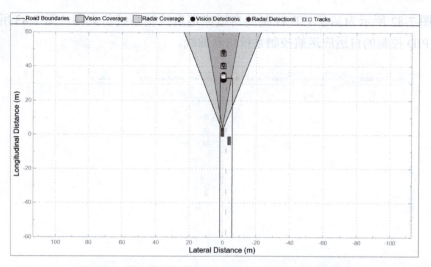

图 7-84　基于模型预测控制的自适应巡航控制系统仿真图

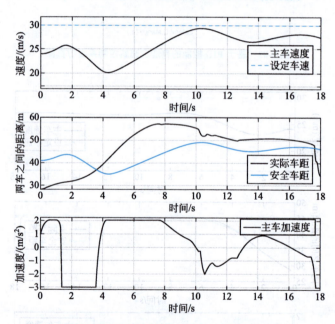

图 7-85　基于模型预测控制的自适应巡航控制系统仿真曲线

可以看出，两种控制方式下都可以完成对目标识别能力测试的要求。分析两种控制方法下主车的行驶参数，采用经典 PID 控制的自适应巡航控制系统在速度控制中，表现得更好；速度变化接近线性，而且比较稳定，乘坐舒适性良好；但在距离控制中，在实际行驶工况下可能存在安全隐患，行车安全性一般，需要进行优化。采用基于模型预测的控制，虽然速度控制不如经典 PID 切换式控制那样稳定，但是距离控制良好；能保证一定的行车安全性，但是需要优化速度控制，提高乘坐舒适性。

二、车道保持辅助系统

【例 7-2】 基于测试平台的车道保持辅助系统仿真。

车道保持辅助（LKA）系统能够帮助驾驶员在标记的车道内保持安全行驶。当 LKA 系统检测到车辆偏离车道时，可以自动调整转向以恢复车道内的正确行驶，而无须驾驶员的额外干预。为了使 LKA 正常工作，汽车必须检测车道边界以及前方车道的转弯方向。理想的 LKA 设计主要取决于预瞄的曲率、横向偏差和车道中心线与汽车之间的相对偏航角。LKA 必须对实际车道检测器的缺失、不完整或不准确的测量数据具有鲁棒性。

MATLAB 提供了车道保持辅助系统测试平台。

1. 车道保持辅助系统测试平台模型

使用以下命令，打开车道保持辅助系统测试平台模型。

```
1  addpath(fullfile(matlabroot,'examples','mpc','main'));
2  open_system('LKATestBenchExample')
```

输出结果如图 7-86 所示。

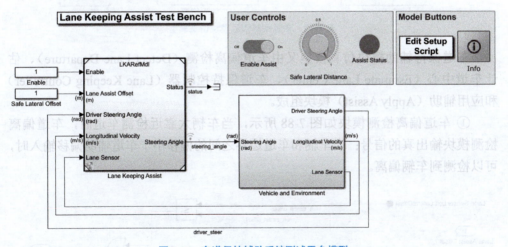

图 7-86　车道保持辅助系统测试平台模型

车道保持辅助系统测试平台主要由车道保持辅助模块（Lane Keeping Assist）、车辆和环境模块（Vehicle and Environment）、用户控制（User Controls）和模型按钮（Model Buttons）组成。

车道保持辅助模块主要控制车辆的前轮转角；车辆和环境模块主要模拟汽车的运动和环境。

用户控制包括启用辅助（Enable Assist）、安全横向距离（Safe Lateral Distance）和协助状态（Assist Status）。启用辅助有关闭（off）和打开（on）模式；安全横向距离可以设置最小值和最大值;协助状态是显示反映输入值的颜色,未定义是红色,当有数值输入时,红色变成灰色。

模型按钮打开后,会显示初始化模型使用的数据脚本,该脚本加载 Simulink 模型所需的某些常量,例如车辆模型参数、控制器设计参数、道路场景和驾驶员路径。

本实例汽车质量为 1575kg,转动惯量为 2875kg·m^2,质心至前轴距离为 1.2m,质心至后轴距离为 1.6m,前轮侧偏刚度为 19000N/m,后轮侧偏刚度为 33000N/m。

(1)车道保持辅助模块仿真模型　车道保持辅助模块仿真模型如图 7-87 所示。

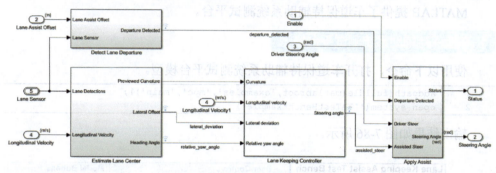

图 7-87　车道保持辅助模块仿真模型

车道保持辅助模块仿真模型又由车道偏离检测(Detect Lane Departure)、估计车道中心(Estimate Lane Center)、车道保持控制器(Lane Keeping Controller)和应用辅助(Apply Assist)模块组成。

① 车道偏离检测模块如图 7-88 所示,当车辆太靠近检测车道时,车道偏离检测模块输出真的信号;当车辆和车道边界之间的偏移小于车道辅助偏移输入时,可以检测到车辆偏离。

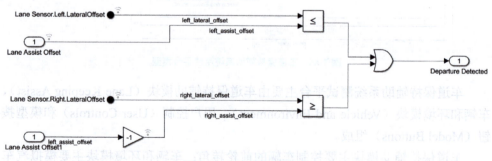

图 7-88　车道偏离检测模块

② 估计车道中心模块如图 7-89 所示,它将来自车道检测传感器的数据输出到车道保持控制器。

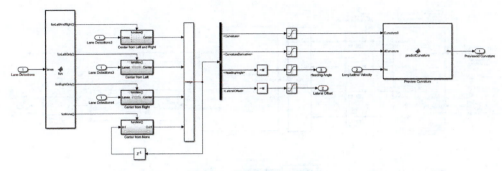

图 7-89　估计车道中心模块

③ 车道保持控制器模块的目标是通过控制前轮转向角使车辆保持在车道上并沿着弯曲的道路行驶。

LKA 控制器根据传感器检测的道路曲率、横向偏差、相对偏航角和汽车的行驶速度计算汽车的转向角度。

④ 应用辅助模块如图 7-90 所示，它决定是由车道保持控制器控制汽车还是由驾驶员控制汽车，应用辅助模块在驾驶员指令转向和车道保持控制器的辅助转向之间切换。当检测到车道偏离时，辅助转向开始；当驾驶员再次开始在车道内转向时，控制权返还给驾驶员。

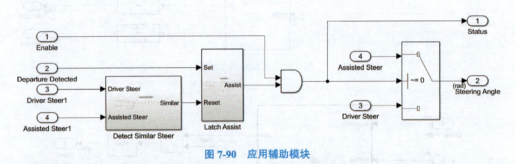

图 7-90　应用辅助模块

（2）车辆和环境模块仿真模型　车辆和环境模块实现车道保持辅助控制器的闭环仿真。车辆和环境模块仿真模型如图 7-91 所示。

车辆和环境模块仿真模型由车辆动力学（Vehicle Dynamics）、对象和传感器模拟（Actors and Sensor Simulation）和驾驶员模型（Driver Model）组成。

① 车辆动力学模块如图 7-92 所示，使用的是单轨汽车 3 自由模型。

② 对象和传感器模拟模块主要包括场景读取器和视觉检测生成器。场景读取器根据车辆相对于场景的位置生成理想的左车道和右车道边界；视觉检测生成器从场景读取器中获取理想的车道边界，对单目摄像机的视场建模，并确定航向角、曲率、曲率导数和每个道路边界的有效长度，并考虑任何其他障碍物。

③ 驾驶员模型模块如图 7-93 所示，根据创建的驾驶员路径生成驾驶转向角度。

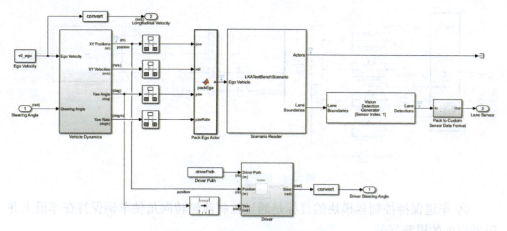

图 7-91 车辆和环境模块仿真模型

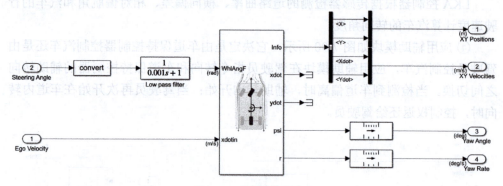

图 7-92 车辆动力学模块

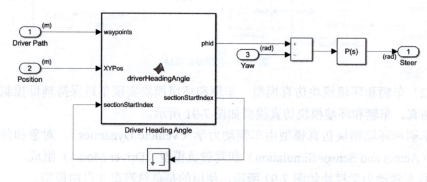

图 7-93 驾驶员模型模块

可以根据需要，修改仿真模型的参数；如果仿真满足要求，还可以自动生成控制算法的代码。

2. 车道保持辅助系统仿真

可以绘制道路以及驾驶员模型将遵循的路径。

第七章 智能网联汽车先进驾驶辅助系统 317

```
1    plotLKAInputs(scenario,driverPath)
```

输出结果如图 7-94 所示。

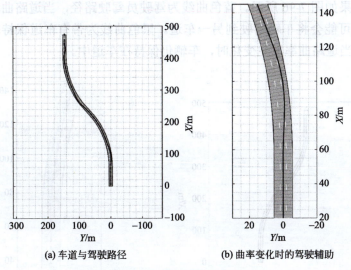

(a) 车道与驾驶路径　　(b) 曲率变化时的驾驶辅助

图 7-94　汽车的驾驶路径

通过启用车道保持辅助和设置安全横向距离来测试其算法。在 Simulink 模型的"用户控制"部分，将开关切换到"打开"，并将安全横向距离设置为 1m。

```
1    set_param('LKATestBenchExample/Enable','Value','1')
2    set_param('LKATestBenchExample/Safe Lateral Offset','Value','1')
3    sim('LKATestBenchExample','StopTime','15')
```

利用鸟瞰图可以看到车道保持辅助系统工作过程，仿真结果如图 7-95 所示。

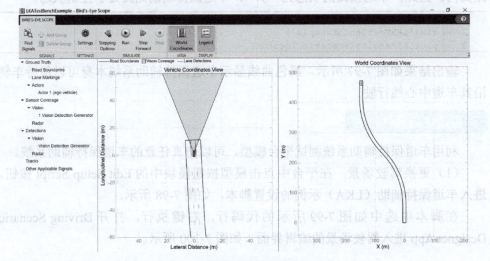

图 7-95　车道保持辅助系统动态仿真

用以下命令运行完整的模拟过程并查看结果。

```
1  sim('LKATestBenchExample')
2  plotLKAResults(scenario,logsout,driverPath)
```

输出结果如图 7-96 所示。蓝色曲线为驾驶员驾驶路径,当道路曲率发生变化时,驾驶员可能会将车辆驾驶到另一车道。黑色曲线为带有车道保持辅助功能的驾驶路径,当道路曲率发生变化时,车辆仍保持在车道中。

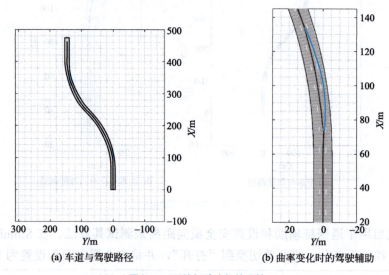

(a) 车道与驾驶路径　　(b) 曲率变化时的驾驶辅助

图 7-96　两种驾驶路径的比较

模拟车道跟随。可以修改 LKA 的安全横向偏移值,忽略驾驶员输入,将控制器置于纯车道跟随模式。通过增加该阈值,横向偏移总是在车道保持辅助设置的距离内。因此,车道偏离的状态为"开",车道保持辅助始终处于控制状态。

```
1  set_param('LKATestBenchExample/Safe Lateral Offset','Value','2')
2  sim('LKATestBenchExample')
3  plotLKAResults(scenario,logsout)
```

输出结果如图 7-97 所示。黑色曲线显示车道保持辅助系统本身可以保持车辆沿其车道中心线行驶。

3. 更改仿真条件方法

利用车道保持辅助系统测试平台模型,可以仿真任意的车道保持辅助系统。

(1) 更换驾驶场景　在平台中点击模型按钮模块中的 Edit Setup Script 按钮,进入车道保持辅助(LKA)示例的设置脚本,如图 7-98 所示。

在脚本中选中如图 7-99 所示的代码行,右键执行,打开 Driving Scenario Designer App 进入驾驶场景的编辑界面,如图 7-100 所示。

第七章　智能网联汽车先进驾驶辅助系统　319

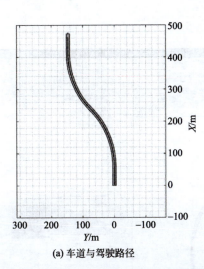
(a) 车道与驾驶路径

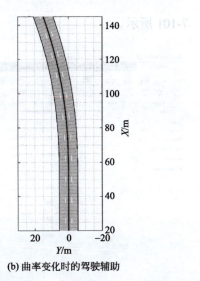
(b) 曲率变化时的驾驶辅助

图 7-97　车道保持辅助系统的效果仿真

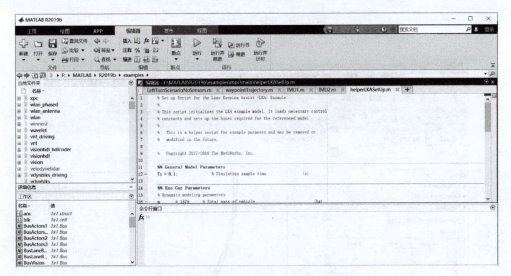

图 7-98　车道保持辅助（LKA）示例的设置脚本

图 7-99　驾驶场景编辑启用代码行

在驾驶场景的编辑界面可进行道路环境的编辑、车辆预行驶轨迹的编辑等，可在 Roads 与 Actors 参数界面进行设置。拖动图中白色节点进行道路编辑，拖动蓝色节点进行行车轨迹编辑，例如共设置四次行车轨迹与原定道路的偏离，如图

7-101所示。

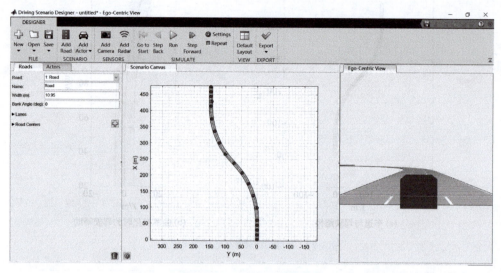

图 7-100　驾驶场景的编辑界面

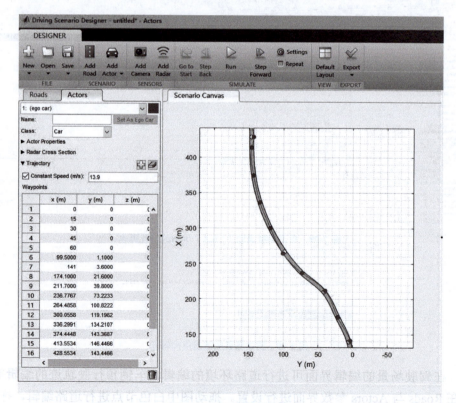

图 7-101　驾驶场景的编辑

在完成所需的场景设置编辑后，选择输出按钮 Export 中的 Export MATLAB Function，形成新驾驶场景代码，如图 7-102，注释掉第一行代码，之后选中编辑器内全部代码行并右键执行。

图 7-102 输出代码

执行完毕后保存关闭驾驶场景输出代码编辑器窗口，回到 Edit Setup Script 界面，选中如图 7-103 所示代码并执行，完成驾驶场景设置。

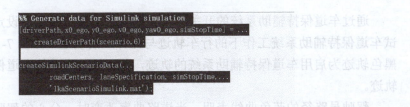

图 7-103 场景运行代码

（2）车辆参数设置 在车道保持辅助（LKA）示例的设置脚本中，选择车辆参数进行重新设置，如图 7-104 所示，设置完以后关闭脚本编辑器。

```
%% Ego Car Parameters
% Dynamics modeling parameters
m   = 1231;     % Total mass of vehicle                              (kg)
Iz  = 2875;     % Yaw moment of inertia of vehicle                   (m*N*s^2)
lf  = 1.04;     % Longitudinal distance from c.g. to front tires     (m)
lr  = 1.56;     % Longitudinal distance from c.g. to rear tires      (m)
Cf  = 19000;    % Cornering stiffness of front tires                 (N/rad)
Cr  = 33000;    % Cornering stiffness of rear tires                  (N/rad)
```

图 7-104　车辆参数设置

所有参数设置完以后，就可以运行新的车道保持辅助系统模型。

驾驶场景如图 7-105 所示。图中带有蓝色节点的曲线路径为预设车辆行驶路径，本场景中车辆将沿道路行驶并出现数次偏离车道的轨迹以此来测试车道保持辅助系统的效果。

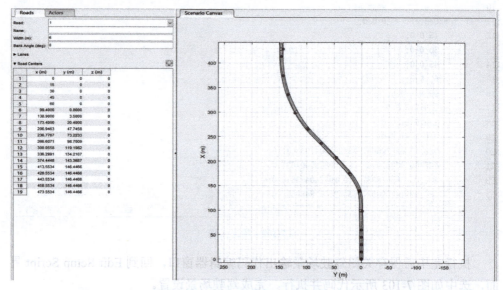

图 7-105　测试用的驾驶场景

通过车道保持辅助系统的开关与否及车道检测安全阈值的设定，可以对比测试车道保持辅助系统工作下的行车轨迹与无介入的轨迹，如图 7-106 所示，其中黑色轨迹为启用车道保持辅助系统的轨迹，蓝色轨迹为关闭车道保持辅助系统的轨迹。

驾驶员路径的蓝色曲线表明，当道路曲率改变时，分心的驾驶员会将车辆驾驶到另一车道。车道保持辅助系统启用后的黑色曲线显示路径说明，当道路曲率发生变化时，车辆仍保留在车道中。

车道保持辅助系统的控制性能如图 7-107 所示，LKA 的横向偏差在 [−0.5m, 0.5m] 之内，LKA 的相对偏航角在 [−0.2rad,0.2rad] 范围内，LKA 的转向角在 [−0.5rad,0.5rad] 范围内。

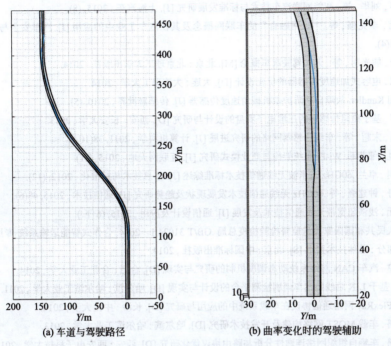

(a) 车道与驾驶路径　　(b) 曲率变化时的驾驶辅助

图 7-106　驾驶路径的对比

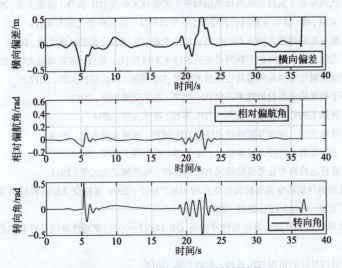

图 7-107　车道保持辅助系统的控制性能

参 考 文 献

[1] 徐可,徐楠.全球视角下的智能网联汽车发展路径[J].中国工业评论,2015,(9).
[2] 陈慧,涂强.互联智能汽车关键技术与发展趋势[J].中国集成电路,2015,(6).
[3] 张亚萍,刘华,等.智能网联汽车技术与标准发展研究[J].上海汽车,2015,(8).
[4] 谢伯元,李克强,等."三网融合"的车联网概念及其在汽车工业中的应用[J].汽车安全与节能学报,2013,4(4).
[5] 陈慧岩,熊光明,等.无人驾驶汽车概论[M].北京:北京理工大学出版社,2014.
[6] 冯建斌.电容式加速度传感器的优化设计[D].大连:大连理工大学,2014.
[7] Michael Kandler.故障自动防护微机械角速度传感器[J].传感器世界,2010,(5).
[8] 李淑婷.基于磁阻传感器的三维电子罗盘的设计与研究[D].西安:长安大学,2013.
[9] 余玲飞,宋超,等.车载传感器网络的研究进展[J].计算机科学,2011,38(10A).
[10] 王九九,邹菲菲.Wi-Fi系统架构与商业模式研究[J].互联网天地,2015,(11).
[11] 彭晓明,卓兰.60GHz毫米波无线通信技术标准综述[J].信息技术与标准化,2012,(12).
[12] 李纪舟,钟建强,等.60GHz无线通信技术发展现状及趋势研究[J].通信技术,2015,48(6).
[13] 张玉元.浅谈超宽带无线通信技术及发展[J].通信设计及应用,2015,(6下).
[14] 中华人民共和国国家质量监督检验检疫总局.GB/T 31024.1—2014:合作式智能运输系统 专用短程通信 第1部分:总体技术要求[S].北京:中国标准出版社,2014.
[15] 胡京津.汽车CAN网络系统动态调度机制的研究与实现[D].合肥:合肥工业大学,2014.
[16] 曾光.基于LIN总线的汽车雨刷检测平台的设计与实现[D].哈尔滨:哈尔滨工业大学,2011.
[17] 孙雨.FlexRay网络通信协议在车载系统中的应用与研究[D].长沙:中南大学,2014.
[18] 李志鹏.车载MOST网络构建及开发技术研究[D].哈尔滨:哈尔滨工业大学,2013.
[19] 杜晓鹏.车辆自组织网络连通性分析与路由协议优化研究[D].西安:西安电子科技大学,2012.
[20] 张瑞瑞.以太网技术在机车中的应用研究[D].北京:北京交通大学,2007.
[21] 谢勇.新一代汽车电子系统的网络体系结构若干关键技术研究[D].长沙:湖南大学,2013.
[22] 吴吉义,李文娟,等.移动互联网研究综述[J].中国科学:信息科学,2015,45(1).
[23] 黄文静.自组织车联网路由协议GPSR的研究及改进[D].重庆:重庆交通大学,2015.
[24] 程果.基于无线自组织网络的车辆间通信关键技术的研究[D].南京:南京邮电大学,2012.
[25] 丁雍.基于信息融合非结构化道路检测技术研究[D].绵阳:西南科技大学,2012.
[26] 王敏杰.基于视觉的道路检测技术研究[D].北京:北京交通大学,2012.
[27] 方旭.复杂场景下的行人检测方法研究[D].苏州:苏州大学,2014.
[28] 向应.基于视频的行人检测跟踪技术研究[D].成都:西南交通大学,2014.
[29] 谭飞刚.基于特征融合的行人检测技术[D].长沙:长沙理工大学,2013.
[30] 王刚毅.交通标志检测与分类算法研究[D].哈尔滨:哈尔滨工业大学,2013.
[31] 中华人民共和国国家质量监督检验检疫总局.GB 5768.2—2009:道路交通标志和标线 第2部分:道路交通标志[S].北京:中国标准出版社,2009.
[32] 中华人民共和国国家质量监督检验检疫总局.GB 14887—2011:交通道路信号灯[S].北京:中国标准出版社,2011.
[33] 曾玉龙.交通信号灯的识别[D].长沙:中南大学,2014.
[34] 祝匡熙.智能车辆的交通信号灯识别[D].上海:上海交通大学,2012.
[35] 陆晔.智能交通系统中车辆识别技术的研究与应用[D].西安:西安科技大学,2010.

[36] 张洪宇. 北斗卫星导航定位系统解算算法的研究 [D]. 哈尔滨：哈尔滨理工大学，2015.

[37] 徐英凯. 蜂窝无线定位方法研究 [D]. 兰州：兰州理工大学，2013.

[38] 付梦印，邓志红，等. 智能车辆导航技术 [M]. 北京：科学出版社，2009.

[39] 黄耀. 基于栅格法的汽车路径规划 [D]. 武汉：华中科技大学，2008.

[40] 马飞跃，王晓年. 无人驾驶汽车环境感知与导航定位技术应用综述 [J]. 汽车电器，2015, (2).

[41] 莱夫. BOSCH 车辆稳定系统和驾驶员辅助系统 [M]. 迟云雁，周梦媛，张建强，译. 北京：北京理工大学出版社，2014.

[42] 郭烈，葛平淑，等. 汽车安全辅助驾驶技术 [M]. 北京：北京大学出版社，2014.

[43] 刘洪玮. 汽车自适应巡航控制系统的研究 [D]. 上海：东华大学，2010.

[44] 中华人民共和国国家质量监督检验检疫总局. GB/T 20608—2006: 智能运输系统 自适应巡航控制系统性能要求与检测方法 [S]. 北京：中国标准出版社，2006.

[45] 中华人民共和国国家质量监督检验检疫总局. GB/T 26773—2011: 智能运输系统 车道偏离报警系统 性能要求与检测方法 [S]. 北京：中国标准出版社，2011.

[46] 中华人民共和国国家质量监督检验检疫总局. GB/T 30036—2013: 汽车用自适应前照明系统 [S]. 北京：中国标准出版社，2013.

[47] 曹寅，朱春嵩，等. 自动紧急制动系统性能测试分析方法 [J]. 质量与标准化，2014, (6).

[48] 张晓鸣. 汽车自适应前照灯系统的设计与实现 [D]. 哈尔滨：哈尔滨工程大学，2014.

[49] 王兴，秦齐. 车载平视显示技术 [J]. 电光与控制，2014, 21(1).

[50] 崔胜民. 智能网联汽车概论 [M]. 北京：人民邮电出版社，2019.

[51] 北斗卫星导航系统应用服务体系 [R]. 北京：中国导航卫星系统管理办公室，2019.

[52] 北斗卫星导航系统发展报告 [R]. 北京：中国导航卫星系统管理办公室，2019.

[53] https://ww2.mathworks.cn/products/automated-driving.html.

[54] www.mathworks.com/help/driving/index.html.